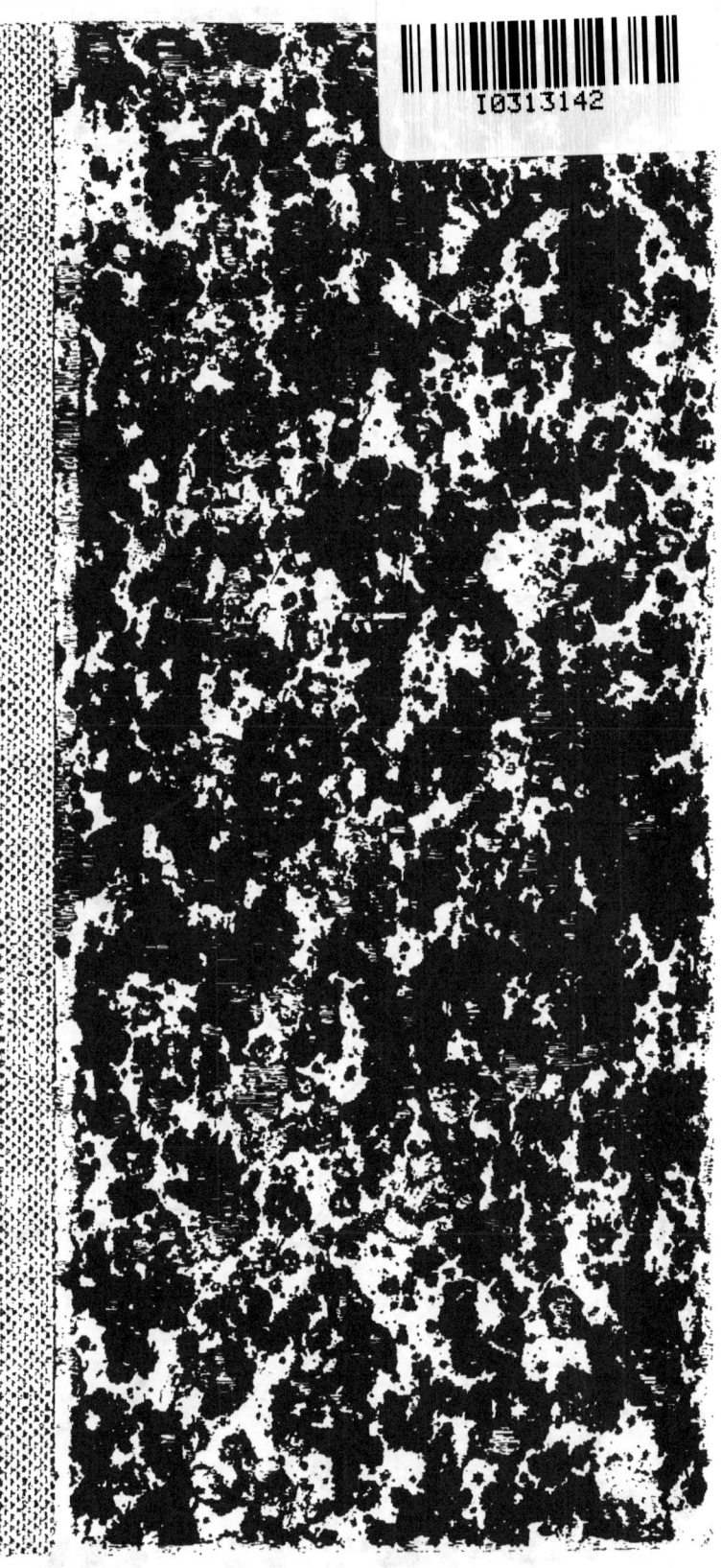

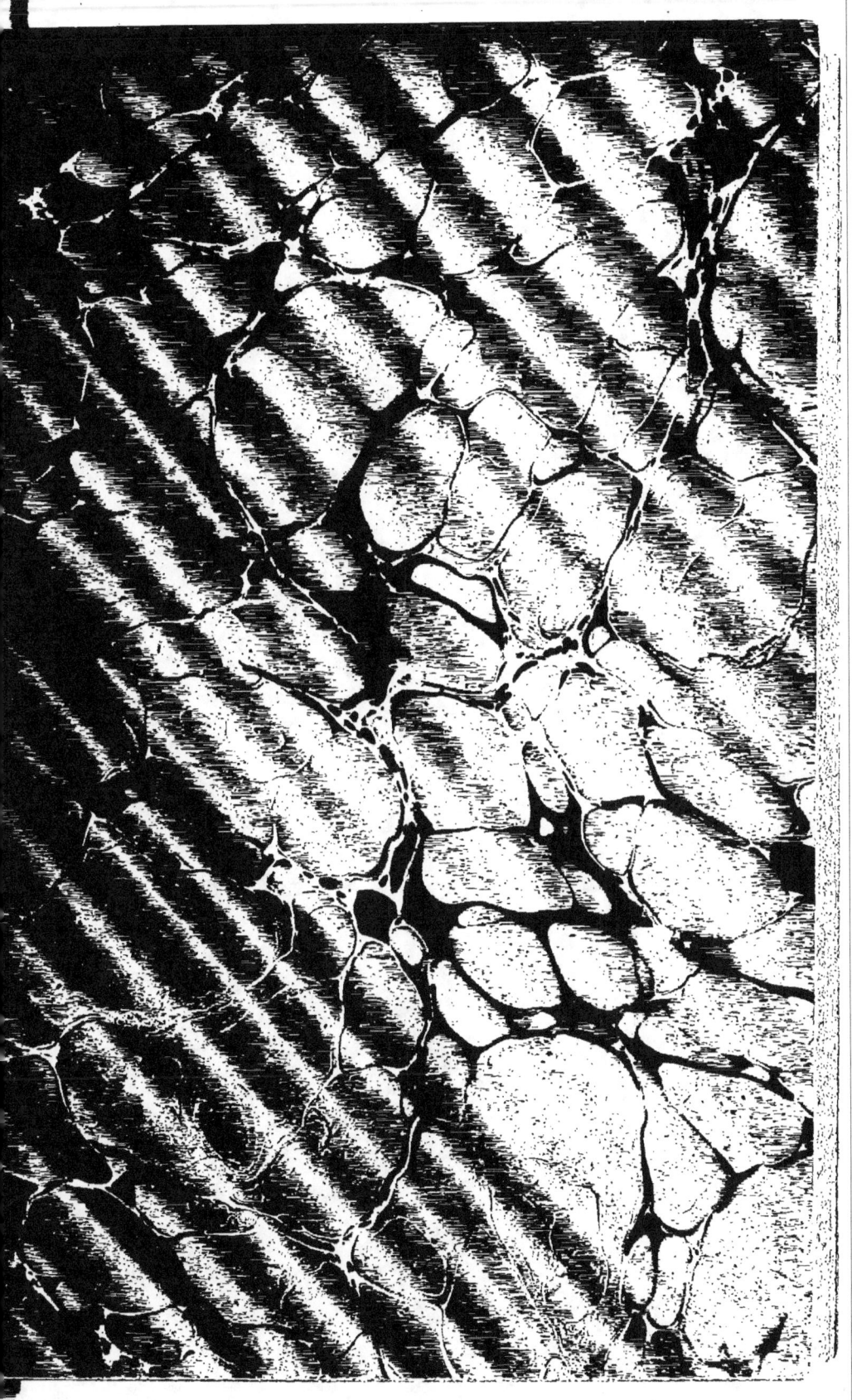

VAN-HAVERE 1952

ALBUM
DE VOYAGES

PAR

AMÉDÉE ACHARD

PARIS
LIBRAIRIE DE L. HACHETTE ET Cie
BOULEVARD SAINT-GERMAIN, N° 77
—
1865

ALBUM
DE VOYAGES

IMPRIMERIE GÉNÉRALE DE CH. LAHURE
Rue de Fleurus, 9, à Paris

ALBUM
DE VOYAGES

PAR

AMÉDÉE ACHARD

PARIS
LIBRAIRIE DE L. HACHETTE ET Cie
BOULEVARD SAINT-GERMAIN, N° 77

1865
Droit de traduction réservé

Ceci n'est point une préface; je n'ai pas de titre pour me permettre d'en écrire aucune si courte qu'elle soit, mais il m'a semblé que ces quelques pages esquissées au jour le jour, dans des contrées diverses et au milieu de circonstances qui ne l'étaient pas moins, avaient besoin d'un mot d'explication avant d'être présentées au public.

Aucun lien, aucune pensée commune ne les rattache les unes aux autres, si ce n'est un sentiment profond de sincérité. Le titre du livre dit ce qu'il est, un Album parsemé de notes prises en courant. Celui qui les a écrites n'a la prétention d'être ni un philosophe, ni un moraliste, ni un historien. Il a traversé une partie de l'Europe en touriste. Il raconte simplement ce qu'il a vu et ce qu'il a senti, soit à Londres, soit à Vienne, soit à Rome, en 1858 comme en 1864.

Les premières feuilles de ce volume ont trait à un voyage entrepris en Italie dans le printemps de l'année qui précéda la campagne où l'Autriche fut vaincue à Solferino. Alors personne ne songeait à la guerre dont la péninsule devait être bientôt le théâtre, personne ne la prévoyait. Depuis le moment où l'auteur visita Gênes, Rome et Naples, les choses sont bien changées. Dix gouvernements se sont écroulés, un grand royaume est né, l'Italie une et constituée marche vers de nouvelles et glorieuses destinées. Les pages qu'on va lire rappelleront un passé qui n'est plus et des temps qu'on ne pouvait croire si près de leur ruine.

D'autres ont été crayonnées d'abord en Angleterre, pendant les loisirs et les triomphes industriels de la grande exposition de 1862, puis, en Allemagne, en pleine paix, avant que le canon de Duppel eût retenti. Le même esprit de vérité les inspire. Il a semblé à l'auteur que chaque peuple, derrière les frontières qui l'abritent ou l'étouffent, avait ses qualités propres et ses vertus qu'aucune haine ne peut obscurcir, et qu'il est permis de pleurer sur le silence et le deuil de Venise sans maudire les Allemands, qui sont fort estimables chez eux, et de payer un hommage d'admiration à la forte et vieille aristocratie britannique, tout en applaudissant aux efforts généreux de la jeune démocratie italienne.

Il n'y a donc ici ni étude politique, ni analyses, ni recherches, il y a un sentiment de sympathie sérieuse pour tout ce qui est beau dans la nature, pur et magnanime dans les caractères, élevé dans les institutions. Les latitudes n'y font rien.

Mars 1865.

ALBUM DE VOYAGES.

UN MOIS EN ITALIE.

I

GÊNES.

Mai 1858.

Je n'ai pas, qu'on veuille bien le croire, l'intention d'écrire un livre sur l'Italie. Pour connaître ce beau pays, il faut le parcourir patiemment et l'étudier. Je le traverse. Prenez donc les quelques pages que je vous adresse comme des feuillets écrits en grande hâte et sans prétention aucune, des feuillets noircis au crayon. Ces légers croquis diront du moins avec sincérité cette première impression, cette sensation vive et prime-sautière qui naît de l'aspect des objets nouveaux, et qu'un examen plus long altère quelquefois et rend moins nette et moins précise.

Depuis l'ouverture du chemin de fer de Lyon à Genève, beaucoup de voyageurs abandonnent la voie de Marseille et prennent la route des Alpes pour entrer en Italie. Cette route est-elle plus agréable ou plus courte? Là n'est pas la question; elle est nouvelle. Quel empire dans ce seul mot pour des touristes français! Il est bon de dire aussi que d'Ambérieux à la station de Culoz, point où la voie ferrée qui va de Mâcon à Genève rencontre le lac du Bourget, le pays est charmant et tel qu'un paysagiste n'en pourrait souhaiter de plus pittoresque.

Le rail effleure à tout instant une rivière au cours rapide, l'Albérine, qui serpente et se tord entre les montagnes; des cascades tombent des rochers voisins, les unes pareilles à de longues flèches de cristal, effilées, menues et brillantes; celles-là, semblables à un tourbillon qui s'échappe de la pierre, se précipitent d'un élan et disparaissent de chute en chute avec un bruit terrible et des flots d'écume; plusieurs de ces cascades bouillonnent si près du chemin de fer, que les gouttes d'eau éclaboussent dans leur fuite le wagon qui passe.

Les travaux d'art sont nombreux sur cette partie de la voie, avant et après Saint-Rambert; ils augmentent la grâce du paysage par les perspectives que les ponts, les viaducs et les remblais ouvrent sur les profondes vallées d'aspects si divers, et par les surprises que les tunnels ménagent à leurs points de sortie.

On change de train à Culoz et on emprunte pour quelques minutes un petit tronçon de chemin de fer qui sert de trait d'union entre la ligne française et le canal qui va du Rhône au lac du Bourget. C'est à ce point de jonction que la Compagnie du Victor-Emmanuel achève la construction d'un gigantesque viaduc qui mettra Aix-les-Bains et Chambéry en communication directe avec Paris. L'inauguration de cette importante section pourra être faite dans le courant de l'été.

On connaît le canal qui va du Rhône au lac fameux chanté par M. de Lamartine. C'est moins un canal qu'une tranchée dans laquelle le long bateau qui fait le service entre la France et la Savoie a grand'peine à se mouvoir. Quatre hommes qui courent sans relâche, deux à droite, deux à gauche, sur les bords du canal, viennent en aide au bateau à chaque détour, et, armés de cordes et de perches, l'obligent à franchir l'obstacle. On a quelquefois, malgré l'habileté de ces manœuvres, où les jambes ne sont pas moins utiles que les bras, le plaisir d'échouer. Ajoutons que ce plaisir, si séduisant qu'il soit, est rare. Les mariniers à qui le soin de cette navigation en quelque sorte terrestre est confié, ont une telle habitude des méandres que trace le canal et une telle justesse de coup d'œil, que le bateau glisse entre les deux rives, effleurant les arbres et le sable à chaque élan et ne les heurtant jamais. Et cependant du coin d'herbe où elle picore, la poule voisine sauterait sur le tillac. Puis tout à coup l'eau limpide et bleue succède à l'eau trouble et jaune : on est dans le lac du Bourget. Un autre bateau vous attend, et de l'embarcadère où sont entassés des rails, des coussinets, des roues et des charpentes de fer, on peut voir les hautes piles du viaduc voisin qui ferment déjà leurs voûtes hardies, et, sur les bords du lac, la ligne blanche du chemin de fer qui court au pied des collines.

Il y a dans ce lac, si sauvage encore et si beau, malgré la foule qui le visite, un endroit solitaire, sombre, mélancolique, où il m'a toujours semblé qu'un misanthrope trouverait un asile merveilleux pour la tristesse de ses longues rêveries. Il faut croire que les Obermann et les René ne sont plus de ce monde pour que personne n'ait pensé à chercher dans ce coin de terre une retraite où on aurait tout loisir d'abriter ces désenchantements suprêmes que les poëtes ont célébrés. Je ne veux parler ni de l'abbaye de Hautecombe, antique tombeau des princes de la maison de Savoie, ni de la grotte de Raphaël que le flot ronge, ni des ruines de Bordeau, que le vieux et sage Montaigne a connues, mais de Châtillon.

Châtillon, un peu ferme, un peu château, est bâti sur une langue de terre qui s'avance au milieu des eaux. Une pente roide conduit à ses terrasses, contre lesquelles s'appuient des restes de tours. Il domine la vallée et commande le lac. Derrière ses murailles chargées de treilles, ce sont des marais où l'on entend le soir le cri plaintif des courlis; devant, c'est la nappe éclatante et bleue du lac que couronne un cercle abrupt de montagnes. Les lignes du paysage ont de la grandeur, le regard peut courir au loin, le silence est profond. Après la fuite de l'été, qui ramène les oisifs dans les villes, c'est une solitude immense où ne pénètre plus aucun bruit du monde. Cette thébaïde assise dans un si beau lieu attend toujours un anachorète de Paris, un exilé de la civilisation.

Si la fiévreuse activité des voyages modernes vous en laisse le loisir, vous rendrez visite en passant à Aix-les-Bains. Tout l'établissement médical a pris les plus belles, les plus commodes et les plus larges proportions; vous monterez jusqu'à la Maison du diable, d'où la vue s'étend sur les Alpes et sur le lac que surplombe la Dent-du-Chat, et vous donnerez un coup d'œil aux lapins angoras de Saint-Innocent, qui constituent une des industries du pays.

Ces lapins sont l'aristocratie de la famille; c'est pourquoi les nobles tribus qui composent la population rongeuse de Saint-Innocent ont emprunté à la race féline cette appellation d'angora qu'elle mérite à tous égards. On n'a jamais vu de lapins mieux fourrés ; ils ressemblent, tant ils sont gras, touffus et superbes, à de bons chanoines endormis dans les pieuses douceurs d'un bénéfice. Hélas! de leur fourrure soyeuse on fait des gants, des camisoles et des manchons.

C'est à Saint-Innocent que le chemin de fer Victor-Emmanuel recommence et que vous attend la douane piémontaise. Que ce mot terrible — la douane ! — n'effraie personne. Ici la douane est polie et n'est point tracassière. On ne rencontre pas encore ces mains tendues qui, dans la basse Italie, s'acharnent à rançonner le voyageur. Le sentiment du devoir et le respect de l'uniforme n'expirent que plus bas. Chemin faisant, on regarde, en côtoyant Chambéry, le coin de la vallée où sont les Charmettes ; le souvenir de cette bonne, trop bonne Mme de Warens vous accompagne un instant, et la locomotive qui court dans un chaos de montagnes, franchissant par ici un torrent, s'ouvrant par là un passage dans le roc, et partout soumettant la nature à l'homme, s'arrête enfin à Saint-Jean-de-Maurienne.

Derrière Saint-Jean-de-Maurienne c'est le Mont-Cenis.

Le trajet de Chambéry à Saint-Jean-de-Maurienne

était presque un voyage autrefois ; c'est une promenade aujourd'hui. Mais le sifflement de la vapeur nous étonne cependant quand il éclate si près des glaciers. Une petite machine tout en bas, les neiges éternelles tout là-haut, et la machine triomphe de la montagne. Le granit, les torrents et les avalanches n'y peuvent rien.

Le duel entre les Alpes et la science a commencé. Jadis la pensée seule de ce combat eût épouvanté ; elle eût paru folle, téméraire, en quelque sorte impie. Et voilà que maintenant le Mont-Cenis est attaqué de deux côtés à la fois. Le fer frappe le granit, et tels sont les prodiges de la science industrielle, que malgré les résistances terribles et de toute sorte que les ingénieurs auront à vaincre, on ne doute pas qu'ils ne triomphent enfin du Mont-Cenis. Le tunnel qu'ils cherchent à percer n'aura pas moins de quatorze kilomètres de parcours, à peu près dix kilomètres de plus que le tunnel de la Nerthe qu'on rencontre sur le chemin de fer de la Méditerranée, près de Marseille, et qui semble interminable.

Saint-Jean-de-Maurienne, on le sait, est bâti au fond d'une vallée. De quelque côté que le regard se porte, on aperçoit des sommets éclatants de blancheur ; la neige se profile sur le bleu profond du ciel. Pour sortir de cet entonnoir il faut que le chemin de fer s'enfonce sous terre ; il y passera. A mi-hauteur, çà et là sont des villages. On en voit les humbles toits et le petit clocher dans la verdure, entre des remparts de granit. L'un de ces villages, je n'en sais plus le nom, était pour la vallée ce que jadis la Sicile et l'Afrique étaient pour Rome : on l'appelait le grenier de Saint-Jean-de-Maurienne. Il avait alors un grand nombre d'habitants, quinze cents à peu près, qui tous cultivaient le seigle. Il n'en reste plus que six ou sept cents aujourd'hui, et ce nombre tend à diminuer. La faute en est aux pluies et aux avalanches.

Chaque hiver, chaque printemps, à l'époque des premiers orages et de la fonte des neiges, un pan de terre s'écroule dans la vallée; plus tard, dans la nuit, un champ glisse sur la roche comme sur un plan incliné, et son propriétaire ne le trouve plus au réveil. Ainsi la commune s'amoindrit d'année en année, l'héritage des ancêtres va s'appauvrissant, et l'émigration commencée continue. Quand il n'y aura plus un pied de terre sur la montagne, il n'y aura plus un habitant dans le village : les maisons disparaîtront après les sillons.

Cette vallée étroite et si pauvre à l'œil a ses millionnaires comme la rue Laffitte et la rue Richelieu. Où le million ne va-t-il pas se nicher de nos jours! On m'a raconté là l'histoire d'un pauvre Savoyard de la Maurienne qui partit un matin avec sept livres dix sous dans sa poche et qui, quarante après, avait six millions. Ses pièces blanches avaient cru et multiplié, mais dans des proportions que le livre saint ne prévoyait pas. Il commença, dit-on, ce simple habitant de la montagne, par acheter quelques petites marchandises. Que peut-on avoir avec sept livres dix sous? Et il revendit sa marchandise avec un léger bénéfice. Son capital fit la boule de neige. Ce fut plus tard une avalanche.

Ses fils eurent un hôtel; au commencement, le père couchait dans une mansarde et vivait de pain dur et d'eau claire.

Un autre montagnard ne prit pas par ce chemin, qui lui semblait trop long. Il arrondit sa fortune et son crédit tout doucement, avec des airs de petit saint; après quoi, le moment venu, il fit faillite. Un affidé, habile homme, arrangea les affaires moyennant 20 pour 100 qu'on donna contre quittance du tout. Le mécanisme trouvé, on l'exploita; les faillites devinrent chroniques, comme jadis les actions du Mississipi, il y eut les filles et les petites-filles; les faillites engendraient les faillites, et elles furent si productives que l'inventeur mourut avec quatre millions bien nets.

Il ne faudrait pas juger des Savoyards d'après cet industriel. Ils sont au contraire non moins probes qu'actifs, et ils sont presque tous singulièment aptes au commerce; ils le font en outre honnêtement. Devenus riches, ils retournent dans leurs montagnes et achètent de la terre. La terre natale est leur rêve, leur espérance, le but constant de leurs efforts. Il n'est pas rare de la voir payer sur le pied d'un rendement annuel de 2, 1 1/2, et même 1 pour 100. La terre acquise, ils oublient la ville et meurent au village.

C'est le travail pour le travail.

Comme je passais sous les portiques, car il y a des portiques à Saint-Jean-de-Maurienne, et, géographiquement parlant, on est en Italie, on me fit voir un homme qui passait dans la rue, un fusil sur l'épaule : c'était un chasseur de chamois.

Quiconque a battu la plaine Saint-Denis ou les campagnes de Courbevoie avec la fallacieuse espérance d'y découvrir un perdreau égaré comprendra quelles émotions réveillent ces quatre mots alignés : *un chasseur de chamois !* On voit les glaciers, on voit la Yungfraü, on voit l'Oberland, on se souvient du ranz des vaches, de Guillaume Tell et de Manfred. En présence d'un tel homme, on n'oserait pas avouer qu'on a tiré sur un lapin, on renierait même les lièvres et les bécasses. On n'admettrait plus que le chevreuil au nombre de ses connaissances.

Le chasseur de chamois de Saint-Jean-de-Maurienne m'inspirait donc un profond sentiment de respect voisin de l'admiration. Il me faut cependant confesser qu'il ressemblait beaucoup plus à un marchand de la rue des Lombards qu'à un héros. Cependant ce brave homme, cravatté d'un mouchoir de coton à carreaux, tue en moyenne une centaine de chamois, bon an, mal an. Dans sa famille on est chasseur de père en fils, comme ailleurs on est droguiste ou armateur. De père en fils aussi on meurt dans la montagne. C'est encore une vocation. L'avalanche supprime la vieillesse. Le grand-père de mon chasseur a disparu sous la neige, son père est tombé dans une crevasse. Il sait que le même sort lui est réservé, et il ne s'en inquiète pas. En attendant, il délaisse ses champs, car mon homme est propriétaire, et il moissonne des chamois. C'est tout à la fois une passion et un commerce. La bête se vend vingt francs et la peau cent sous. Il y a du Savoyard sous le chasseur. La passion de la chasse vient en aide à l'amour du lucre.

Mais quel fusil! c'est un engin qui n'a pas de nom. Les inventions de Lefaucheux n'ont point encore pénétré dans ces vallées, et on estime que les carabines coûtent trop cher. L'arme de mon chasseur est un pauvre vieux canon déshonoré par une batterie à pierre. On ne sait pas comment le chien s'abat, comment le tube fait feu. Le tout ensemble ne vaudrait pas cinq francs sur le quai de la Ferraille. Et cependant le chasseur de Saint-Jean ne tire jamais qu'un coup, et ne le manque jamais. La bête morte, il la ramasse, nettoie son arme et rentre au logis. Le lendemain, il recommence.

Un jour il ne recommencera pas.

C'est à Saint-Jean-de-Maurienne que les diligences attendent les voyageurs pour les conduire à Suze. Une heure après le départ, on est au cœur de cette formidable chaîne qui s'élève comme un rempart entre la France et l'Italie ; mais l'ascension réelle du Mont-Cenis ne commence guère qu'à mi-chemin, à Lans-le-Bourg. Elle dure un peu plus de deux heures, pendant lesquelles la lourde voiture, traînée par huit ou dix chevaux, gravit lentement les pentes sinueuses du chemin qui se replie en mille détours.

On a d'abord gravi les premières pentes où le moindre petit coin de terre protégé par des murs de soutènement est mis en culture avec une patience infatigable. Le blé jaunit à d'énormes élévations sur le flanc de la montagne ; les champs n'ont pas toujours plus de quatre mètres carrés ; les rochers les interrompent et les limitent ; et que d'efforts pour en sauver la maigre surface semée de cailloux ! Mais partout où la roche friable retient un peu de terre végétale, on lui confie un grain de seigle. Puis les cultures diminuent, on ne les retrouve plus qu'à de longs intervalles ; les chaumières sont espacées, et la nature devient âpre et triste. Bientôt on rencontre çà et là sur les côtés de la route de grands amas de neige d'où file un petit torrent ; la montagne est çà et là semée de pâturages, çà et là couverte de sapins rabougris. Quelques pauvres filles, éternellement occupées à tricoter de gros bas de laine, gardent de petites vaches qui paissent parmi les rochers ; des paysans en vestes de couleurs dures et crues, bleu de ciel ou vert-chou, confient leurs semences à une terre avare. Partout la montagne est déchirée de rides profondes ; mais, le dirai-je et me permettra-t-on cet aveu à propos des Alpes, le paysage me semble manquer de grandeur.

L'aspect des montagnes évoque dans beaucoup d'esprits l'idée de la liberté. On aime à voir l'image de la fière et vaillante déesse dans ces solitudes élevées qui sont voisines du ciel. Pour moi, s'il faut le confesser, j'éprouve un effet tout contraire. Dans les montagnes tout m'opprime. Le regard qui cherche l'horizon se heurte et se brise contre des escarpements qui se dressent de toutes parts ; le pied dans sa marche aventureuse, a pour obstacle le torrent, le rocher, l'abîme. Un cercle de hauteurs arides vous entoure, la pensée étouffe. Toujours on appelle l'espace et jamais on ne le trouve ; ici des rochers énormes, plus loin d'autres rochers ; des murs, encore des murs. Si haut qu'on monte, on a toujours de nouvelles hauteurs plus ambitieuses qui barrent la vue, et l'esprit se lasse à chercher une issue. On dirait partout, dans ces plis de terrain où l'on rampe, un vaste entassement de prisons.

Cependant on côtoie un fort qui commande le défilé, fort qui dans ces temps de paix n'a ni soldats le long des courtines, ni canons dans les embrasures ; les cultures disparaissent ; la neige s'amoncèle par bancs épais, et bientôt, de distance en distance, on aperçoit de pauvres maisons de pierres sèches assises au bord de la route que gardent un homme, une femme, des enfants. Elles portent sur la muraille grise la branche de pin symbolique et ces mots peints en noirs : *Regia casa di ricovero. — Maison royale de refuge.* Ces mots vous disent quels orages et quelles avalanches dévastent ces solitudes dans la dure saison.

Les maisons de refuge se resserrent à mesure qu'on approche du couvent bâti sur le faîte du Mont-Cenis. On l'atteint bientôt. Le lieu est sauvage et d'un aspect désolé. Une ligne de bâtiments uniformes en pierres grises borde le chemin. Il y a une maison pour quelques religieux, un hospice pour les malades, une chapelle, une caserne encore pour les troupes qui passent de la Savoie en Piémont, et d'autres constructions dont les étroites fenêtres regardent la vallée. Tout autour s'étend une vaste cour carrée que ferme un mur crénelé coupé en deux par la route. Quelques hommes, vêtus de larges capotes de drap gris, vont et viennent dans la cour. La terre est grise, les murs sont gris, les rochers, les toits, les montagnes, l'horizon, tout est gris. C'est triste comme l'Escurial, sans la majesté sauvage, les lignes superbes et les profondes perspectives du royal couvent espagnol.

Au détour de la route, la vue d'un lac vous console, lac pittoresque et bleu auquel le Mont-Cenis a donné son nom et sur lequel flotte solitairement un petit bateau.

Les truites de ce lac sont en grande réputation auprès des gourmets de Turin.

La descente du Mont-Cenis s'opère en trois quarts d'heure à peine. Deux chevaux suffisent alors pour emporter la diligence. On ne manque jamais, toutes les fois qu'il est question de montagnes, lorsque surtout ces montagnes s'appellent les Alpes, de parler d'abîmes sans fond et de précipices incommensurables. On n'épargne pas la profondeur, et le récit se montre prodige en adjectifs superlatifs; que de dangers ne court-on pas! La voiture roule au bord d'un torrent qui mugit dans les entrailles de la montagne.... La route est taillée à pic au-dessus du gouffre.... Le moindre accident vous précipiterait dans le vide.... cinq mille pieds de chute sans temps d'arrêt! On ne lésine pas sur les pieds. Cinq mille ne suffisent-ils pas pour l'éclat du récit, on en met dix mille.

Mais, disons-le bien vite, l'accident n'arrive

jamais. Le danger n'habite pas plus le Mont-Cenis que la butte Montmartre. Les précipices qu'on y voit n'ont jamais tué aucun voyageur.

Les Alpes franchies, on retrouve à Suze le chemin de fer qui court vers Turin, et de Turin, se relie à Gênes d'un côté et, par Milan, de l'autre, à la Lombardie. Voilà déjà les vignes en festons suspendues aux arbres ; le ciel a des tons bleu-de-roi ; on est en Italie.

Il ne faut pas plus de deux heures pour atteindre Turin au travers de longues plaines que traverse le Pô ; mais Turin a moins le caractère d'une ville italienne que d'une ville française. On l'a comparé à un grand damier fait de rues de Rivoli se coupant en équerre. Partout l'angle droit, presque partout des arcades. On se hâte de gagner Gênes. Il n'y a que les Anglaises, chassées de Naples ou de Rome par la chaleur, qui s'empressent de profiter de l'occasion pour courir au théâtre et faire parade de ces plumes d'autruche et de ces marabouts que toute fille d'Albion s'acharne à porter en voyage. C'est laid, mais c'est éternel.

Au delà d'Alexandrie, où des piles de canons entassés vous donnent un témoignage nouveau de l'amour des peuples les uns pour les autres, la ligne ferrée quitte bientôt la plaine et s'engage dans cette chaîne de montagnes qui protégent Gênes vers le nord. Ce ne sont que tunnels, ponts, viaducs aux longues arcades, et sur le faîte des collines, ainsi qu'au penchant des coteaux, des clochers carrés, des villas blanches et des hameaux aux tuiles rouges. La pierre a des tons jaunes, les murailles fatiguent l'œil de leur blancheur éclatante, le feuillage des arbres est d'un vert cru qui tranche vigoureusement sur l'azur éblouissant, de minces filets d'eau que le soleil s'efforce de dessécher fuient entre des plages de gravier si larges qu'un fleuve y coulerait à l'aise. On a vu ces paysages dans cent tableaux, et sans les connaître on les reconnaît.

A Ponte-Decimo s'enfonce un long tunnel, le plus long de toute la ligne, à côté duquel bouillonne l'eau qui abreuve Gênes. Bientôt on touche aux faubourgs de la ville de marbre; encore un élan, et on arrive.

On espère bien, et on a raison d'espérer, que je ne parlerai ni des tableaux, ni des fresques, ni des statues, ni des églises, ni des palais, ni d'aucune de ces richesses artistiques dont toute grande cité de la péninsule regorge. M. le président de Brosses les a vues, et c'est encore le meilleur guide qu'on puisse consulter et le plus savant. Donc que le lecteur se rassure, et qu'il ait pour certain que son espoir ne sera pas trompé.

Un des plaisirs les plus vifs du touriste, quand il arrive dans une ville nouvelle, c'est de se jeter à corps perdu dans les rues. C'est le moyen le plus sûr de bien pénétrer le caractère et la physionomie des lieux et d'en saisir la fleur. Une dissertation ne remplace pas une promenade. A ce point de vue, Gênes a des avantages inappréciables. On est à peu près certain de s'égarer. Jamais dédale plus inextricable de rues et de ruelles n'a brouillé son écheveau de pierres. Pour ma part, je m'y promènerais six mois sans relâche sans jamais y rien reconnaître. Il y a telles maisons où l'on entre par le rez-de-chaussée et d'où l'on sort par le second étage. Un habitant de la ville qui se piquait d'une grande science topographique a été un jour traîtreusement mené au cœur du quartier Carignan, puis tout à coup abandonné par son guide. Il s'est bravement perdu et n'a retrouvé son chemin qu'après trois heures de fatigue.

A Gênes, si le soleil est chaud, l'ombre est froide et les rues sont presque toutes dans l'ombre. Si l'angle d'une place reçoit en plein la lumière, la hauteur des maisons voisines noie l'autre dans les ténèbres, et partout le vent circule. Le grand voile blanc des femmes qui glissent le long des palais ajoute au caractère mystérieux de cette ville. Les mœurs anciennes s'y montrent par un coin. La spéculation n'a pas encore ouvert à grands coups de pioche ces grandes artères pleines de poudre et de bruit que réclame le commerce. Bénissons cet oubli.

La foule cependant va, vient, monte et descend, s'agite et parle dans les rues avec cette *furia* qui n'est pas de l'activité, mais qui témoigne de la vie. Les portefaix traversent la ville, courant pieds nus sur les dalles; mille marchands de légumes, de fruits, d'eau fraîche, débitent leurs denrées à grands cris; chacun a le sien, et quelles notes aiguës ne trouvent-ils pas? Que d'*ut* dièse, que de *si* bémol, que de Tamberlick inconnus! Un marin brun et velu comme un faune lave son torse à pleine eau dans la vasque d'une fontaine; des enfants vêtus d'une loque se battent à l'angle du carrefour; des matelots chantent en poussant devant eux des ballots et des futailles; les cloches sonnent comme si elles éprouvaient, elles aussi, le besoin de parler, et sur le quai des centaines d'ânes et de mulets puissants, liés entre les brancards des charrettes, rôtis par le soleil, grillés, exaspérés, fous de chaleur, braient sans trêve ni repos, en échangeant pour se distraire quelques ruades et quelques coups de dents.

Le hasard voulait que j'arrivasse directement de Londres au moment où je parcourais Gênes. Quel abîme entre les races qui peuplent ces deux villes! Sans transition je passais du mouvement rapide, infatigable et silencieux dans la fièvre et le bruit. Après l'activité régulière, productive et muette, le tumulte, mais un tumulte où la gaieté a plus de profit que le travail. Le commerce est la loi des deux villes, mais entre elles aucun point de contact.

Les Anglais, à qui échappent les lois de cette agitation, prennent volontiers les Méridionaux pour des fous; les Méridionaux, à leur tour, ne sont pas éloignés de penser que ces hommes du Nord, qui ne rient jamais, froids, silencieux et méthodiques, ont le cerveau malade. Lesquels ont tort? Je n'oserais pas répondre.

On n'a pas fait cinq cents pas dans Gênes qu'on est écrasé par cette masse de marbres de toutes sortes qu'on heurte du pied dans chaque rue, et tout à la fois suffoqué par le mauvais goût de certains ornements qui s'étalent avec naïveté un peu partout. Un effroyable badigeon rouge couvre ici un palais fameux, un autre est jaune citron avec des agréments bleus, un troisième est barbouillé de fresques extravagantes; çà et là, sans motif, un pinceau fantasque a figuré des colonnes qui ne portent rien, des frises, des architraves, des statues qui grimacent dans de fausses niches. Entrez; l'or et les marbres les plus rares sont prodigués par les maîtres de ces palais qui furent les maîtres de la mer.

Leurs petits-fils les possèdent encore. Voici le palais de la famille du marquis Imperiali, des princes de San Angelo. Un de leurs aïeux joua autrefois sa fortune dans une nuit de fête; il perdit tout : argent, palais, villas, terres, seigneuries. Au moment où il allait quitter la partie, comme le Robert le Diable de M. Scribe, il se souvint d'un pauvre vieux laurier qui était en dehors d'un jardin, et qui par hasard lui appartenait. C'était tout ce qui lui restait. Il se rassit.

« Je joue mon laurier ! » dit-il.

Un arbre fut opposé au laurier ; le prince gagna, et d'arbre en arbre, de jardin en jardin, de palais en palais, de terre en terre, faisant paroli à tout coup, il rentra en pleine possession de sa fortune.

Le pauvre vieux laurier fut revêtu d'une armure d'or. Il méritait bien ça.

Voici le palais du marquis Serra. Dans les frises des plafonds se marient encore un D et un S, initiales du marquis Dominique Spinola, auquel ce palais a jadis appartenu. Il le joua, le perdit et le livra à son adversaire, le marquis Serra. D'autres palais restent aux Spinola pour les consoler de cette perte.

L'un des membres de la famille Serra vient de se faire arranger un appartement de garçon dans ce palais. Le mobilier lui a coûté huit cent mille francs, dit-on. Les millionnaires improvisés de la Bourse de Paris ne se sentent-ils pas humiliés ?

Ces familles, dont les chefs étaient à la fois amiraux, capitaines, magistrats, négociants même, avaient leurs églises : voici celle des Durazzo ; cette autre, Sainte-Marie-de-Carignan, doit sa construction à une taquinerie des Fieschi. Cette famille, qui a fourni à Schiller le sujet d'une tragédie, avait une église voisine de son palais. Un jour, elle s'imagina d'en refuser l'entrée à la famille du marquis Sauli, qui habitait tout auprès. C'était son droit. Le marquis Sauli ouvrit sa caisse, fit venir des ouvriers, leur ordonna de tailler du marbre, et Sainte-Marie-de-Carignan fut bâtie.

L'église achevée, le marquis donna aux chanoines une maison et un jardin. Cette fois il était bien sûr d'entendre la messe à son heure et à sa porte.

Quand une famille n'avait pas d'église, elle avait tout au moins une chapelle. Les marbres les plus riches et les tableaux les plus précieux en tapissaient l'intérieur.

Au hasard, par-ci, par-là, dans d'obscures ruelles, vous apercevez des cariatides d'un modèle et d'un mouvement superbes. Au-dessus d'une méchante porte, dans la rue des Orfèvres, un bas-relief en pierre noire, d'un travail précieux, décore le fronton d'une boutique. Il représente l'*Adoration des Mages*. Un Anglais le vit et en offrit trente mille francs au propriétaire de la boutique. Celui-ci accepta ; mais quand vinrent les maçons, le propriétaire de la maison s'opposa à l'enlèvement du bas-relief, lequel, disait-il, appartenait à l'immeuble et non à la boutique. Le propriétaire de la boutique insista, et un procès s'ensuivit. Le total plaidait contre la partie. En attendant que la cause soit jugée, l'*Adoration des Mages* est restée en place.

On pense qu'elle y restera longtemps.

Si ces longues et charmantes flâneries dont les Parisiens contractent la douce habitude le long des boulevards et des quais, vous font vous arrêter, à Gênes, devant le magasin d'un marchand d'estampes, vous y verrez les portraits de tous les artistes, chanteurs et danseurs, du Théâtre-Royal. Ceci n'est rien, mais voici où se montrent les mœurs de l'Italie moderne.

Sous chacun de ces portraits s'aligne un quatrain où la louange emprunte ses rimes et ses comparaisons à la mythologie. La prima balerina est tenue pour la sœur de Terpsichore et l'émule des Grâces. *Il primo tenore* est tout simplement déclaré le maître du chant et le frère d'Orphée. Tous deux iront à la postérité. On sait que les vers, les vers italiens surtout, sont prompts à l'enthousiasme.

Ne faut-il pas s'attrister de voir un peuple faire une si large part à la musique, et n'y-a-t-il pas de mauvais symptômes dans cette fièvre d'admiration pour le plus aimable, mais le plus énervant des arts?

Dans la même boutique et tout à côté de ces portraits vous en verrez un autre ; mais ici le caractère change.

Celui-là représente M. Jules Favre, très-ressemblant, mais sans lunettes. Il y a une légende sous le portrait, et vous devinez à quel acte de sa vie elle fait allusion.

Les Génois ne se font pas scrupule d'étaler leur lingerie le long des fenêtres. Des cordes suspendent en l'air, aux yeux des voisins, tout ce qu'une famille a de chemises et de jupons. La brise les balance et les sèche. Aucune maison ne s'en prive, et cette décoration aérienne, si elle manque de grâce, ne manque pas d'originalité.

Ce grand réseau de ruelles pavées de larges dalles disposées en points de Hongrie, et que deux ou trois rues plus larges et régulières traversent dans une direction parallèle à la mer, ne sont pas praticables aux voitures. Tous les transports se font à dos de mulets; on en rencontre partout de longues files qui marchent d'un pied sûr au milieu de la foule, les uns derrière les autres comme les chameaux d'une caravane. Dans ces ruelles que la hauteur des maisons et leur alignement confus protégent contre le soleil, les négociants, les armateurs, les courtiers, tous coiffés de chapeaux de paille et tous le cigare aux lèvres, se livrent bruyamment à toutes les transactions du commerce. Ni les mulets, ni les cris des marchands de comestibles, ni la course des portefaix ne les peuvent troubler; malgré soi on se souvient de Marseille où chaque jour, et deux fois par jour, la Bourse se tient en plein air. C'est le même murmure de voix et la même multitude.

Une des singularités de Gênes, mais non pas la plus agréable, c'est qu'on ne peut voir le port que lorsqu'on y touche du pied. On a eu l'étrange et malencontreuse idée d'élever tout au bord du quai un long bâtiment flanqué de hautes murailles qui en masque le spectacle vivant et joyeux. Il faut habiter au quatrième étage des maisons pour découvrir la mer. Le bruit et le vent seuls vous disent que là, derrière ces murs gris, est le port.

On n'ignore pas que dans un beau mouvement d'enthousiasme populaire, la citadelle de Gênes (je parle de celle qui battait la ville) fut condamnée à la démolition en 1848. Les jeunes révolutions ont de ces ardeurs. La citadelle fut donc mise à bas, et de grandes maisons de couleur orange furent élevées sur son emplacement. C'était bien, et on se réjouit.

Seulement, en 1849, Gênes s'étant quelque peu soulevée, le général La Marmora établit une batterie sur une pointe de terre d'où commodément il bombarda le port et la ville, qui se rendirent. Le point stratégique était trouvé. On ne reconstruisit pas une seconde citadelle, oh! que non; mais on bâtit une caserne formidable qui peut contenir deux mille hommes, et qui, le cas échéant, foudroierait la ville. Les bâtiments sont à l'épreuve du boulet.

Quelle belle invention que les casernes! au moins cela ne s'appelle-t-il pas bastille ou citadelle.

C'est dans le palais Durazzo, à présent palais royal, que le malheureux roi Charles-Albert s'arrêta au moment où il quittait le Piémont pour n'y rentrer jamais. On vous fera voir dans un des appartements le lit dans lequel il passa la dernière nuit. Quel triste sommeil dut être le sien et quelle distance séparait alors l'héroïque vaincu de Novare du jour trompeur et brillant où il s'écriait : *Italia fara da se!*

Ce palais, un des plus vastes de Gênes, communique par une aile et une terrasse avec le port militaire où dorment les belles frégates de la marine sarde. Une passe relie le port militaire au port marchand, toujours encombré de navires sur lesquels flottent les drapeaux de toutes les nations du globe. Un vieux batelier, sec comme un jonc et brun comme de l'acajou, qui me faisait visiter la rade et poussait sa barque çà et là, me parlait en un patois pittoresque des grandeurs passées de la ville de marbre. Il se souvenait du grand Doria, dont ses pères lui avaient redit le nom, et du temps glorieux où le pavillon de la république fondait de riches colonies en Grèce, en Orient et jusqu'en Crimée.

« *Allora eravamo Genova la superba; adesso noi siamo piccolini.* »

« Alors nous étions Gênes la superbe ; à présent nous sommes tout petits, » dit-il en finissant.

Il y avait dans le visage et l'accent du vieux marin un singulier et touchant mélange de résignation, d'ironie, d'amertume et de regret.

Il soupira et leva les épaules avec un mouvement que rien ne peut rendre, et un petit gémissement qui se compose d'une syllabe unique, interjection qui tient de *Eh!* et de *Ah!* toute particulière aux Italiens et d'une éloquence inimitable.

Il ne pensait plus qu'à ramer.

Un matin que j'étais à Saint-Laurent, un grand bruit remplit l'église tout à coup. C'était un bataillon de bersaglieri qui entrait, musique en tête. Les braves chasseurs venaient entendre la messe. Jamais cérémonie religieuse ne fut plus promptement expédiée. On aurait dit qu'un accord secret existait entre le prêtre qui officiait et les soldats qui se recueillaient ; ceux-ci avaient dix minutes d'attention à la disposition de celui-là, rien de plus, rien de moins. Ils étaient fort paisibles au commencement ; puis, vers la fin, on vit l'un d'eux tourner la tête du côté des voiles blancs, puis un autre encore, puis trois, puis quatre ; un rang entier imita ces étourdis, et ce fut parmi tous ces panaches de plumes le mouvement d'un champ d'épis au milieu duquel passe le vent. Il était temps que la messe finît. Le commandant brandit son épée, l'ordre du départ fut donné, et les bersaglieri sortirent comme ils étaient entrés, en courant.

Il y a à Gênes une promenade charmante, l'*Acqua sola*, où chaque soir, et le dimanche surtout, la foule est nombreuse, et en outre un établissement qui tient à la fois de Tortoni et du café Anglais, *la Concordia*, que les étrangers ne manquent pas de fréquenter.

L'*Acqua sola* domine la ville; quelques allées de beaux arbres semés de bancs tournent autour d'un grand bassin dont l'eau est tapissée d'herbes flottantes. Je ne crois pas qu'en aucun lieu du monde il y ait autant de grenouilles. La saison propice à leurs gaietés nocturnes les faisait se répandre en concerts qu'on entendait de fort loin. Du sommet des terrasses ombragées de l'*Acqua sola*, la vue est fort belle et s'étend sur la campagne et la mer. Toute la population de la ville s'y presse, les belles dames avec cet étalage de crinolines et de cages si chères aux Parisiennes, les Génoises avec leur parure de cheveux couronnés du voile blanc national.

La Concordia est un jardin entouré de salons rafraîchis par une fontaine, orné de terrasses et tout planté de citroniers, d'orangers et de jasmins, où l'on prend des sorbets le soir; on y dîne aussi. La fraîcheur de l'endroit, le murmure de l'eau, le vent léger qui vient de la mer, les senteurs aromatiques, les arbres en fleur, le repos qu'on y savoure à l'ombre, tout invite à rester et vous fait comprendre les douceurs charmantes de la paresse italienne.

Gênes est la ville des cheveux ; il y en a de toutes les nuances, depuis le blond d'or jusqu'au noir de jais à reflets bleus. Je ne voudrais médire de personne, mais vraiment je crois bien que la chevelure d'une seule Génoise coifferait, sans peine aucune, cinq têtes de Parisiennes, et, la coiffure achevée, on s'écrierait cinq fois de suite. Les beaux cheveux !

Un mot encore avant de terminer cette promenade au travers de Gênes. On vous fait voir en passant, dans une rue voisine du port, une figure de madone placée sur la façade d'une maison. La maison n'a rien de remarquable, et la figure de la madone non plus. L'histoire seule de la statue a de l'originalité.

Lors du choléra qui éprouva Gênes autant que Marseille, cette maison fut épargnée ; quand la maladie eut disparu, le propriétaire de l'immeuble eut l'idée pieuse de remercier la madone par l'offrande d'une statue. Jusque-là c'était bien ; mais le brave homme, un peu marchand, étant Génois, voulut allier l'économie à la piété, et pensa à faire contribuer les locataires, estimant qu'il y aurait par ce fait à la fois profit pour son âme et pour sa bourse. Or, le locataire du premier était protestant, et celui du rez-de-chaussée juif. Ils se récrièrent, déclarant que s'ils étaient fort reconnaissants au choléra de les avoir oubliés, ils n'avaient aucune relation avec la madone. Rien n'y fit. L'honnête et dévôt propriétaire tint bon. La madone eut sa statue et tout le monde paya.

A présent l'image de pierre tient lieu d'enseigne ; elle rendra en augmentation de loyers ce qu'elle n'a pas coûté au propriétaire.

Je parlais tout à l'heure de l'*Acqua sola*. La plus belle promenade de Gênes serait la mer si les Génois savaient en profiter ; mais jamais aucun d'eux ne pense à monter dans ces batelets qui sollicitent les passants le long du quai. C'est la répétition du même phénomène qu'on remarque dans tous les ports de mer. Il n'y a que les poëtes et les romances qui célèbrent les charmes d'une promenade sur les flots. Aussitôt qu'on habite dans leur voisinage, on les fuit. N'est-ce pas toujours la même comédie morale ! Les citadins chantent les douceurs de la vie des champs qu'ils ne connaissent pas, et les gens de la campagne parlent avec ivresse des délices de la ville, où ils ne peuvent pas se fixer.

Quand les bateaux à vapeur quittent le port, on voit longtemps l'amphithéâtre éclatant de Gênes, depuis les casernes neuves jusqu'à Sainte-Marie-de-Carignan. Les maisons se pressent dans un cercle de collines, semées partout de villas. Le soleil les inonde de lumière ; le dôme des églises et les terrasses des palais se dessinent dans l'azur, puis les couleurs se fondent, la ville s'efface lentement et Gênes disparaît.

II

ROME.

Lord Byron, et après lui Fenimore Cooper, celui-là en vers, l'autre en prose, ont mis la mer à la mode. Est-ce un défaut d'organisation ? Je ne sais. Toujours est-il que j'en sens moins les beautés que les inconvénients ; non pas qu'un beau coucher du soleil, vu des falaises d'Étretat ou des plages de Cubourg me laisse sans émotion, mais personne n'est plus que moi accessible à ce sentiment indéfinissable de malaise et de tristesse qui semble sortir des planches d'un navire, et que l'on connaît sous l'appellation un peu moqueuse de *mélancolie de la mer*.

Il est à remarquer que l'on ne parle jamais moins qu'à bord d'un bâtiment. Le silence y est à l'ordre du jour, en permanence. On ouvre la bouche à regret, on consulte l'horizon du regard, on suit d'un œil rêveur le long sillage de la quille, et si quelque terre se montre sur le dos de la mer, toutes les têtes se tournent vers le même côté. Les vieux marins racontent que les voyageurs qui font par le

Cap l'interminable trajet de l'Europe aux Indes arrivent, après deux mois de navigation, à un état voisin de l'exaspération. On s'exècre de l'avant à l'arrière, du tillac à l'entrepont on se fuit; les passagers se divisent en Capulets et en Montaigus qui échangent des mots brefs d'où suinte l'animosité ; à défaut d'épées absentes, on croise des regards de haine, et l'on se massacrerait si l'on n'arrivait enfin.

Ces dispositions qui sont réelles et qui semblent étranges, on les comprend mieux aussitôt qu'on est resté pendant deux fois vingt-quatre heures livré tout vif à ce balancement monotone de la mer, qui ne berce pas et qui agace, à ce papillotage des vagues, où les rayons du soleil se brisent en étincelles éblouissantes qui fatiguent l'œil, à ce clapotement éternel et saccadé des roues, à ce tremblement nerveux d'un navire qui vous secoue sans relâche. A force de voir et de regarder l'azur, on regrette la boue.

On pourrait croire que les gouvernements qui se partagent le territoire de la péninsule se font un plaisir malicieux d'entourer de formalités longues et désagréables tout voyage on Italie, qu'on le fasse par terre ou par mer. Au moment de l'arrivée, les passagers embarqués à bord des paquebots se pressent vainement le long de l'échelle, attendant l'heure propice qui leur permettra de toucher la terre. Hélas! ils espèrent, mais ce sont les messieurs de la police et de la Santé qui décident, et jamais personne n'a mieux étudié le vers du poëte:

Dans tout ce que tu fais, hâte-toi lentement.

On peut croire même qu'ils ne se hâtent pas.

Une barque se montre enfin, poussée nonchalamment par deux rameurs qui sommeillent; elle approche, elle arrive, et quand la double question de la Santé et des passe-ports est vidée, commence la troisième question de la douane. C'est un supplice après un martyre.

Les diligences qui font le service de Civita-Vecchia à Rome délivrent leurs places par ordre d'incription. On a le coupé si on a les numéros 1, 2 et 3; la rotonde, si on a les numéros suivants, quant au prix, il ne varie pas. Dans cette affaire les jambes sont tout, l'argent n'est rien. Ici les premiers sont les premiers. Les gens avisés qui sont au courant de ces petits mystères des messageries romaines dédaignent le service public et prennent la poste.

La route suit d'abord le rivage de la mer. Quelques arbres brûlés par le vent en dissimulent l'épouvantable aridité; puis; comme vaincus par l'implacable soleil, ils disparaissent, et ce n'est plus, aussi loin que le regard puisse s'étendre, qu'une ligne blanche et poudreuse que ferment d'un côté la surface immobile et luisante de la Méditerranée, pareille à un miroir d'acier bleu, et de l'autre d'interminables plaines où frissonnent quelques champs de blé et que rident çà et là des ruisseaux à sec.

Un nuage de poussière précède, accompagne et suit la voiture, parfois une arche de pont rompue fait penser aux ruines qu'on cherche et qu'on ne voit pas encore; sur une herbe maigre et jaune ruminent ces grands bœufs blancs dont M. Horace Vernet a immortalisé les formidables cornes; les bergers à cheval et armés de piques courent sur le flanc du troupeau. C'est un coin de tableau dans un désert affreux. Les ouvriers du chemin de fer dorment à l'ombre des tranchées; çà et là des masures dressent leurs pans de murailles crevassées; de distance en distance, et à de longs intervalles, on rencontre de ces auberges sordides, hideuses, hantées par la misère et l'incurie, qui vous font souvenir de Guzman d'Alfarache, et autour desquelles grouille, à demi-nus, un tas de petits enfants vêtus de loques et noirs de crasse. Les femmes ravaudent des guenilles devant les portes. Les hommes dorment. Vingt mains sont tendues, dix voix gémissantes pleurent à la fois. On mendie de tous les côtés et sur tous les tons.

Le premier coup d'œil sur la campagne de Rome est horrible. Rien qui repose le regard; partout l'indigence: il n'y a que les lignes de l'horizon qui consolent. Un soleil de feu dévore l'étendue; ni arbres, ni eau dans la plaine. Dans les hameaux, une population hâve et silencieuse.

Rome! Il y a dans ces quatre lettres quelque chose de magique qui fascine l'esprit et l'éblouit : elles réveillent un tourbillon de souvenirs. Longtemps on cherche la ville sans la voir. Le regard, à chaque détour de la route, sonde l'horizon. Rien encore. Des relais de poste dont les bâtiments lézardés menacent ruine, des chemins creux, de longues ondulations de terrains; les campagnes sont dépouillées et fauves. La nuit se fait. Les lucioles, pareilles à des étincelles, voltigent parmi les buissons. On regarde toujours. Rome est là-bas dans les ténèbres; on en veut saisir la vague et lointaine silhouette. On approche. Des lignes noires se dessinent enfin sur l'horizon clair; indécises et confuses, elles laissent deviner ici des dômes monstrueux, là des entassements de maisons. Des fantômes de grands pins arrondis se dressent autour d'une villa; puis d'épaisses murailles s'allongent de droite à gauche, une porte entr'ouvre sa baie profonde et voûtée où fume la lampe d'un corps de garde. La voiture roule, on entre. C'est Rome. Quelle émotion dans ce mot!

La nuit est profonde; quelques réverbères jettent des lueurs rouges aux angles des carrefours des rues sans nombre, obscures, étroites, tortueuses, s'ouvrent de toutes parts et s'enfoncent dans les ténèbres, bordées de maisons pauvres, grises et percées irrégulièrement de portes basses et de fenêtres étroites. On dirait un grand village que suivent d'autres villages. On entend chanter le coq et bêler des chèvres; un âne brait dans une étable; des fourrages sont par terre dans un coin; le pavé est dur et raboteux; de lourdes enseignes pendent le long des boutiques fermées de volets massifs. Pas une lumière derrière les vitres, pas un chant dans la rue, pas une voiture, point de bruit. Il est dix heures. Parfois une colonne vous saute aux yeux, une grande ligne d'architecture se profile dans le ciel étoilé, un arc surgit dans l'ombre, une fontaine fait sonner ses cascades au coin de la rue, on traverse un pont où des anges de grandeur colossale ouvrent leurs ailes de marbre confusément. Puis ce sont de vieilles maisons noires, et plus loin encore d'autres maisons accroupies dans la nuit, masures que suivent des masures.

On est donc dans la ville éternelle.

Avant d'aller plus loin dans cette course rapide, qu'on me permette d'ouvrir une parenthèse. Si Rome est la ville éternelle, au point de vue des monuments la ville éternelle est infinie; elle n'a ni commencement ni fin. M. Ampère en a soulevé un pan; demandez-lui ce qu'il en pense; des générations de savants l'ont étudiée qui seront suivies de nouvelles générations, et ce sera ainsi jusqu'à la consommation des siècles. Et aucune ne dira tout, ne verra tout. Rome est un composé de villes bâties, ou, pour mieux dire, détruites, les unes sur les autres. Cela dit, il est bien convenu que je ne parlerai ni des églises, ni des thermes, ni des cirques, ni des temples, ni des forums, ni des palais, ni des statues, ni de Saint-Pierre, ni du Vatican, ni du Colysée, ni du Capitole. Les guides, là-dessus, en disent plus qu'on n'en sait. Quant aux antiquaires, ils se disputent. L'un attribue à Pallas le temple que l'autre accorde à Junon, et si l'un d'eux, Anglais ou Français, prétend que ces trois colonnes appartiennent à l'époque d'Auguste, vite un Allemand, son voisin, démontre qu'elles sont du temps de Néron.

Les artistes et les hommes de goût admirent et regardent. Cela dit, regardons.

Mais d'abord, un conseil en passant; méfiez-vous des marbres. Il y en a trop. Et Dieu sait si l'on voudra vous en faire voir! Les noms ne leur manquent pas. Voilà le cipolin, le Porto-Santo, la fleur de Perse, la brèche d'Égypte, le porphyre, l'albâtre oriental, l'albâtre fleuri, le granit, le rouge antique, le vert antique, le jaune antique, le noir antique, le jaspe de Sicile, le basalte. J'étouffe et j'en oublie dix. N'est-ce pas assez? Voici la malachite, l'onyx, l'agate, le lapis-lazuli! Fermez les yeux, et ne les ouvrez plus aussi longtemps qu'on vous parlera de marbre. Il y en a des montagnes par terre, et Gênes tout entière serait achetée par un faubourg de Rome.

On m'a conté qu'il y avait plus de six mille colonnes de marbre antique debout dans les églises et les palais. J'aurais parié pour dix.

Quant aux statues, à première vue on peut croire qu'il y en a plus que d'habitants ; je ne parle pas des bustes. C'est un peuple de pierre contre lequel on se heurte partout.

J'ai toujours pensé, sans l'affirmer, qu'un jour viendrait où toutes ces images de marbre et de métal, dieux, bacchantes, héros, martyrs, archange, faunes, empereurs, pontifes, nymphes, gloires, renommées, apôtres, rois, guerriers et déesses se lèveraient et pulvériseraient Rome sous leurs pieds. Quel spectacle que cette résurrection ! A Rome, on s'accoutume à vivre avec le passé. Les vivants y tiennent moins de place que les morts.

Ainsi, par exemple, il est impossible de regarder le *Moïse* de Michel-Ange sans avoir la conviction qu'il va se lever ; une sorte d'effroi vous gagne à l'aspect de ce visage terrible qu'anime le souffle de Jehovah. Quant au *Marc-Aurèle* du Capitole on croit vraiment que ce colosse de bronze n'attend qu'un signe d'en haut pour appesantir son bras sur la ville.

Il me semble que ces statues, pour qui sont l'histoire, les traditions, l'excellence des formes et la grandeur des événements doivent être fatiguées par la vue des contemporains.

Mais qu'on me pardonne cette fantaisie, il me semble que je viens de faire une excursion dans le royaume des beaux-arts. Je ne pécherai plus.

Lorsqu'on traverse Rome, poursuivi à tous pas par ces noms, si grands déjà et que la distance fait énormes, de Titus, de César, de Caracalla, de Trajan, de Néron, d'Auguste, de Tibère, de Constantin, d'Agrippa, et que partout on vous fait voir des ruines gigantesques en vous disant : là fut un temple, là fut un cirque, là fut un palais, là fut un forum, là furent des thermes, on se demande timidement où étaient les maisons dans lesquelles vivaient ce peuple féroce et sensuel de citoyens, de légionnaires, d'affranchis, ces praticiens, ces plébéiens, ces chevaliers, ces prêtres, ces matrones, ces vestales, qui furent les Romains.

Si la demande est faite à haute voix, on vous montre sur les vieille collines de Rome et dans les campagnes voisines les jardins et les villas de l'aristocratie moderne. Creusez, creusez toujours, et vous trouverez peut-être les fondements de ces maisons.

A ce sujet, un homme de savoir et d'esprit a émis le vœu que Rome fut démolie de fond en comble pour être étudiée, analysée et restaurée. On laisserait çà et là debout les vieux monuments, quelques églises, trois ou quatre palais, Saint-Pierre ; le reste serait mis à bas. Ce serait la seule manière logique et judicieuse de connaître la Rome antique, et d'éclaircir une foule de points de science et d'histoire sur lesquels on dispute perpétuellement.

Le Souverain-Pontife n'étant pas assez riche à lui tout seul pour suffire aux dépenses qu'entraînerait l'exécution d'un pareil projet, il en devrait remettre l'économie à une Compagnie financière représentée par tous les gouvernements de l'Europe.

Rome démolie et fouillée, on en ferait un musée gigantesque dont la garde et l'entretien seraient confiés à une académie d'archéologues, et la ville entière avec ses monuments serait mise sous la protection des peuples civilisés.

Ce projet peut paraître extravagant; quiconque a visité Rome avec amour le trouvera raisonnable. Que de richesses enfouies sous le sol et qui enrichiraient dix capitales!

La moitié de Rome est encore sous terre.

Le hasard m'a réservé une bonne fortune dont je suis bien reconnaissant à Mgr de La Tour-d'Auvergne.

Vous savez que M. de Rossi, qui a un rang distingué parmi les savants de Rome et qui s'occupe spécialement de la question des catacombes, a découvert, il y a, je crois, deux ans, les catacombes de Saint-Eusèbe et de Saint-Caliste. Il a été amené à la découverte de ces restes sacrés de l'antiquité chrétienne par une longue étude des textes et un examen attentif des lieux. Un morceau de marbre sur lequel se trouvait gravé un lambeau d'inscription le mit sur la voie de cette catacombe, dont seul il affirmait l'existence et déterminait la position. Scientifiquement, M. de Rossi procédait comme l'illustre Cuvier, qui, avec un morceau d'os fossile, arrivait à la reconstruction d'un animal antédiluvien.

Ce débris d'inscription dont M. de Rossi rétablissait le texte complet le poussa à solliciter de Pie IX l'acquisition du champ de vigne dans lequel le marbre avait été ramassé. Il le fit avec la pieuse et fervente ténacité d'un savant plein de foi, et le Pape acheta la vigne. Les fouilles commencèrent immédiatement; bientôt des lucernaires furent découverts, des escaliers déblayés et une longue suite de salles et de corridors funéraires mis au jour.

Mgr de La Tour-d'Auvergne, dans une visite qu'il a faite à ces catacombes dont il a profondément étudié l'histoire et qui remontent aux premiers temps de l'Église, au quatrième siècle, a bien voulu nous servir de guide et de cicerone. Il nous a fait parcourir ces trois étages de souterrains remplis partout de sarcophages dont les ossements tombent en poudre au contact du doigt, et que personne n'avait visités depuis tant de siècles. Des salles ont été explorées où l'on voit encore la table de l'autel, et sur les parois et sur les voûtes des peintures à fresques qui toutes ont trait au dogme de la résurrection. Quelques-unes de ces peintures sont admirablement conservées. La plupart, au point de vue de l'ornementation, rappellent le style des fresques de Pompéia. On y reconnaît le Bon Pasteur, la représentation de la Cène, Tobie et la baleine, le poisson symbolique, Lazare et d'autres pieux souvenirs des livres sacrés, traduits par le pinceau des premiers chrétiens. Un attendrissement sincère s'empare du cœur à la vue de ces témoins d'un autre âge et des grandeurs morales qu'ils racontent. Là dorment des milliers d'hommes qui scellèrent leur foi par le sang et qui reposèrent oubliés pendant dix siècles.

Les figures en pied de saint Eusèbe, de saint Caliste, de sainte Cécile se voient encore sur des pans de murs revêtus de stuc. On a de plus retrouvé les monceaux épars d'une inscription en magnifiques caractères damasiens composée par saint Damas, évêque, et dont les auteurs sacrés avaient conservé le texte. La table de l'inscription originale a été rétablie dans son entier à l'aide de ces fragments.

Cette visite n'a pas duré moins de deux heures et demie, pendant lesquelles Mgr de La Tour d'Auvergne nous a tenus sous le charme de sa parole. Il est impossible de revêtir la science de plus de grâces et de rendre l'érudition plus aimable et plus persuasive.

Nous sortions du tombeau des Scipion et nous parcourions les catacombes des martyrs. Quelques centaines de pas à peine les séparent.

Pour se faire une idée de ces cryptes creusées autour de Rome, et qui lui font comme une ceinture de souterrains, il suffira de savoir que les savants ont calculé, d'après des documents authentiques, que ces catacombes, mises au bout les unes des autres, occuperaient une étendue de trois cent lieues.

Celles que M. de Rossi a découvertes, et qui sont précieuses au point de vue scientifique et religieux, sont situées à droite de la voie Appienne, non loin de la petite église connue sous le nom de *Domine, quo vadis*.

D'autres fouilles qui ont une grande importance ont été entreprises récemment à Ostie, et aussi aux environs de Rome, à une petite distance de la porte Latine. Elles tiennent les académies en éveil. Ces fouilles ont amené la découverte de magnifiques débris de la statuaire antique, de bas-reliefs d'une bonne conservation, et entre autres de deux sarcophages dont les peintures intactes semblent terminées de la veille.

Le port d'Ostie est un peu loin, et je n'y suis pas allé. Quant aux fouilles de la porte Latine, on ne peut pas dire que la visite en soit commode.

Elles ne sont guère visibles, m'a-t-on dit, que de cinq à six heures du soir. Or, à cinq heures un quart le custode est rarement arrivé, et à cinq heures et demie il est toujours parti.

Il fait si chaud!

On a le projet de pousser ces fouilles très-avant. Puissent-elles donner au Capitole une autre Vénus, au Vatican un nouveau Méléagre! Ces travaux ont passionné et passionnent Rome autant que l'affaire Campana. Et puisque le nom de M. le marquis Campana s'est rencontré sous ma plume, laissez-moi vous dire que j'ai demandé de ses nouvelles à tout le monde. Partout on m'a répondu : Il est en prison. L'opinion générale est qu'il sera gracié. Le peuple l'appelle *Il povero marchese*. Il était fort bon et faisait grand bien. C'est la passion des arts qui l'a perdu.

On sait que le marquis Campana avait une galerie magnifique sur laquelle le gouvernement pontifical a mis le séquestre. Il avait collectionné les morceaux qui la composent à grand prix. Son projet était, assure-t-on, de réunir entre ses mains tous les objets d'art qui sont dans le commerce. A ce jeu, il s'est ruiné; malheureusement sa galerie ne vaut pas plus de deux ou trois millions, et il en doit, dit-on, cinq ou six.

Nous voici tout près de l'époque où Rome devient semblable à une fournaise. Les princes et les ducs se retirent dans leurs villas de Frascati et d'Albano; la plèbe se couche à l'ombre sur le pavé. Ce n'est pas que la chaleur soit excessive. Il fait certainement ici moins chaud qu'à Paris, mais la chaleur romaine est d'un genre tout particulier. Elle a l'humeur malfaisante et le caractère irascible. Pour un rien elle donne la fièvre; ce qui se traduit en France par un rhume de cerveau devient ici une fluxion de poitrine. Vous conviendrez qu'on a bien le droit, quand on le peut, de fuir cette chaleur acariâtre. Jamais, nulle part, on n'a senti de courants d'air plus pernicieux. Une conversation entre deux fenêtres est un cas de maladie. Méfiez-vous d'un ami qui vous arrête sous une porte cochère pour causer. Il a quelque désir secret de vous assassiner.

On assure que vers le mois d'août l'ombre sera plus froide encore et les vents coulis plus diaboliques. C'est pourquoi jamais un grand seigneur romain ne fait une promenade à cheval sans avoir prudemment son manteau empaqueté sur la selle, et pourquoi personne ne porte de vêtements de fil. Les Français seuls se permettent ces légèretés; mais les Français qui ne croient ni aux légendes ni aux traditions, ont le privilége de toutes les folies. Un véritable Romain est tout de laine habillé. Lucrèce filait de la laine. Le climat n'a pas changé.

L'heure maudite est l'heure du coucher du soleil.

Les vieux Romains n'en parlent qu'en tremblant, eux dont les aïeux ne tremblaient pas devant Annibal. A voir toutes les précautions qu'ils conseillent et qu'ils prennent pour se préserver de l'*influenza*, on pourrait croire que le vieil Apollon s'arme encore, au moment d'expirer, de ces flèches dont jadis il perça les fils de Niobé, et l'on se demande en quoi les Romains ont mérité son courroux mythologique.

De midi à quatre heures, Rome sommeille. Les voitures de place rentrent sous la remise, les touristes disparaissent, et l'on n'entend plus dans les rues que le cri particulier aux cochers, aux âniers et aux muletiers romains et par lequel ils stimulent la paresse de leur équipage. Le cri n'a qu'une syllabe, la même pour les ânes comme pour les mulets, pour les bœufs comme pour les chevaux. Un charretier un peu actif la répète trois fois par minute.

Vers quatre heures Rome se réveille ; le marchand se frotte les yeux, le cocher attelle ses haridelles, les oisifs, et tout le monde l'est un peu ici, hasardent un pied dans la rue, et un semblant de vie circule partout ou à peu près. Bientôt après, les calèches de l'aristocratie se dirigent vers le Pincio, qui sert aux Romains de bois de Boulogne ; on pousse jusqu'à la villa Borghèse et l'on rentre au coucher du soleil.

On commence à fermer les magasins vers huit heures et demie; à neuf heures, les glaces sont épuisées dans les cafés, et longtemps avant dix heures tout le monde est rentré au logis.

La vie nocturne, la vie en plein air, la vie sous le ciel étoilé serait-elle du domaine de la fable? J'en ai peur, à moins que ce ne soit une vérité à Naples.

Quant aux sérénades qu'on chante dans les romans, il y a longtemps, je crois, qu'elles n'ont réveillé les échos de la ville.

Le silence est un des caractères de Rome. Ce n'est pas que les hommes n'y parlent comme ailleurs et aussi bien qu'ailleurs, et que les marchands d'eau fraîche ne débitent à grands cris leur marchandise dans les rues; mais le bruit italien, le bruit de Gênes ne s'y entend pas. Il n'y a que les cloches qui aient ici le verbe haut. Je ne dis pas qu'elles en abusent.

Il faut voir dans l'oisiveté publique une raison capitale de ce silence universel et de cette absence de mouvement. Il n'y a, comme on sait, ni commerce ni industrie à Rome. Personne n'est donc jamais pressé d'arriver, personne ne sent l'aiguillon de la concurrence ou du plaisir. On s'amuse si peu à Rome et le cercle des distractions mondaines est si étroit!

Ces habitudes de silence et d'oisiveté, contractées dès l'enfance, donnent aux physionomies un caractère singulier de gravité. Il y a un côté espagnol dans le peuple romain. Les femmes des faubourgs ont des attitudes d'impératrices, auxquelles ajoute encore la fermeté parfois sculpturale de leur profil. On peut les regarder à loisir, jamais elles ne lèvent les yeux, ce n'est pas timidité de leur part, c'est indifférence ; chez elle aucune curiosité, point d'empressement, la marche est égale, la bouche fermée, le visage impassible. On dirait que toute coquetterie est impossible à ces filles de Rome. La gaieté est ce qu'il y a de plus rare parmi tous ces visages bruns. Cependant j'ai vu rire quelques enfants ; leurs mères se retournaient pour les regarder.

Il faut quelques jours pour s'habituer aux types de la beauté romaine. Au commencement on ne la devine même pas. On ne voit rien que la malpropreté excessive, les haillons transmis de père en fils et que jamais aiguille laborieuse n'a rajustés, les vieilles savates traînées par deux générations, les loques fétides mal attachées sur des cous noirs, les chevelures incultes et que le peigne semble oublier éternellement ; puis on s'habitue à cet ensemble et l'œil en dégage des lignes, des formes et un caractère qui ont de la puissance et de la majesté.

J'ai vu à Albano une petite mendiante de sept à huit ans que l'éponge n'avait jamais touchée ; mais quel éclair dans les yeux et quel ovale ! C'était un camée vivant.

Si maintenant on cherche dans le Transtevere ces costumes que l'on aime dans le fameux tableau de Léopold Robert, on pourra battre longtemps le vieux faubourg sans les trouver. Des feutres noirs et râpés sur la tête des hommes avec de vieilles guêtres de cuir autour des jambes ; un mouchoir blanc sur le front des femmes avec une méchante jupe que supporte un corset rapetassé, et c'est tout. Si tout à coup une Transtéverine traverse la rue dans son costume éclatant, où le jaune se marie au rouge, où l'or brille dans la soie, dites-vous hardiment : C'est un modèle !

Je suis arrivé à Rome la veille de la Fête-Dieu. La ville sainte allait entrer dans la semaine des processions. C'est, avec les célèbres solennités de Pâques et la fête prochaine de saint Pierre, l'époque où Rome étale toutes les pompes du culte. Qu'il me tardait de les voir !

Je les ai vues le lendemain sur cette place immense que termine la coupole gigantesque jetée en l'air par Michel-Ange.

La foule était partout, partout retentissaient la musique militaire et les cloches ; les balcons étaient tendus de tapisseries, les dragons en selle, les régiments français et les régiments suisses sur pied, tous les ordres religieux en mouvement ; le ciel de l'Italie étincelait au-dessus du Vatican, les gardes-nobles à cheval marchaient au milieu des bannières et des croix d'or ; le Pape, précédé de la tiare, et vêtu de moire blanche, passait, porté par les officiers de sa maison et entouré d'un triple rang de cardinaux ; le peuple en masse s'agenouillait. Eh bien ! s'il faut le dire, je n'ai pas senti l'émotion à laquelle je m'attendais, et — toutes choses de religion mises de côté, — la pompe de ce spectacle ne m'a paru ni grande ni imposante.

Et qu'on le remarque, cette impression ne m'est pas personnelle, elle est générale parmi tous les étrangers que le renom de ces fêtes attire à Rome. On en revient avec un sentiment de tristesse, presque d'affliction. C'est plus que du désappointement, c'est du chagrin.

Pour quiconque a vu les processions de la Fête-Dieu dans le midi de la France, toute comparaison est impossible. A Marseille, à Montpellier, à Avignon, à Toulouse, la population ne se borne pas au rôle froid de spectatrice ; elle met son ardeur, elle met sa foi dans la fête, elle y tient un emploi et le plus considérable. C'est elle qui dresse les reposoirs au coin des rues, c'est elle qui sème partout des branches de genêt et des feuilles de roses ; elle est mêlée aux confréries qui prient, elle chante avec les chœurs de pénitents. Elle est catholique en action.

A Rome, elle regarde ; je ne dis pas, tant s'en faut, que la foi lui manque, mais bien le recueillement.

Au moment de la bénédiction du Saint-Sacrement, lorsqu'en France, à Paris même, personne, ne fût-ce que par un sentiment de respect, n'oserait sortir de l'église, quand le silence est profond partout, ainsi que la piété, à Rome, à Saint-Pierre, le premier jour de l'octave de la Fête-Dieu, j'ai vu sortir en foule des milliers de spectateurs, et parmi eux des prêtres, des chanoines, des religieux sans nombre. Et cependant S. S. Pie IX officiait à l'autel.

Je ne tire point de conclusion, je n'analyse pas, je raconte. Mais jamais peut-être spectacle ne m'a plus surpris et attristé.

Si telles sont les solennités de la Fête-Dieu, dont on me racontait des merveilles, j'ai quelque appréhension que les fêtes de Pâques, si fameuses dans le monde entier, ne méritent pas complétement leur réputation.

Il est certain qu'un Français ne peut s'empêcher d'apporter à Rome des idées françaises, mais il est impossible, je l'avoue, de voir des cardinaux se promener sur le Pincio accompagnés de deux ou trois grands laquais galonnés des pieds à la tête, sans un profond sentiment de surprise. Quand on remarque ensuite qu'ils ne sauraient faire un pas dans la ville autrement qu'en voiture écarlate traînée par des chevaux harnachés de rouge, empanachés, et toujours escortés de ces mêmes estafiers en habits passementés et en culottes courtes, la surprise devient de la stupéfaction. Elle se change en ébahissement si par hasard on rencontre ces mêmes cardinaux au moment où l'on vient de quitter les catacombes sanctifiées par les ossements de tant de martyrs, et que des Pères de l'Église, pauvres et proscrits, ont consacrées.

L'esprit alors est prompt aux rapprochements et l'on se demande, s'ils revenaient au monde, quel accueil feraient saint Caliste et saint Eusèbe à leurs successeurs directs vêtus de pourpre et semblables à des princes.

Certes les explications ne manquent pas à cet ordre de choses où ne paraît pas l'humilité; on en donne même beaucoup. Quant à moi, sans préjuger la question que d'autres sont plus aptes à discuter, et me faisant uniquement l'historien de l'apparence et de l'effet, je n'hésite pas à dire qu'ils sont mauvais.

Les processions ont continué pendant toute la semaine; j'en ai profité pour courir la ville un peu au hasard.

Ce que j'ai effleuré, nous l'effleurerons ensemble prochainement.

J'ai dit tout à l'heure que le silence et la gravité étaient les deux principaux caractères de la population de Rome; on pourrait en ajouter un troisième, l'indifférence. Je ne sais même pas si ce dernier ne l'emporte pas sur les autres. Le marchand ne tient pas a vendre, le cocher ne tient pas à rencontrer de pratiques, le cafetier ne tient pas aux consommateurs. Il n'y a, je crois, que les avocats qui tiennent à parler; mais cela est une des lois de la profession. Quand on s'étonne de cette indifférence, on vous répond que tout à Rome est immobilisé. Quelle chose peut donc intéresser la population? On y perd la notion du temps : les choses vieilles de trois ans y semblent toutes jeunes; les événements y ont des échos tardifs qui se prolongent longtemps après que l'événement, ailleurs, est oublié. La population a le sentiment confus qu'elle est étrangère à tout ce qui se fait autour d'elle : ne pouvant rien, elle ne désire rien. Le peuple vit au jour le jour; le prince s'endort dans son palais. L'un semble oublier qu'il descend des vieux citoyens de Rome, l'autre laisse croire qu'il est écrasé par le nom qu'il porte. N'être rien quand on a été tout!

Le poids de l'inutilité est lourd à porter.

Cette indifférence, disons mieux, cette apathie, on la retrouve dans les salons comme dans la rue. Voyez la ville éternelle un jour de fête : la foule va et vient de tous côtés, l'ouvrier coudoie le capucin son ami et son conseiller, le soldat cause avec la Transtéverine, le paysan vêtu de velours râpé marche nonchalamment à côté d'un monsignor; la rue est pleine, la guenille est voisine de l'habit noir. Vient à paraître une voiture qui fend la presse, chacun s'écarte sans hâte, mais sans murmure ; on ne crie pas ; bien plus, on n'envie pas. La voiture est *privilegiata*. Cela dit tout. Et personne ne sait jusqu'où s'étend le chapitre des priviléges ! Cette soumission peut être dans ce cas le résultat d'une habitude, d'un ordre de choses établi, reconnu, accepté et contre lequel personne ne voudrait se donner la peine de protester ; mais dans cette même foule jamais un cri, jamais un choc, jamais un rire, point de tumulte, aucune confusion. Où l'on est on reste : pour trouver une meilleure place il faudrait un effort ; cet effort on ne le fait pas.

Che volete ? Que voulez-vous ? est un mot essentiellement romain. Il répond tout à fait, dans sa résignation concise, à l'*à quoi bon ?* français.

L'artisan pourrait, en travaillant, gagner quelques baïoques de plus. A quoi bon ? Le paysan pourrait faire produire à la terre des gerbes plus nombreuses en s'y appliquant avec plus de science et d'ardeur. A quoi bon ? Il fait si chaud, et pourquoi se donner tant de mal pour changer des haillons, qui ne gênent pas, contre un habit dont on n'a que faire !

Dans le monde, c'est autre chose : on raconte que la grande société romaine, quand elle ouvre ses palais en hiver, donne de grands bals où l'aristocratie nationale se retrouve mêlée à l'aristocratie de l'Europe. C'est le temps où le luxe héréditaire des Doria, des Borghèse, des Piombino, des Gallicano, des Corsini, des Aldobrandini, des Rospigliosi, des Barbieri, des Lita se développe dans des proportions dont on n'a qu'une faible idée à Paris. Si nombreuse que soit la compagnie, les pièces de réception sont plus nombreuses encore, et les robes les plus spacieuses ne courent jamais le risque d'être froissées par des jupes rivales. A côté de la salle de bal, des pièces immenses restent encore vides.

Voilà qui est bien. Le meilleur ton règne dans ces fêtes, où des lettres de recommandation peuvent vous faire admettre froidement. Mais les invités, restassent-ils un long temps à Rome, ne peuvent jamais prétendre au titre de connaissances et encore moins les connaissances arriver à la position d'amis. L'appartement vous est ouvert par hasard, et parce que vous passez, le foyer jamais. C'est moins orgueil ou dédain que profonde apathie.

Il faudrait donner quelque chose de soi pour accepter quelque chose d'autrui, et à quoi bon ? Les pères ont vécu entre eux sans souci de personne, pourquoi les fils vivraient-ils autrement ? Pour changer, ne faudrait-il pas avoir un goût, un désir, s'intéresser à quelque chose enfin ? Ce serait peut-être fatigant.

Une personne qui a passé plusieurs années à Rome dans le meilleur monde et le plus brillant, et à laquelle on demandait compte de sa situation, répondait franchement qu'elle n'était ni plus ni moins avancée dans l'intimité de cette société que le lendemain de son arrivée.

« Après beaucoup d'efforts et d'habileté, disait-elle, on arrive, après trois ou quatre ans à mériter l'indifférence. Ce résultat atteint on ne le dépasse plus. »

Les vieux habitants de Rome, les vieux habitués aussi, prétendent cependant qu'il y a dans la ville de César et de Sixte-Quint un charme particulier dont, à leur insu, les voyageurs qui s'attardent aux bords du Tibre subissent la mystérieuse influence. Ils ne s'en peuvent plus détacher, et s'ils s'en éloignent, c'est pour y revenir.

Mais pour que ce charme agisse, il faut d'abord avoir, comme on dit ici, *surmonté les tristesses de Rome*. La phrase dit bien la chose. Cette tristesse qui sort des pierres, des ruines, des vieux pans de mur, des fûts de colonnes, des pavés antiques, cette tristesse qui est comme la sueur du temps et qui vous enveloppe tout d'abord, est lente à se dissiper. Mais aussitôt que cette impression première a disparu, Rome est, dit-on, comme ces femmes qu'on aime d'autant plus qu'on les a d'abord détestées.

C'est peut-être vrai physiologiquement.

Le pape Grégoire XVI, celui-là même qui a précédé Pie IX, avait une façon particulière de caractériser cette disposition morale qu'il avait remarquée en maintes circonstances.

Beaucoup d'étrangers de distinction se faisaient présenter à Sa Sainteté au moment de leur départ.

« Êtes-vous resté longtemps à Rome? » demandait alors le Saint-Père au visiteur.

Si le visiteur répondait qu'il y était à peine depuis douze ou quinze jours :

« Adieu, alors, » reprenait Grégoire XVI.

Mais si au contraire l'étranger racontait qu'il habitait la capitale du monde catholique depuis huit ou dix mois :

« Eh bien ! au revoir, » disait le Pape.

Et Grégoire XVI ajoutait que jamais il ne s'était trompé. On partait pour toujours ou on revenait bientôt.

Une visite dans les appartements particuliers de ces palais sans fin donne une idée de la vie éteinte qui les anime. C'est comme une révélation. On traverse de longues enfilades de vastes pièces où brillent d'un éclat fauve les dorures du temps passé; partout le regard admire de grands lustres de verre de Venise; des tapisseries de haute lisse, des plafonds grandioses, des glaces historiées, des vases de la Chine d'un modèle et d'une antiquité à faire envie à un musée, des consoles énormes et des tables de mosaïques de marbres parent la solitude de ces vastes appartements. Mais tout parle d'un autre âge et tout y semble regretter les mœurs d'autrefois. Le mur est lézardé par places, le plancher est fait çà et là de briques raboteuses, rien ou presque rien n'est réparé. L'héritage écrase l'héritier. On n'a pas fait cent pas sous ces voussures superbes que l'ennui vous gagne, et l'on se prend à gémir sur le sort des pauvres princes millionnaires condamnés à en habiter un coin. Partout le délabrement à côté des plus rares magnificences, nulle part la vie.

Entre les mœurs et les habitudes de Paris et celles de Rome il y a la même distance qu'entre les idées d'un philosophe de Berlin et celles d'un indigène de Tombouctou. Les mêmes faits n'y réveillent pas les mêmes sentiments, les mêmes mots y signifient des choses différentes.

Quel étonnement n'éprouve pas un Français à l'aspect d'une ville où le droit d'asile est commun aux églises, aux monastères, aux chapelles, aux ambassades; où il suffit qu'un criminel s'accroche à la robe d'un moine pour qu'aucun gendarme n'ose l'arrêter; où jamais, dit-on, on ne condamne à mort un enfant trouvé, dans la crainte que son père ne soit parmi les juges.

Une familiarité inexplicable, et qui nous semblerait monstrueuse, à nous partisans fervents de l'égalité, unit à Rome les hommes de toutes classes.

Ces cardinaux, que de grands laquais escortent en tous lieux, prendront sans hésiter une prise de tabac dans la tabatière de leur valet de chambre et causeront avec un pauvre diable dont une ombre de veste couvre mal un fantôme de chemise.

J'ai vu devant l'étalage d'un marchand de friture en plein vent, tout à la fois achetant et mangeant de petits poissons servis dans une feuille de vigne, un soldat, un berger, un prêtre, un monsieur en habit noir, un capucin, une ouvrière, une nourrice, un muletier et deux ou trois citadins en redingote. Ils dégustaient leur friture et en discutaient le mérite amicalement.

Quel marchand de Paris, quel boutiquier possesseur d'un méchant frac oserait manger publiquement des pommes de terre frites sur le Pont-Neuf?

La bonhomie n'a jamais dépassé les Alpes. Elle les franchira bien moins encore à présent que les mœurs anglaises envahissent le continent.

Il y a chez les Italiens, à l'extérieur du moins, absence totale de cette sotte vanité qui fait tant de mal en France.

Je constatais tout à l'heure cette apathie dont l'apparence étonne le voyageur. Le peuple romain, je parle ici de la plèbe, a cependant deux passions: la voiture et la loterie.

Aller en voiture le dimanche est le rêve de l'ouvrier. Pendant toute la semaine, il y pense tout seul dans son atelier, il en cause le soir en famille. Quand les quelques misérables économies qu'il peut réaliser sur son salaire ne suffisent pas aux frais de cette distraction suprême, il s'associe avec un camarade, et tous deux louent en commun une calèche pour quelques heures ou pour la journée, selon l'état du fonds social.

C'est alors un jour de fête, un jour d'ivresse. Les deux familles s'entassent comme elles peuvent sur les coussins de la voiture, jambes deci, jambes delà, les uns sur les genoux des autres, et fouette cocher. On est en belle humeur, et l'on ne changerait pas son locati pour la pourpre d'un cardinal.

Si d'aventure, et ces désastres ne sont pas rares, les économies ne peuvent monter jusqu'au chiffre de la location si chère et si longtemps rêvée, aux grands maux on applique les grands remèdes. On emprunte. Il n'y a ni hésitation ni remords. Il faut à tout prix trouver les quelques pièces blanches sans lesquelles le jour dominical serait déshonoré. Un dimanche sans voiture ! l'idée ne s'en peut concevoir. On les trouve donc, et la famille est en joie. On monte en calèche, et lundi payera... s'il peut.

La part de la loterie est aussi large dans le cœur des Romains que celle des voitures. On rogne sur le pain quotidien pour *nourrir* — nourrir est le verbe consacré — cet ambe ou ce terne qui promet de si belles choses ; on mange peu, on gratte sur tout, — excepté sur la calèche, — et l'on porte au bureau patenté l'obole de son travail.

Que d'espérances alors! que de rêves! La roue tourne, on a perdu, mais on pouvait gagner. Dominico que voilà n'a-t-il pas tiré six mille scudi d'un beau terne dont il avait vu les numéros en dormant? et Giuseppe, son voisin, qui était si pauvre, n'est-il pas devenu riche tout d'un coup par la grâce du hasard? En conséquence, on persévère, et de nouveaux baïoques prennent le chemin où tant d'autres baïoques ont disparu.

Le philosophe gémit et l'économiste lève les bras au ciel. J'ose timidement réclamer le droit de ne pas mêler ma voix à ce chœur de lamentations. Je sais qu'on pourrait faire, sans grands efforts, un meilleur emploi d'un argent honnêtement gagné, voire même emprunté; mais la perfection n'est pas de ce monde! La loterie, qui trompe tous ses fidèles, et certes je suis loin de désirer qu'on la rétablisse en France, a cela de bon qu'elle console provisoirement d'éternelles misères. Ces rêves que de pauvres hères font entre deux tirages sont comme des heures de repos sur une route longue et difficile; c'est l'ombrage dans le désert, ombrage menteur, si l'on veut, mais on y croit, et cela rafraîchit. C'est déjà quelque chose, pour qui n'a que l'espérance, — un songe — pour tout héritage!

Et puis, avant de jeter le blâme de la sagesse

humaine sur la calèche et la loterie du pauvre romain, qu'on regarde les barrières de Paris le dimanche et le lundi. Les cabarets ne chôment pas et vous diront où passe le salaire de l'ouvrier électeur et éligible.

Cette familiarité des mœurs romaines, dont j'ai déjà eu occasion de vous entretenir, se traduit par mille faits. Jamais un Romain ne s'inquiétera de l'opinion publique. En haut il y a des coteries, rien de plus ; en bas, il n'y a rien. Un Romain fait d'abord ce qui lui plaît, et pourvu qu'il ait dans sa poche un billet de confession, le monde peut crouler. Aucune chose n'est moins comprise ici que le *cant* anglais. On s'habille à sa guise, de toile ou de bure, on dort par terre, on mange une poignée de poissons frits sur le pouce, on se promène un morceau de *farinata* à la main, on se peigne à la porte d'un palais, on met habit bas sur la margelle d'un puits pour se coucher à l'ombre, on savoure un verre de limonade au coin de la rue, on emporte deux ou trois concombres sous son bras, on prend le pavé de tout le monde pour y bien étaler la marchandise qu'on veut vendre ou acheter, on discute sur une borne, personne ne vous regarde, personne ne s'arrête ; de la vie on a supprimé le voisin.

Voyez la place Navone le mercredi matin, cette place Navone dont je crois me souvenir que le président De Brosses a parlé dans ses lettres. Tous les paysans de la campagne romaine, tous les marchands de la ville y sont installés dans un désordre pittoresque, mais où le tumulte ne paraît pas. Il y a là un peu de tout, des carottes et de vieux livres, des objets d'art et des oignons, des guenilles et des poteries étrusques, des souliers et des jambons, des médailles et des choux, des bijoux et des savates. Allez, venez, regardez, cherchez ; arrêtez-vous par-ci, marchandez par-là, vous serez comme si vous n'étiez pas.

La seule chose un peu importante de la vie d'un Romain, c'est un billet de confession. En haut, c'est une habitude, tranchons le mot, une nécessité de position : en bas, c'est une foi. Elle n'est pas raisonnée tant s'en faut, mais elle est profonde.

Quand on voit ce peuple tranquille, grave, apathique, si peu ému, si peu curieux, presque endormi, on a grand'peine à comprendre comment il a fait en 1848 la révolution que le siége de Rome a étouffée. Ce serait impossible à expliquer, s'il n'y avait à Rome des avocats, ces héros de la classe bourgeoise. Quant au peuple, il ne m'est pas démontré qu'il ait pris aucune part à ce grand mouvement. Pour faire, je ne dis pas une révolution, mais une émeute, encore faut-il se remuer. Or se remuer, c'est déjà un effort. A quoi bon ?

On se délasse ici des chaleurs de la ville par de petites excursions dans les villas voisines. On sait de quelle renommée jouissent les villas Borghèse, Albani, Doria, Pamphili. On pousse même jusqu'à Frascati, Tivoli, Albano ; on voit en passant Tusculum, Grotta-Ferrata où sont les fresques du Domiquin, Castel-Gandolfo, résidence d'été des papes, le lac de Nemi, la villa Torlonia, la villa Marino, Mondragone ; c'est une occasion de parcourir la campagne romaine.

La campagne romaine, les villas, quelle oreille ne se dresse pas à ces mots! Loin de moi la pensée d'en nier les beautés ; mais cependant, peut-être pourrait-on se demander si les villas ne semblent pas d'autant plus belles qu'on vient de traverser un pays plus désolé. Une oasis a grand'chance de paraître charmante entourée qu'elle est par le désert. Ailleurs on ne la regarderait peut-être pas. Les ombrages des villas sont superbes, mais ils sont seuls, et quand on vient, en plein soleil, de voyager pendant deux ou trois heures dans un tourbillon de poussière, un arbre paraît un phénomène, un bosquet devient un miracle. Tel est l'effet que produit Albano dont le voisinage est rafraîchi par deux lacs.

Je ne parle pas, on le comprend, des villas au point de vue artistique, — par le nombre et la magnificence des objets d'art, il en est qui valent une capitale, — j'en parle au point de vue du paysage seulement. Leur grand mérite vient de leur cadre et du contraste. Elles sont à l'ombre, avec la montagne derrière, le désert devant et la mer à l'horizon. Mais aussitôt qu'on en quitte l'enceinte mal entretenue, la poussière vous saisit et la chaleur vous étouffe. Dans les chemins, dans les sentiers, sous ces fameuses galeries que des arbres centenaires tracent autour d'Albano, le pied enfonce à chaque pas dans un lit de poussière impalpable, et la moindre brise en soulève des nuages. C'est au moins intolérable.

Ah ! que Bougival serait charmant et comme on en parlerait s'il était à trois lieues de Rome !

Étudiées comme musées, les villas renferment des trésors : la villa Albani surtout, arrangée par Winckelman, et après la villa Albani, la villa Borghèse. Au moment d'admirer la grandeur fastueuse des propriétaires de ces merveilles qui les gardent pour le bonheur des touristes, n'oublions pas que l'ordre des successions leur fait un devoir strict de les conserver à perpétuité dans leur intégrité. Ah ! si les créateurs de ces musées splendides qui racontent les merveilles d'un autre âge n'avaient pas pris leurs précautions, on pourrait croire, sans malice aucune, que depuis longtemps leurs richesses seraient dispersées aux quatre vents de la spéculation. L'Angleterre n'est-elle pas là avec ses guinées ?

Il y a telle de ces villas que son propriétaire, qui

la maudit, n'a pas visitée depuis dix ans. L'entretien en est si coûteux !

On voit à la villa Pamphili un monument que le prince Doria a fait élever à la mémoire des Français morts pendant le siége de Rome. Là dorment un sergent. un grenadier, un tambour, un lieutenant, un sapeur tués sur place. Des boulets ont percé les murs voisins. Des statues de marbre, des dieux, des empereurs portent encore la trace des balles. Une Vénus a été atteinte par dix projectiles ; la façade de la villa en est criblée. C'est là que furent portés les premiers coups. Saint-Pierre est tout auprès. Plus loin, c'est la campagne ; plus loin c'est le désert.

L'incomparable beauté du paysage romain vient de la magnificence des lignes. Cette solitude désolée couverte d'une herbe jaune et sèche, et que deux ou trois masures croulantes peuplent çà et là, ce grand désert où passent de longs troupeaux de moutons poursuivis par le soleil et dans lequel le vent promène un linceul de poussière, a pour lui un horizon de montagnes admirablement dessinées, et surtout le profil magnifique des aqueducs brisés dont les arcades énormes s'enfoncent dans la lumière. On regarde et on est ébloui.

Quant à vivre là, c'est autre chose. La campagne de Rome est superbe, mais inhabitable.

On ne traverse pas l'Italie, la campagne de Rome

surtout, sans que le souvenir des brigands ne soit évoqué. Les vieux romans, et un peu les opéras-comiques, leur ont donné une terrible réputation. On ne partait pas jadis sans faire la part du vol ; une arrestation à main armée rentrait dans le programme du voyage. Il fallait rapporter une aventure comme une mosaïque ou un chapelet. Ces fameux brigands en chapeaux pointus et bardés de pistolets qu'on voit dans les tableaux prêtaient une couleur romantique au pays. On sait des Anglais qui se mettaient en route pour se faire arrêter et qui réclamaient un bandit à chaque relais.

Ordinairement on le leur servait.

Tout cela est bien changé ; si bien changé que les amis de la fantaisie affirment que le paysage a perdu de sa grâce depuis qu'on n'y voit plus de tromblons. Les gouvernements intelligents devraient, disent-ils, en entretenir quelques-uns pour conserver à la péninsule sa physionomie et son caractère. C'est peut-être aller bien loin ; mais voyez ce que c'est que l'habitude. On ne manque jamais de vous conseiller d'user de mille précautions pour vous mettre en garde contre des Fra-Diavolo chimériques. Les esclaves de la tradition mettent leur argent dans leurs bottes et voyagent avec des revolvers qu'ils déchargent plus tard à Asnières.

Est-ce à dire qu'on ne vole plus en Italie, à Rome surtout ? Eh ! mon Dieu, non ! on y vole comme à

Paris et on y dévalise les gens comme dans la banlieue, ni plus ni moins. C'est un bilan dont le total ne varie pas.

Quant aux coups de couteau, c'est autre chose, on en donne beaucoup, quatre ou cinq par semaine en moyenne. On a compté l'an dernier un nombre rond de cent quatre-vingt-deux assassinats ou tentatives d'assassinat.

Cela vous paraît, relativement au chiffre de la population, épouvantable, inouï, monstrueux.

Eh! mon Dieu, oui; mais il ne faudrait pas donner à ce chiffre excessif plus d'importance qu'il n'en mérite. Et s'il m'était permis de rappeler à ce sujet un mot célèbre dans les fastes de la Bohême, je dirais avec Bilboquet : La politique est étrangère à l'événement.... la passion du vol aussi.

Tous ces coups de couteau se distribuent entre amis. Je ne plaisante pas. On cause, on vide un verre de vin, on s'échauffe, et, la discussion commencée, un coup de couteau est bien vite donné ou reçu.

Si l'homme meurt, l'ami se sauve. La gendarmerie arrive, mais trop tard. Pourquoi arriverait-elle plus tôt? Le meurtrier arrêté, on ne pourra pas le juger faute de preuve. A Rome, comme dans presque la totalité de l'Italie, ce qu'il y a de plus rare, de plus difficile, disons le mot, de plus impossible à trouver en matière criminelle, c'est un témoin. Il est de règle qu'on n'a jamais rien vu, rien entendu. Et les raisons ne manquent pas pour qu'il en soit ainsi. Si un témoin se rencontre, sa déposition faite, il est tué.

Ce sont alors des meurtres en feu de file. L'un tue celui-là parce que celui-là a tué celui-ci.

Qui n'a pas entendu parler de cette affaire dans laquelle la famille de la victime a dû faire agir tous ses amis particuliers pour obtenir de la justice qu'elle arrêtât la procédure? Ne fallait-il pas mettre un terme aux coups de couteau par ricochet? Il en pleuvait.

Mais si, par un hasard miraculeux, le meurtrier est condamné, on peut être certain que, s'il n'est pas gracié, sa peine tout au moins sera commuée. Il ira aux galères, et, au retour, il retrouvera sa famille et ses amis, qui l'accueilleront les bras ouverts. On parlera de lui comme s'il revenait de voyage. Il y a même une expression pour cela : l'homme qui revient du bagne a été dans la *peine*. Peine est joli.

Le châtiment n'a pas ici la honte pour conséquence; où la loi condamne, le peuple amnistie, et, comme partout, les mœurs sont plus fortes que le Code.

Il ne faudrait pas conclure de cette promptitude à tirer le couteau que les habitudes sont féroces dans les classes populaires; c'est le contraire peut-être qui est vrai. Ce qui serait horrible en France est presque simple à Rome. C'est le résultat de certaines idées produites par l'éducation, et les idées sont tellement faussées de père en fils que la plupart des assassins ne sont criminels pour personne.

Le peuple de Rome tutoie volontiers; la conversation engagée, le Romain, qu'il soit muletier ou fabricant de vermicelle, ne se fera aucun scrupule de vous raconter ses affaires et de vous questionner sur les vôtres. C'est alors, dit-on, que le Romain vous demandera naïvement, entre autres détails, si vous n'avez tué personne ou si vous n'avez pas un peu traîné la chaîne.

On voit des Français qui s'effarouchent : ils ont tort; le Romain n'a pas fait cette question méchamment. Vous répondriez oui, qu'il ne vous en tiendrait pas moins pour un très-galant homme. Qui sait? la chose lui est peut-être arrivée un jour qu'il faisait chaud.

Je ne voudrais, pour preuve de cette bonhomie qui est au fond du caractère romain, que cette habitude qui fait que tous les gens de la campagne ou de la ville, chargés par aventure de conduire une charrette, attachent à l'extrémité du brancard droit une botte de foin dans laquelle la bête attelée mord à belles dents. Elle marche, et le déjeuner qu'elle porte lui fait oublier la fatigue et la route.

Il y a quelque chose de touchant dans cette coutume; je n'ai jamais vu d'ailleurs un Romain maltraiter un animal.

Si le costume national du Transtéverin est une illusion, le Ghetto ne l'est pas Pie IX a élargi quelque peu l'espace dans lequel les Juifs ont la liberté de respirer, mais l'aspect n'en est pas changé.

Le Ghetto de Rome est bien loin d'avoir le caractère de la Judengass de Francfort. Au point de vue architectural, il n'y a rien de pittoresque dans ces rues bordées de maisons étroites, ternes, lézardées, mesquines, à misérables portes ouvertes sous de vilaines fenêtres. Mais c'est l'un des plus vieux quartiers de la Rome moderne.

Certes Rome est d'une propreté plus que douteuse; le balai s'y promène rarement, et l'eau des fontaines, cette eau limpide, abondante, éternelle, s'y perd sans jamais la nettoyer ! eh bien, Rome est une perle à côté du Ghetto.

La ville possède en maints endroits, à l'angle de certaines rues vouées à la saleté par un ordre municipal, des coins de pavés et des pans de murs où les maisons voisines dégorgent leurs impuretés. Les Romains, dans leur insouciance, oublient souvent d'assainir ces écuries d'Augias. Le Ghetto tout entier est un immense *immondezzaio*. Ce qui est l'exception dans Rome, est la règle et l'habitude dans le Ghetto.

Et il faut voir comme on y multiplie et comme on y grouille!

Les haillons pendent le long des murailles en festons, les haillons s'entassent sous les pieds, les haillons pourrissent dans les boutiques, les haillons s'empilent dans les corridors, les haillons sont partout. Une petite part de cette marchandise, la plus sale, la plus trouée, la plus effilée, la plus sordide, couvre la population; le reste passe entre les mains d'horribles vieilles qui l'épluchent et en font d'abominables tas. Des enfants vêtus de loques pleurent dans un coin, d'autres ébouriffés tendent la main du milieu de la poussière où ils se roulent; des femmes dont l'âge n'a jamais pu se lire sur un visage noirci de rides achètent des aliments sans nom dans des échoppes servies par des sorcières décoiffées. Comment une voiture passe-t-elle là dedans sans mettre à bas l'éventaire, la boutique et la maison, c'est ce qu'on ne sait pas! On dirait que le Ghetto tout entier est fait de poussière amoncelée et que le moindre choc va le renverser.

Je ne crois pas qu'une goutte d'eau y soit jamais entrée, si ce n'est pour être bue.

Et l'on se souvient de Ruth et de Rébecca en traversant cette Babylone de la guenille!

Changeons de jour et de quartier. C'est dimanche, il est sept heures. Allons nous asseoir sur le pont *di Quatri Capi*.

Voilà que la population des campagnes regagne ses villages après une journée passée à Rome Ceux-ci sont assis tant bien que mal sur une charrette qui pourrait suffire à six personnes et dans laquelle ils réussissent à tenir douze ; ceux-là s'en retournent deux à deux, trois à trois, sur des mulets enjolivés d'agréments rouges et jaunes ; d'autres sont à pied, la veste sur l'épaule ; des femmes passent le nourrisson au sein. Tous ont l'air gravement heureux. Quelques-uns cependant chantent à demi-voix et s'accompagnent de quelque instrument. On voit des femmes d'Albano qui portent encore, chose miraculeuse, le costume d'autrefois où la laine éclatante se mêle au coton blanc. Des bergers s'éloignent sur leurs petits chevaux dont la haute selle porte une couverture. Tous ont vu quelque procession, tous ont dîné à l'osteria. Parmi eux cheminent quelques capucins barbus, coiffés d'un mouchoir ou d'un chapeau de paille. Ils s'enfoncent dans la campagne où le jour s'éteint.

Le capucin est aimé par le peuple dont il sort. Il est pauvre, il vit d'aumônes et fait l'aumône. La nuit venue, il n'a plus rien ; les humbles et les petits lui savent gré de son humilité. Le capucin est le légitime héritier de Bias, il porte toute sa fortune sur lui. C'est lui qui baptise, qui marie, qui enterre les pauvres gens. Au besoin, il leur sert d'avocat et d'avoué ; médecin, il l'est toujours un peu.

L'autre jour j'avise un groupe d'une bonne attitude dans l'ombre, derrière un mur du Capitole; un moine tapait amicalement dans la main d'une jeune fille dont la tête était soutenue par une amie. Je regarde. Le moine venait d'arracher une dent à sa pénitente. — *E fato !* disait-il en souriant.

Et puisque nous sommes sur le chapitre des moines, grosse question que je me garderai bien de toucher, il faut vraiment que les Romains aient la vocation de la mendicité pour qu'un si grand nombre d'entre eux erre au travers des rues la main tendue, alors que cinquante maisons de secours sont ouvertes à quiconque n'a ni pain ni toit. Beaucoup de ces maisons religieuses ont des dotations considérables : les unes sont tenues de fournir à manger à toute personne qui se présente aux heures consacrées pour les distributions quotidiennes ; les autres doivent offrir un lit à qui demande à coucher. Eh bien ! telle est la force de la tradition, que les Romains qui savent où rassasier leur faim et apaiser leur sommeil préfèrent courir au hasard par les places publiques. En Italie, on est mendiant comme ailleurs on est forgeron ou meunier.

Quittons le pont *di Quatri Capi* et montons au Pincio. Le champ et la colline qui appartenaient au couvent voisin ont été arrangés en promenade. Les dragons pontificaux, sabre au poing, font prendre la file aux voitures et maintiennent l'ordre. C'est le bois de Boulogne avec moins d'étendue et plus de poussière. Seul l'horizon est splendide. C'est un vaste panorama de points de vue grandioses. L'équipage d'un prince est suivi par une calèche remplie de grisettes romaines, en supposant que ces deux mots, *grisettes* et *Romaines*, puissent aller ensemble. Ombre de Cornélie, qu'en dis-tu ? La musique militaire joue une polka ou le quadrille des *lanciers*. Bientôt tous les vêtements sont gris, les cils sont gris, les cheveux sont gris ; la poussière roule en longs tourbillons. Six rangs de curieux à pied regardent passer deux files de voitures d'où sortent à flots des volants de Paris. Sauvons-nous.

L'aristocratie n'a de physionomie chez aucun peuple.

Si l'on cherche à Rome quelque chose qui rappelle Paris, ou tout au moins ce qu'on entend par une grande ville en langage moderne, il y faut renoncer. Sauf trois rues, le Corso, Babuino et Ripetta, qui aboutissent à la place du Peuple, et quelques autres moins fameuses, les rues de Rome forment un dédale d'où la ligne droite est proscrite. Chaque rue fait une courbe au bout de vingt pas et rencontre, au bout de cinquante, une rangée de maisons qui lui barre le passage. Cette rangée qui se tord est, à son tour, interrompue par un long rempart de murailles tristes percées de fenêtres irrégulières. On dirait qu'un Titan ébriolé a pris des centaines de maisons en tas et les à jetées pêle-mêle par terre; un hasard a voulu qu'elles tombassent debout. Les vides qui les séparent forment les rues.

On pourrait croire que cette disposition est favorable au pittoresque; eh bien, le pittoresque est inconnu à Rome; toujours les mêmes maisons grises, toujours les mêmes boutiques borgnes, toujours la même apparence chétive et monotone, toujours les mêmes groupes de désœuvrés qui dorment ou se grattent, toujours silencieux. Seulement de distance en distance un monument colossal, un obélisque de granit rouge, une statue énorme de marbre blanc, à demi cachée par des masures, ou quelque colonnade enfouie dans le sol jusqu'au fût apparaît tout à coup. Là c'est le Panthéon d'Agrippa, ici c'est le Forum d'Auguste, plus loin, c'est la colonne Antonine.

Jamais ville n'eut plus l'apparence d'un gros bourg en décadence. Les briques des maisons y sont à nu, éraillées en vingt endroits et comme écorchées; les toiles d'araignée flottent à l'encoignure des portes, le linge pend aux fenêtres; une impasse est là pleine de fumier, une ruelle s'ouvre plus loin où le vannier travaille avec le charron. L'interstice des pavés est tout rempli d'un détritus de paille pétri par le pied des animaux. Des fontaines partout et des ruisseaux nulle part.

Ces merveilles de l'art qu'on voit dans Rome mélées aux décombres se reproduisent dans les palais. Ceux-ci ont des plafonds dont les peintures valent cinq cent mille francs et manquent de chaises; ceux-là ont des galeries estimées dix millions et laissent voir partout le crin des fauteuils éventrés. N'en accusez pas la misère, mais l'incurie.

A quoi bon le confortable, pourvu que quatre fois l'an on fasse voir en grande pompe les joyaux de la famille, ceux-ci leurs saphirs historiques, ceux-là leurs rubis héréditaires?

On espère, on croit que les chemins de fer réveilleront Rome et la tireront de son engourdissement. Je ne sais, mais dans Rome actuelle il n'y a que la ville morte qui soit grande, et, qu'on me pardonne ce mot, qui soit vivante; la ville qu'on dit en vie n'a jamais vécu. Il faut voir l'une, la revoir, l'admirer et l'admirer encore, et ne jamais songer à l'autre.

Mais quand on regarde dans le passé, Rome prend des proportions immenses. La ville éternelle devient incommensurable. Elle écrase par le souvenir.

« C'est un monde! » disait un voyageur ébloui après une promenade sur la voie Appienne.

« Non, c'est le monde, » répondit un savant homme d'esprit.

III

NAPLES.

Juin 1858.

Des philosophes très-érudits et honnêtement appointés enseignent en belles phrases les mérites de la patience. La diligence qui va de Rome à Naples n'y met point tant de façon, mais elle fait faire, à quiconque se confie à ses coussins, un cours pratique de cette vertu recommandée par toutes les écoles.

Les douaniers, les gendarmes, les inspecteurs, et généralement toutes les personnes armées d'un lambeau d'autorité, lui servent d'instruments, et Dieu sait si l'on rencontre à tous les coins de ces instruments galonnés ! La route en est semée comme une lande de buissons épineux. On regarde, il n'y a rien ; on passe, un douanier se lève. Les habits à broderies poussent subitement presque à chaque relais, ainsi que les tricornes à cocardes.

Le carabinier fait concurrence à l'inspecteur, et chacun lève un impôt sur le malheureux qui voyage. Quant à s'y soustraire, il n'y faut pas songer. C'est la résurrection, sous une forme nouvelle, de ce vieux *blackmail* que les montagnards prélevaient en Écosse sur les habitants paisibles des *lowlands*. Trois pauvres abbés qui avaient fantaisie de voir Naples, après une station faite à Rome, l'ont compris trop tard. Pour avoir négligé d'acquitter avec dextérité cette honnête redevance, on les a bravement arrêtés à Terracine et contraints de quitter la diligence. Il manquait une signature à leur passe-port tout noirci de timbres et de parafes; et ils arrivaient du diocèse de Cambrai! Les sceptiques assurent que s'il s'était trouvé d'aventure une piastre au bout des doigts de l'un d'eux, leur passe-port eût été en règle.

J'annote, je n'affirme pas.

C'est dans ces circonstances malheureuses que la différence des caractères éclate : les turbulents écument, les sages se résignent. Les Italiens ne s'impatientent jamais. Aussitôt qu'un agent de l'autorité paraît, ils s'assoient, allument un cigare et fument. Est-ce philosophie ou paresse? Les Anglais parlent de s'adresser au Foreing-Office.

De la cour des messageries, à Rome, à la cour des messageries, à Naples, on demande le passe-port neuf fois; neuf fois on l'examine, on le timbre, on le parafe, et chaque fois un personnage tend la main. Là, c'est parce qu'il a examiné le papier protecteur; ici, c'est parce qu'il l'a demandé; plus loin, c'est parce qu'il l'a regardé; ailleurs, c'est parce qu'il l'a rendu. Et il y a le monsieur qui a fait la commission : seconde main tendue; le postillon arrive là-dessus, qui tend la sienne; le facchino, qui d'aventure a bouclé un harnais ou fermé la portière, en présente une autre; ça fait quatre mains ouvertes. Le quator se change en quintette par l'adjonction d'une main de douanier, et celle-là n'est pas la moins tenace. Notons en passant un chœur de mains de tout sexe et de tout âge, de toutes conditions aussi, qui gesticulent vers le fond du théâtre, laissant aux premiers sujets les honneurs de la scène.

Le même divertissement se reproduit à peu près partout. De Terracine à Fondi, dans l'espace de deux heures, il se renouvelle quatre fois, toujours à l'occasion du passe-port. Certes on n'a pas manqué de vous avertir, et rien de ce qui arrive ne devrait surprendre. On le sait, vingt récits vous ont prévenu. Eh bien, on ne peut se défendre d'un profond et triste étonnement à la vue de ces hommes qui tendent la main et qui portent l'uniforme. On sait qu'ils attendent et on n'ose pas leur donner. Cette aumône est peut-être leur salaire le plus sûr, je ne dis pas le seul; mais quelle dégradation!

Les faiseurs de paradoxes ont une théorie pour expliquer la durée et l'abondance de ce tribut. Toutes choses se transforment avec le temps, disent-ils, les hommes aussi bien que les institutions.

Les familles de brigands qui de père en fils, et pour obéir au vœu des traditions, exploitaient les grandes routes, se sont rangées en prévision des moyens tout nouveaux de communication inventés par l'industrie moderne, et aussi pour se soumettre à l'esprit de progrès. Elles ont quitté la casaque héréditaire de peau de chèvre et les vieilles carabines, et ont troqué cette défroque, qui ne cadrait plus avec la douceur des mœurs publiques, contre l'uniforme de la gendarmerie et de la douane. Ceux-là surveillent les personnes : ils ont le département des voyageurs; ceux-ci surveillent les marchandises : ils ont le département des colis. Il y a eu transaction entre le gouvernement et les chevaliers errants des montagnes. Le brigandage est tombé en désuétude ; la police subsiste seule.

Au demeurant, la visite de la douane est une formalité. A moins d'y mettre une extrême mauvaise volonté, il est impossible de courir le moindre petit risque. Le conducteur vous dira d'avance ce qu'il faut donner. C'est un prix fait comme celui des brioches à un sou et des volumes à un franc. Ainsi, par exemple, à l'entrée de Naples, on donne aux employés de l'octroi deux carlins, à peu près dix-huit sous, par voyageur. C'est humiliant pour l'octroi, mais c'est commode pour le touriste. Qui ne consentirait de grand cœur à faire l'hommage d'une pièce de vingt sous, vieux style, à l'octroi de Paris pour avoir le droit d'emporter sa malle sans l'ouvrir à l'arrivée des convois de chemin de fer !

Malheureusement, il arrive parfois qu'un de ces Anglais qui parlent de s'adresser au Foreing-Office néglige d'appuyer sa protestation par l'offrande d'une bonne pièce blanche. Or l'hôtel de lord Derby est fort loin, les douaniers sont très-près, et pendant que l'Anglais discute, ses malles toutes grandes ouvertes sont vidées dans la poussière.

On peut dire que la route qui de Rome à Naples traverse tant de pays historiques se divise en trois parties bien distinctes quant à la physionomie : la première, qui va de Rome à Velletri par Albano ; la seconde, qui, de Cisterna à Terracine, coupe en deux les marais Pontins, et la troisième, qui de la frontière du royaume se dirige par Gaëte, Capoue et Aversa vers Naples.

La morne campagne de Rome franchie, on entre dans un pays de montagnes semé de villas et ombragé de forêts. Un magnifique pont qui rappelle le célèbre aqueduc de Roquefavour, par lequel les eaux de la Durance sont conduites à Marseille, unit deux hautes chaînes de collines escarpées à la sortie d'Albano. Ce grand ouvrage, d'une proportion gigantesque et harmonieuse, a été terminé en 1854. Un ravin immense, évasé comme une coupe, descend vers la plaine, qui prend au loin des tons d'ocre et s'arrête au bord de la mer. La perspective est profonde et sauvage; on vient de quitter le tombeau de Pompée et on est auprès du lac d'Albano où fut le tombeau de Tullus Hostilius. Ici chaque nom parle.

Des pans de murailles croulantes, des fondations à fleur de terre en vieilles briques romaines, des villas blanches jetées à profusion parmi les oliviers et les chênes verts vous conduisent à Velletri, d'où la montagne s'abaisse brusquement.

Il suffit de traverser Velletri pour comprendre la réputation qui fut longtemps l'apanage de ce vieux repaire de bandits, hélas! bien déchus aujourd'hui. L'air farouche et les sombres guenilles, les chapeaux pointus et les guêtres lacées ont survécu aux espingoles et aux longs couteaux. C'est encore le costume, mais les traditions se perdent.

A Cisterna s'allonge tout d'un coup cette voie sans fin qui sans courbe aucune, avec la rectitude d'une ligne tirée au cordeau va jusqu'à Terracine. Les montagnes élèvent à gauche leurs plans successifs, âpres et nus çà et là, couronnés de verdure ailleurs; à droite, la plaine immense s'étend toute plate jusqu'à la mer qu'on ne voit pas. Un long canal aux rives nues suit la route que borde une quadruple rangée d'arbres vigoureux. Point de maisons, point de villages, point de hameaux, point de fermes, aucun bâtiment si ce n'est aux relais, où l'on rencontre une auberge et une écurie, et çà et là, dans la solitude, quelques masures. De loin en loin un âne apparaît sur la berge du canal, traînant paresseusement un bateau où une famille est assise. On pense à *la Malaria* de M. Hébert. Des bœufs blancs, des buffles noirs, des chevaux à demi sauvages pâturent, enfoncés dans l'herbe jusqu'aux jarrets ; des chèvres broutent le long du chemin ; un pâtre appuyé sur son bâton vous suit d'un œil triste, un berger passe à cheval, chassant un troupeau ; partout le désert. Un air fétide vous entoure, chargé de miasmes lourds. La tristesse est sans bornes comme la campagne, mais les lignes de l'horizon ont une grandeur poétique et des lointains aspects dont l'œil se détache à regret.

Cependant des bêtes enragées, maigres, sèches, rétives, montées par d'indomptables postillons, vous emportent avec une fureur que rien n'apaise. On dirait qu'elles ont hâte de fuir cet air lourd et mortel ; mais si vite qu'elles aillent, on voit toujours au loin, égale, profonde, impénétrable, la longue voûte des arbres qui s'amincit comme un tunnel, et toujours les herbages, et toujours les marais, et toujours le silence. La terre est morte comme l'histoire.

Enfin voilà Terracine au pied de falaises brûlées dont le roc vif a des tons fauves ; la mer a l'apparence d'un lac d'huile. Quelques barques dorment sur l'eau immobile et claire du port ; des enfants se roulent sur le sable près du flot paresseux ; la route coupe le roc abrupt et longe la mer. Une grande porte ouvre son arcade sur le ciel d'un bleu profond ; des moines passent silencieusement ; ces curieux qu'attire partout en France le passage d'une diligence ne se montrent pas. Un soldat d'artillerie m'offre des médailles et des débris de marbres antiques, des mendiants circulent parmi les marchands de cerises et de limons. Point de bruit. La gravité romaine n'a pas encore fait place à la pétulance napolitaine. Le paysage est triste avec des lignes sauvages noyées dans la lumière.

Encore quelques milles, et on franchit la frontière du domaine de l'Église.

C'est à Terracine que commence ce long supplice de la visite des passe-ports que la police napolitaine inflige doucereusement à quiconque s'aventure sur le territoire du royaume. Mais passons ; il fait nuit, et la nuit est propice aux exactions.

Les fameuses gorges de Fondi ne sont pas loin. Elles rappellent par l'escarpement des collines, la nudité du roc, la désolation du paysage, ces gorges d'Ollioules que le voisinage des bois de Cujes a rendues célèbres entre Marseille et Toulon. Salvator Rosa les a vues, et s'en est inspiré. Rien n'y manquait de son temps, les personnages surtout. Quand on habite de tels pays, situés par un caprice de la géographie entre deux capitales, la tentation est bien forte. Des voyageurs vont et viennent, de riches marchands passent avec des ballots ventrus, et les rochers voisins vous invitent aux embuscades nocturnes. Les habitudes des citoyens tiennent peut-être à la configuration du sol. Le plus coupable est le paysage.

Le matin, à Cunigliano, j'ai rencontré un atelier de travailleurs napolitains. On construisait une chaussée avec un mur de soutènement. Le mur était en fort belles pierres d'un joli ton gris. Tout auprès était un vaste amas de quartiers de roches. De cet amas au chantier, où travaillent les ouvriers, on voyait une longue suite de femmes qui, bien plantées sur leurs hanches avec des attitudes de carnéphores, fermes, droites, et d'un pas hardi portaient les pierres sur leurs têtes. Elles étaient jeunes, avec un coussinet sur leurs cheveux roulés, les bras nus couleur de bronze florentin, toutes en corset vert ou bleu et en robe étroite de couleur jaune, repliée à la hauteur du genou par-dessus la jupe blanche. Elles allaient et venaient incessamment d'une marche souple et nerveuse ; quelques unes relevaient leurs bras pour soutenir la lourde pierre, comme jadis les nymphes de la fable portant les amphores. Dans ce singulier pays, les bas-reliefs sont en vie.

Plus loin, des hommes charriaient de la terre

dans de petites corbeilles en sparterie, ces mêmes corbeilles que l'on connaît en Provence sous le nom de couffins. Il en fallait bien douze pour ne rien faire ; je cherchais partout une brouette, il n'y en avait pas.

Il me parut que la brouette était un objet d'art inconnu dans le royaume des Deux-Siciles. L'expérience a plus tard confirmé cette première impression.

Le pays a des aspects qui rappellent le Languedoc. La grandeur a fait place à la grâce. Le coup d'œil y perd, la culture y gagne.

Une demi-douzaine de sentinelles échelonnées le long de vastes fossés, de ponts-levis, de bastions et de courtines vous apprennent que l'on est à Capoue. On regarde, et les souvenirs du collége vous assaillent en foule. Le moyen d'oublier à Capoue ces vieilles délices si sévèrement jugées par l'histoire ! On regarde donc avec des yeux avides et on aperçoit des galériens. Ils vont et viennent par la ville vêtus de vestes et de bonnets jaunes, et sous la garde de soldats armés en guerre. On comprend moins Annibal.

Ce spectacle d'hommes avilis et dégradés portant la livrée de l'infamie offusque des regards français. Les Capouans ne s'y arrêtent pas. Est-ce une illusion ? Est-ce l'effet du climat ou du caractère ? Jamais habitants du bagne n'ont paru plus indifférents à leur sort, voire même plus gais. On en voyait deux assis sur les marches d'une église qui folâtraient. Les mœurs insouciantes du pays couvriraient-elles tout ?

Plus tard, à Castellamare, auprès d'une résidence royale, j'ai vu derrière de forts barreaux de fer croisés sur une haute fenêtre un groupe hideux de galériens ; les bonnets rouges se mêlaient aux bonnets jaunes ; ils gesticulaient et s'entassaient autour de cette ouverture, comme dans les vieux tableaux les damnés auprès des portes de l'enfer. Un long roseau sortait de la fenêtre agitant une ficelle au bout de laquelle pendait une bourse de toile. Les forçats pêchaient aux sous. Les sentinelles du roi montaient la garde tout auprès, devant le palais. Vous figurez-vous un coin du bagne de Toulon auprès de Saint-Cloud ?

Les archéologues admirent à Capoue les restes d'un fameux amphithéâtre ; les touristes y remarquent un commencement de cette animation et de ce mouvement tapageur qui sont l'un des caractères les plus vifs du peuple napolitain. On trouve les larges dalles pavant les rues, les lazzaroni prenant des glaces et cet air affairé de gens qui font peu de besogne et beaucoup de bruit.

Un chemin de fer relie Capoue à Naples, mais la diligence dédaigne de se hisser sur un truc et continue son voyage par Aversa. La route toute blanche rappelle les routes poudreuses de la Provence ; la vigne et les oliviers donnent au paysage des aspects semblables. Les arbres ont perdu cette verdure métallique qui leur est particulière à Rome, le cactus et l'aloès hérissent leurs dards au milieu des haies. La voiture napolitaine qu'on a prise à Fondi étale à la fois un grand luxe d'équipage et une rare modestie d'allure. Les quatre chevaux qu'elle attelle l'entraînent tout doucement, tandis que les deux chevaux des marais Pontins l'emportaient ventre à terre. Cependant les postillons font claquer leur fouet et semblent mener des princes. Au relais, ils s'essuient le front d'un air vainqueur et tendent la main.

Des moines passent à pied ou trottent nonchalamment sur des ânes ; des paysans, le front coiffé d'un mouchoir, courent jambes nues, vêtus d'une chemise ouverte au cou et d'un pantalon de toile qui finit au jarret. Ils ont quelque chose de moresque dans le visage et dans l'allure. Les ânes succèdent aux ânes. On ne connaît bien les ânes que dans le Midi. A Paris, c'est un objet de fantaisie : on peut courir vingt rues et dix boulevards sans en découvrir un seul. En Italie, ils font en quelque sorte partie de la famille ; tout paysan a toujours un âne sous la main ; c'est un objet de première nécessité. Le mulet y supplée quelquefois. On le préfère au cheval parce qu'il rappelle l'âne.

Bientôt on rencontre ces cabriolets fantastiques dans lesquels dix, douze ou quinze personnes s'assoient, se pressent, s'entassent et courent au soleil dans un nuage de poussière sans paraître se douter qu'il fait chaud. Les unes sont en équilibre sur les brancards; celles-ci se serrent sur les banquettes, d'autres se tiennent debout derrière le véhicule suspendues à des lanières; on cherche encore et l'on en découvre quelques-unes couchées sous la caisse, dans une espèce de panier. Il y a là pêle-mêle un moine, un soldat, une nourrice ou deux, un pêcheur, deux ou trois femmes de la campagne, un abbé, quelques paysans, des ouvriers, des gamins à demi nus. On ne compte pas les marmots. Cette arche de Noé, suspendue sur deux roues, et toute petite, passe comme un tourbillon avec un grand bruit de grelots sonnant à toute volée. A la vue de ces corricoli qu'emporte vaillamment un cheval maigre, on se souvient des fiacres de Paris et on gémit.

Dans un concours européen, je crois que le cheval de Paris, le cheval public bien entendu, aurait le premier grand prix de paresse.

La route fait un coude; on aperçoit le Vésuve : on est à Naples.

Une dernière fois on demande les passe-ports; un agent s'en empare, les envoie à la direction de la police, et la capitale du royaume vous est ouverte.

Le bruit augmente et ne cesse plus; c'est un crescendo qui n'a ni commencement ni fin; si la nuit n'arrivait pas, il ne s'apaiserait jamais. Personne ne parle à Naples; tout le monde crie. Un Napolitain est le bruit fait homme. La parole, — non, je me trompe, — le cri ne lui suffisant pas, il y ajoute le geste; la pantomime vient en aide au bruit. Un Français serait bien fatigué s'il lui fallait un seul jour vivre dans ce luxe de démonstrations; un Anglais serait mort le soir. Un Napolitain ne transpire même pas.

Si vous voulez avoir une idée de ce bruit et de cette animation arrivés à leur extrême puissance, promenez-vous un matin dans la Strada del Porto, voisine de la Marinella. Les marchands ont pris la rue; ici personne ne se gêne pour personne; les boutiques en plein soleil, les étaux, les éventaires, les tables, les fourneaux, les cuisines ont envahi la moitié du pavé; un passage est réservé au milieu pour les chalands, les oisifs, les ânes et les corricoli. Le tumulte est dans toute sa frénésie; il est chauffé à blanc par la chaleur et la foule. Des cris furieux, des clameurs aiguës, des vociférations partent de toutes les bouches. On se demande, effaré, comment des poitrines humaines résistent à de tels efforts. Tout à coup un cri plus terrible éclate dans votre oreille, vous tournez la tête, pensant qu'un homme vient d'être égorgé; c'est un fruitier qui offre une poignée de cerises à un passant. Tout remue, tout s'agite, tout grouille dans ce pêle-mêle assourdissant de haillons qui gesticulent. Et que de tableaux singuliers à chaque pas : les poissons grésillent dans la friture, secoués par la main rouge d'une vendeuse qui en jette par poignées dans le bonnet d'un amateur; des tiges de maïs rôtissent sur des brasiers ardents; de grands plats de faïence aux couleurs violentes mijotent sur des fourneaux tout pleins de comestibles: concombres, courges, fraises de veau, pieds de mouton; des bouchers et des charcutiers débitent à grands coups de couteau leur marchandise sanguinolente; de distance en distance s'élèvent comme de petits temples grecs, enjolivés de festons, d'arabesques et de feuillages, les boutiques en plein vent des marchands de limonade qui agitent d'un poignet vigoureux une sabotière où le sorbet est en préparation. Les chalands affluent; mais acheteurs et vendeurs s'abordent, l'œil en feu et le poing en l'air. On craint un pugilat : c'est une transaction commerciale. On s'injurie souvent, on ne se bat jamais. Les mots glissent. Là un moine déguste un merlan frit et cause avec la servante d'une *trattoria* qui va aux provisions; ici un caporal de grenadiers marchande un parapluie, c'est-à-dire un parasol; de l'autre côté, un abbé, en bas de filoselle bien tendus, est assis devant la boutique d'un perruquier et savoure une glace; un pêcheur, jambes nues, bras nus, torse nu, lui offre une sébile pleine jusqu'au bord de sardines fraîches. Cependant les ânes vont et viennent, portant enfilé dans des baguettes un échantillon des comestibles dont ils sont chargés ; le porte-enseigne veut imiter son maître et crie à sa manière. Des mulets circulent à grands pas, faisant sonner leurs sonnettes comme leur aïeul de la fable ; des corricoli passent au trot ; jamais le cocher ne crie gare : c'est aux jambes d'éviter les roues. Et, comme pour achever la confusion et mêler une note de plus à ce concert formidable, de petits porcs d'une jolie robe gris souris, dodus, replets, tout ronds et gras à lard, flânent de ci, de là, et grognent philosophiquement entre vos jambes. Derrière le double rempart des légumes et des cuisines qui longe la rue, s'ouvrent çà et là des bureaux de loterie qui ne chôment pas ; des guirlandes de numéros écrits à la main sur de longues bandes de papier flottent sur la devanture ; un matelot coiffé d'un bonnet écarlate y précède une pauvre femme vêtue d'une jupe en lambeaux, et qui porte un enfant suspendu au sein. De quelle poche tire-t-elle le carlin qu'elle confie au sort et que le sort ne rend jamais ! Un trou parmi des trous ! Quant aux mendiants, ils sont partout et forment comme une basse continue de plaintes et de gémissements.

On s'étonnera peut-être que dans ce croquis d'une rue napolitaine le macaroni ne tienne pas une petite place. Hélas! monsieur, est-ce hasard, est-ce maladresse, j'ai cherché partout et n'ai jamais trouvé un de ces lazzaroni qui d'une main leste avalaient autrefois cette pâte bien-aimée. Et quand j'écris *jamais*, c'est jamais qu'il faut lire ; ni sur le port, ni dans les rues, ni à la Chiaja, ni à Santa Lucia, je n'ai pu découvrir le macaroni populaire.

Je me trompe: une fois, une fois seulement, à huit heures du soir, dans un faubourg, j'en ai vu un. Le cocher a fait arrêter la voiture pour me le montrer. Ce fut comme une apparition.

Or savez-vous ce qui a remplacé le macaroni, publiquement du moins? la pomme de terre adorée des Anglais. Partout j'en ai vu d'énormes quantités qui fumaient toutes chaudes dans de vastes marmites de fer. A vue de marmites, on doit faire une effroyable consommation de ce tubercule.

Faut-il le dire? il en est de la chanson comme du macaroni. Elle est morte. J'ai prêté bien des fois, le soir, une oreille attentive, une oreille que de poétiques récits avaient mise en goût; je n'ai jamais rien entendu, ni cantilène, ni barcarole, ni chœur.

Jamais est encore ici une vérité. Et cette fois il n'y a pas d'exception.

Quant aux bateliers de Castellamare ou de Sorrente, qui récitent les strophes du Tasse au bruit harmonieux de leurs rames, il y a longtemps qu'ils appartiennent au domaine de la fable. Pour qui donc les réciteraient-ils ? Personne ne se promène en canot.

Les usages pittoresques s'en vont ; l'uniformité envahit le monde ; et le jour, — jour déplorable réservé à nos petits-fils, — où les Chinois auront des chemins de fer, des salles de concert et des habits noirs, on verra de quel épouvantable ennui le monde sera saisi.

Changeons de quartier maintenant. C'est dimanche ; il est trois heures ; des barques par douzaines se dirigent vers un coin de la rade, situé entre l'hôtel de Rome et Chiatamone ; un large escalier descend de la rue sur le quai. De longues passerelles bâties sur pilotis unissent la rive à des cabines de bains. La foule est partout : dans la rue, sur les quais, dans les barques, sur l'escalier. L'habit rouge des soldats suisses s'y montre comme des coquelicots dans un champ d'épis, le bonnet à poil du grenadier de la garde royale s'y mêle au froc du moine et au bonnet de laine du pêcheur.

Des centaines d'enfants se jettent dans l'eau, en sortent, s'y replongent, s'ébattent et crient à tue-tête. La multitude, qui ne les entend pas, crie et gesticule pour son propre compte sans trêve ni repos, et tout ce monde va boire de l'eau soufrée qui sort d'une certaine source située par là, dans un coin. C'est un mouvement à donner le vertige.

De loin, cette population, couverte des couleurs les plus vives, produit l'effet d'un énorme bouquet secoué par le vent. Mais, chose tout à la louange du peuple de Naples, il n'y a jamais de tumulte et encore moins de rixes ; personne ne pousse son voisin, personne ne veut passer le premier, et chacun boit à son tour.

Ce coin de Naples avec toute cette pétulance extérieure et tout ce bruit me rappelle un coin de Rome où la même cause amène chaque jour les gens du peuple. Mais quelle différence dans les habitudes !

Il y a près du temple de Vesta, à l'entrée de cette voûte robuste que les Tarquins ont bâtie, ruine vénérable des premiers temps de la ville éternelle, une source limpide et fraîche qui sort de terre et bouillonne dans un petit bassin naturel ; de grandes plantes vertes tapissent la muraille, des blanchisseuses lavent leur linge dans un réservoir, un marchand de limonade débite son liquide sur une table boiteuse ornée de citrons empilés : quelque matrone du Transtevère puise de l'eau dans la fontaine à l'aide d'un vase qui a la forme des vieilles poteries. Le lieu est frais et pittoresque. La sombre arcade de la Cloaqua Maxima s'ouvre tout au fond et court vers le Tibre. Là, à toute heure du jour, mais le matin surtout ou le dimanche, des Romains sont assis et boivent de grands verres de cette eau légèrement minérale. Ils sont graves et silencieux ; personne ne parle à son voisin. Ils arrivent un à un, drapés dans leurs guenilles, et s'asseoient avec des attitudes de philosophes. Ce sont des chevriers, des artisans, des laboureurs, des bergers. L'heure s'écoule, et pas un geste, pas un mot n'en troublent la solennité.

L'amour du bruit est tellement dans l'essence même du Napolitain, qu'on enseigne aux recrues le maniement des armes à grand renfort de cris poussés à pleins poumons. Le sergent donne l'exemple et il ne s'épargne pas. La charge en douze temps s'exécute par séries de cris qui retentissent quatre par quatre et sont trois fois suivis de longs gémissements qui servent à marquer la cadence. De plus, et toujours conduits par l'amour de la pantomime, ces mêmes sergents font exécuter à leurs soldats désarmés une suite de mouvements terribles qui doivent désarticuler leurs jambes et leurs bras. Les vieux télégraphes ne prenaient pas des poses plus violentes et plus rapides. Pour se donner du cœur, les soldats crient en mesure. On a chaud rien qu'à les voir.

L'armée napolitaine en petite tenue semble avoir été habillée par *la Belle Jardinière*. Une vilaine toile de coton bleuâtre couvre tous les régiments de la tête aux pieds. En grande tenue, elle est superbe; on ajoute qu'elle est admirablement instruite.

Pour le dire en passant, je ne crois pas qu'il existe

de capitale mieux garnie de canons. Chaque fort, chaque parc d'Artillerie, chaque caserne, chaque muraille à créneaux en a toujours deux ou trois qui enfilent les rues et battent les places voisines.

Parmi les drôleries les plus amusantes de Naples, il faut mettre en première ligne la boutique d'un bureau de loterie. Le directeur déploie un art merveilleux dans la variété des hameçons qu'il tend à sa porte sous forme de numéros. Un texte adroit appuie l'éloquence muette du chiffre. Ainsi, par exemple, un terne, suspendu à un cordonnet rouge, et que la brise caresse, est accompagné de ces mots engageants : *Non mi lasciate*. Tout à côté se balance une pancarte chargée de combinaisons diverses avec cette inscription : *Biglietto per gli amici*. Un peu plus haut s'étale fièrement dans un isolement superbe un quaterne qui porte au chef ces trois mots : *Constanzza si vuole!* Noble devise qui séduit les grands cœurs. D'autres chiffres se signalent par des appellations câlines : le 37 a nom *il buono*, le 22 est baptisé *il tesore*. Des séries de numéros se présentent fièrement à l'ombre d'un drapeau magique ; une première s'appelle *cabalista*, une seconde *la bella sorte*. Un numéro, le 68, tout bariolé de rouge et de noir, éclatant, haut de dix-huit pouces, et couronné d'arabesques jaunes, écarlates et bleues, est intitulé *il fulminanti*. Qu'avait fait ce 68 pour mériter un si beau titre ? Je ne le sais pas. Un diable de 6, que j'ai revu partout et qui avait à lui tout seul les honneurs d'une grande feuille entière, tout entière, avait nom l'*infaillible;* et il fallait voir comme il était joli et bien vêtu de fleurs cet aimable 6 !

A quoi bon tous ces sobriquets et toutes ces devises, lorsque la population napolitaine ne demande pas mieux que de porter son obole à la loterie? Peut-être ont-ils une certaine influence; j'ai vu bien des yeux les regarder. Il faut si peu d'efforts pour pousser les hommes sur le grand chemin d'une sottise!

Et puisque nous sommes sur le chapitre des drôleries, que fait là cette magnifique chaise à porteur, galamment dorée, tendue de satin, avec moulures et belle franges, et que deux gaillards emportent au grand trot? Une belle dame en riche toilette se tient assise et toute roide au fond. Vous pensez à quelque adorable marquise du temps passé. C'est une sage-femme qui porte à l'église un nouveau-né.

Et ce grand carrosse tout brillant, superbe, majestueux, et tel que Versailles en voudrait de semblables, où va-t-il si resplendissant de dorures et si pompeux de formes? Regardez bien. Une caisse hermétiquement fermée est derrière, et dans l'intérieur du carrosse un prêtre avec trois enfants de chœur frais et roses sont doucement assis : ce carrosse est le corbillard napolitain.

La promenade aristocratique se fait à la Villa-Réale, entre une longue file de maisons roses-lilas, vert-pomme, et un charmant jardin, bien ombragé, que baigne la mer. Les voitures ont la chaussée; les cavaliers ont un trotoir large à peu près comme celui de la rue de la Paix : aussi ne sont-ils pas nombreux; les piétons ont le jardin. C'est par là qu'on trouve tous ces fameux marchands de corail dont les bijoux vont jusqu'en Amérique; l'entrée des magasins est sous la porte cochère des hôtels. Cette promenade, d'où la vue est fort belle, n'a aucun caractère, les bourgeois de Naples ressemblant aux bourgeois de Paris, comme ceux de New-York ressemblent à ceux de Berlin. Quelquefois cependant une voiture lestement enlevée au trot par un âne isabelle réjouit la vue, et rappelle qu'on n'est pas aux Champs-Élysées. Parfois aussi court au galop un corricolo attelé de trois chevaux de front; leurs harnais tout flamboyants de cuivre sont chargés d'une multitude de clous dorés; leurs têtes portent de longues aigrettes de plumes de coq; ils secouent leurs colliers de sonnettes et passent comme un équipage des contes de fée. C'est charmant.

Un amant de la forme, à la fois poëte et critique, me disait un jour que jamais les civilisés n'avaient su faire un vase, un harnais et un costume. Il me semble que Théophile Gautier a raison. La forme roide et la couleur sombre sont aujourd'hui les colonnes d'Hercule du goût : elles aident au spleen de l'avenir.

Le luxe des équipages populaires augmente les jours de noces. Quand la fille d'un pêcheur ou de quelque artisan se marie, la famille et les amis montent dans des voitures dont les chevaux sont parés d'aigrettes, de pompons, de nœuds de rubans et de tresses qui flamboient. Les grelots tintent, les plumets ondulent, et la calèche ou le corricolo passe comme l'éclair sur la chaussée sonore. Comment les chevaux se tiennent-ils sur ces larges dalles plates? c'est un miracle! Pour la première fois peut-être, la fiancée porte des bas et des chaussures; demain elle trottera pieds nus sur la grève. Le fiancé l'imite et emprisonne son pied tout surpris dans un soulier. Point de voile blanc, point de robe blanche. On court au galop et on fait du bruit à coups de fouet. Des drapeaux flottent autour de la voiture. On s'arrête çà et là pour avaler un sorbet et on repart.

Ce mouvement et ce bruit qui remplissent la ville ont fait croire que la population de Naples était la plus gaie de l'univers. De cette gaieté tant vantée, je n'ai vu de trace nulle part. Quinze Napolitains se serrent dans une voiture, mais personne ne rit. Ils font du bruit sérieusement, si je puis parler ainsi. J'ai grand'peur que la gaieté ne soit une plante d'origine gauloise qui croît uniquement dans les Gaules. L'agitation n'est pas le rire. On a pris l'apparence pour la réalité. Voyez les Napolitains dans ces trattorias populaires, sortes de guinguettes qu'un pan de toile ou qu'un arbre poudreux abrite contre le soleil et qu'on trouve partout, le long du rivage, comme aux extrémités de la ville ; les lazzaroni sont assis et mangent pêle-mêle avec leurs femmes et leurs enfants. Pas de chants, pas de jeux, pas de ces éclats de rire auxquels on est accoutumé chez nous, mais des cris, beaucoup de cris, toujours des cris.

Je n'ai vu la grande société napolitaine qu'en voiture, à trois pieds au-dessus du niveau de tout le monde. Je me garderais donc bien de la juger. Elle porte les modes de Paris mieux qu'on ne le fait à Rome ; ses volants et ses chapeaux figureraient honorablement aux Champs-Élysées. Des personnes en qui j'ai toute confiance racontent que cette familiarité et cette bonhomie, qui sont l'un des caractères extérieurs de l'Italie, s'arrêtent, à Naples comme à Rome, à la surface. L'aristocratie a fondé une académie, sorte de casino dont le roi a la présidence. Elle y donne quatre fois l'an, en hiver, de magnifiques bals où les étrangers de distinction sont invités. Les bals finis, la part de l'hospitalité est faite. Jamais la maison d'un Napolitain ne s'est ouverte pour personne. C'est peut-être aussi la faute du climat; on vit en plein air, *sub jove*, comme disaient les anciens.

Cependant une extrême bonhomie se retrouve parmi le peuple ; volontiers le paysan et le pêcheur ouvrent leur porte à qui est surpris par l'orage. Leur pauvre maison est au voyageur. Ils offrent tout avec cordialité, la chaise, les fruits, le poisson, le gîte. S'ils n'ont qu'un lit, ils le donneront et dormiront sur la paille ou à la belle étoile. La race est bonne et facile ; cette mauvaise conseillère qu'on appelle la misère ne l'a pas gâtée.

Mais par exemple s'ils partagent sans effort le peu qu'ils ont, sans peine aucune ils réclament ce qu'on ne leur doit pas. Traverse-t-on, par un sentier frayé, la vigne d'un voisin pour atteindre plus promptement le temple ou l'amphithéâtre que l'on cherche, le propriétaire paraît et tend la main. Il lui faut sa redevance. Un lazzarone a-t-il fait une course ou porté quelque paquet, le pourboire empoché, il tend la main. — *Per la bottiglia, signor.* On donne encore. Il prend et présente l'autre main. — *Per macaroni, ezzellenza.* On donne de rechef. Il tend les deux mains ensemble. — *Per il sorbetto, marchese !* Si on ne se lassait pas, il ne se lasserait jamais.

Tous les dictionnaires de géographie vous diront que Naples est la troisième ville d'Europe au point de vue de la population ; au point de vue du confortable, elle est la dernière. Les trattorias qui ouvrent leurs salons sur la rue de Tolède, et je parle de la première de toutes, *le Restaurant de la ville de Naples*, n'auraient pas dans le quartier de l'Odéon la visite d'un étudiant. Chez le fameux Donzelli, au café de l'Europe, quand on veut souper, il faut prier le maître de l'établissement de vous céder le salon ou la chambre à coucher de la famille. Cette indiscrétion est de toute nécessité. Si on n'y pas recours le matin même, on n'aura pas, le soir, une cerise à mettre sous la dent.

Si l'étranger assis à la table d'une trattoria se plaint de la malpropreté ou de la lenteur du service, on le regarde d'abord avec étonnement ; s'il insiste, on l'oublie.

A Caserte, ville royale, où deux régiments de cavalerie tiennent garnison, et qui est, aux environs de Naples, ce que Compiègne est aux environs de Paris, dans le premier hôtel de l'endroit, à l'enseigne *delle Due-Stelle*, j'ai pu voir une nappe rapiécée avec.... devinez?... Bah! vous chercheriez vainement pendant neuf fois neuf jours !... Avec du papier ! Il y avait plus de papier que de toile. Le linge peut donner une idée du menu.

E che fa ! disent les Italiens.

Il est clair que lorsqu'on déjeune d'un sorbet ou d'une tranche de melon, le confortable devient une fantaisie.

On vous fait voir à Caserte, comme à Capo-di-Monte, une résidence royale qui se compose d'un château et d'un parc clos de murs. Le château est vaste et de nombreuses sentinelles en grande tenue montent la garde devant les portes. Hélas !

pourquoi ne font-elles pas respecter les murailles du palais? Cependant un léger détour vous conduit devant le pavillon central, le vestibule est devant vous. On entre.

C'est alors que l'habileté des serviteurs de la royauté éclate dans toute sa ruse et montre ce que peut le génie napolitain.

Un garçon de place vous a procuré pour un petit écu chez un banquier qui en fait commerce, un billet qui autorise M. Paturot ou M. Collignon à visiter le château de Caserte. Le billet est délivré au nom du majordome en chef, et une main familière a écrit au beau milieu du papier celui d'un voyageur inconnu. Ce jour-là je m'appelais M. Verdier.

Le concierge reçoit le billet, l'examine, le retourne en tous sens, fait de petits signes de tête approbatifs et sourit benoîtement. Cependant il vous suit pas à pas. Si vous avez la sottise de ne pas comprendre cette pantomime, il vous tire par le pan de votre redingote et tend la main. Le brave homme n'a-t-il pas eu la peine de recevoir le billet qu'on a payé à Naples?

Le régime des contributions indirectes commence.

L'impôt de la porte levé, le concierge salue et se retire; mais au sommet de l'escalier apparaît un homme armé d'un trousseau de clefs. Celui-ci est le gardien du salon d'apparat. Il pousse la clef dans la serrure et tend la main ; quoi de plus naturel ? N'a-t-il pas eu la peine d'ouvrir la porte?

On passe. Un second monsieur se présente. Celui-ci a le gouvernement de la galerie. Maintenant vous êtes averti ; chaque pièce a son directeur : la salle à manger, la chambre à coucher, le boudoir, la chapelle, la salle de bal. Les laquais ont partagé la villa en provinces. Il y a douze lignes de douanes intérieures à franchir. Le château visité, on descend dans le parc. Les gouverneurs champêtres vous y attendent ; il y a les grottes et les fontaines, les bosquets et les kiosques. Nouvelles douanes. Un dernier gardien vous attend à la porte de sortie, une main à son chapeau et l'autre sur la clef. Quoi de plus juste ! ne vous permet-il pas de sortir ?

Remarquons en passant que tous ces alguazils portent la livrée royale.

C'est à Caserte surtout que le roi de Naples se livre aux plaisirs de la chasse sur la lisière de certains prés et de certains taillis tout peuplés de paons, de faisans, de pintades, de lièvres et de lapins qu'il tire fort adroitement, dit-on. Les sangliers sont en dehors du parc, dans la montagne.

Si le hasard vous a conduit à Caserte, un dimanche, vous aurez vu, le long du chemin plat qui relie Naples au château, des paysans jouant aux boules, des femmes assises le long des villages et caquetant, et çà et là, dans la poussière, des enfants qui se roulent en poussant des cris. Ils paraissent prendre un plaisir extrême à ce divertissement. Parfois ils se relèvent d'un bond et poursuivent la voiture sans autre vêtement qu'un scapulaire pendu au cou. Si la voiture va trop vite, ils font un bond de côté, sautent dans un fossé, barbotent un instant dans l'eau, se relèvent et disparaissent dans les roseaux.

Une éponge ne suffirait plus pour les débarbouiller; il faudrait encore une étrille; aucun d'eux n'a jamais songé à s'en servir.

Malgré sa réputation classique et sa beauté réelle, le ciel de Naples a ses caprices. La pluie tombait quand je suis arrivé par la porte de Capoue; elle tombait encore le jour où j'ai quitté la rade. La fumée du Vésuve se couronnait d'un panache de nuées. L'azur se montrait par éclaircies qui en faisaient voir la limpidité. Les Napolitains étaient dans la consternation, eux qui redoutent la pluie bien autrement que le Vésuve. Les lazzaroni, que la moindre averse met en fuite, ne manquaient pas d'attribuer à la présence des Anglais hérétiques dans la rade l'inclémence entêtée du ciel. Chose étrange, en plein été, les parasols blancs devenaient des parapluies. C'est ainsi que je me suis rendu à Amalfi, par un ciel d'Italie, et que j'en suis revenu avec un ciel de Bretagne; il pleuvait comme à Londres, et le voile d'eau étendu partout, de la mer aux montagnes, donnait à cette longue corniche taillée dans le roc et semée de châteaux forts en ruines, des aspects tristes et sauvages qui faisaient penser à l'Écosse.

C'est à Cava que s'arrête aujourd'hui le chemin de fer qui doit relier Naples et Salerne, voisine de Pœstum ; une grange dans laquelle l'eau tombe en liberté vous y accueille, c'est la gare. Un franciscain rose et barbu y promène sa sébile ; dix cochers assaillent le voyageur, s'injuriant et vantant les mérites de leur équipage. Ils demandent quatre piastres, on en offre deux, et l'on part au grand trot entre deux haies de concombres, d'aubergines, de tomates et de citrons qui encombrent la grande rue de Cava. Elle est franchie avec fracas, et on entre dans la campagne. Le pays qu'on traverse est un pâté de montagnes vertes entre lesquelles s'ouvrent de charmantes vallées ; des villages blancs groupent leurs toits rouges le long de petits ruisseaux qui se précipitent en cascatelles ; le maïs s'y mêle à la vigne, qui court suspendue en festons aux branches des pommiers. Ces festons de verdure courbés en arceaux et que le moindre souffle agite, donnent à la campagne italienne un air de fête perpétuel. On cherche au travers de leur abri les chœurs de jeunes filles que conduit la danse, et l'on ne voit que ces mêmes longues processions de pauvres femmes entrevues déjà, et qui marchent pieds nus sur de rudes sentiers, portant de lourds fardeaux. Les chantiers sont aux deux sexes ici, et, comme à Gunigliano, les mêmes travaux s'exécutent à grands renforts de reins ou à l'aide de ces mêmes petites corbeilles de joncs tressés; que penserait-on en France de vallées comblées avec des paniers! mais le travail ingénieux se mêle à la routine. Un système de longues perches solidement plantées en terre et de cordes disposées en lacet met en communication les flancs de deux montagnes parallèles. On confie à la corde inclinée les grosses pierres arrachées à la carrière voisine, et la pente fait glisser le fardeau jusqu'au prochain atelier qui, au moyen d'une autre corde, le fait filer jusqu'au point où les matériaux reçoivent leur emploi. Les bois taillés dans la montagne prennent la même direction, et l'on voit sans cesse au-dessus des ravins, dans le vide, flotter des fascines, des sacs, des quartiers de pierre ou des outils dont le transport ne coûte rien.

Chaque promontoire, chaque rocher dominant une crique autour de laquelle passe la route d'Amalfi porte à son sommet les vieilles murailles crevassées d'un château bâti par les Normands. Partout où la plage s'évase, un bourg amoncèle ses maisons. Quelques barques se balancent sur le flot. La montagne abrupte est derrière, la mer devant; mais chaque coude de la route montre un aspect nouveau. De sa vieille splendeur maritime, Amalfi n'a conservé que deux cales où la république de Pise abritait ses galères. Des calfats y réparent de pauvres bateaux pêcheurs, un ébéniste du pays y polit ses meubles de bois d'olivier. A ces calles on peut ajouter une église dont le porche byzantin, déshonoré par un horrible badigeon blanc, dresse ses colonnes et ses arceaux au sommet d'un large escalier. On entre, et les marbres les plus riches scintillent sous la lumière des lampes sacrées. Tout est en marbre. Des lustres charmants en verre de Venise pendent aux voûtes. Une crypte soutenue par de forts piliers renferme une mystérieuse statue en bronze de saint André qui dans la pénombre brille au-dessus d'un autel d'argent. Une torche qu'on promène sur la statue l'éclaire de reflets rougeâtres et donne au saint apôtre un aspect terrible.

On pourrait dire d'Amalfi que la ville entière est composée de décors; les rues sont comme des escaliers ou des tunnels; elles s'enfoncent sous des voûtes pittoresques ou grimpent à pic le long du rocher; un ruisseau qui donne la vie à vingt usines la traverse, saisi au passage par des centaines de rigoles et de roues; des jardins d'orangers et de citronniers l'accompagnent; la vigne s'étage sur la montagne que couronnent les créneaux chancelants d'une ruine. Rien ne manque à cette décoration d'opéra, ni la haute tour démantelée sur un roc nu, ni le couvent aux longues murailles assis au sommet d'une falaise, ni la treille, dont les pampres s'attachent aux villas blanches, ni la cascade qui bouillonne dans un bassin, ni l'échancrure profonde de la vallée qui s'enfonce dans la montagne, ni la grève où les bateaux sont échoués sur le sable, ni la mer, ni le ciel. Mais ce tableau charmant a son ombre, et cette ombre, c'est la misère. Partout, le long de ces sentiers étroits et de ces ruelles escarpées d'où l'eau suinte de toutes parts, sur ces ponts rustiques jetés en travers du ruisseau, à la porte de ces jardins parfumés, de pauvres filles en haillons tendent la main. Leurs jambes nues sont alourdies et comme tuméfiées par le poids des lourds fardeaux posés sur leur tête ; on devine à leur marche l'effort pénible des hanches et des reins, et, pour ne pas déchirer leurs pieds contre la pierre aiguë du chemin, elles portent, non pas le gros soulier du paysan provençal, ou le sabot de l'Auvergnat, mais des linges et des lambeaux d'étoffe attachés par une ficelle autour de la cheville. Que de trous dans la jupe ! quelle sueur sur le visage !

Quant on parcourt les environs de Naples, le dernier paysage entrevu paraît toujours le plus beau. On est à Baïa, c'est Baïa qui l'emporte, et l'on ne peut quitter le temple de Mercure et ce golfe bleu, près duquel fument les étuves de Néron ; on est au cap Mycène, et l'on s'attache à cette place que Corinne a rendue célèbre, et sous les voûtes massives de ces grands réservoirs où les Romains ménageaient l'eau de leur flotte; on est à Pouzzoles, on s'oublie dans le temple de Sérapis, que la mer envahit, et sur ces plages odorantes que le flot caresse d'un mouvement si paresseux; on est à Sorrente, on regarde l'espace, et l'on se demande si le paradis n'est pas là, parmi ces arbres en fleur, dans cette campagne enchantée où tant de vallons et de collines mêlent leurs ombrages; on est aux Camaldules, et on s'arrache avec peine à l'immensité de ce paysage où tout est réuni pour la fête des yeux, la grâce et la grandeur des lignes, la richesse et la variété des aspects, l'abondance des eaux, la profondeur de l'horizon, la couleur et la lumière, un entassement de forêts, de golfes et de montagnes; on est à Pœstum, et le regard ne se lasse pas de chercher pour l'admirer encore ce coin de terre où tant de ruines magnifiques profilent leurs colonnades dans l'azur; on est à Amalfi, et l'on souhaite qu'un hasard bienfaisant vous y retienne pour toute une saison; on est à Ischia, et l'on s'attriste à la pensée que bientôt on ne verra plus ce golfe sans rival, où tant d'îles sont aimées du printemps.

Je ne vous parle pas du laurier de Virgile, qui a quelque lien de parenté avec la canne de Voltaire. Il n'existe que pour les Anglais. Quelle jeune miss en voyage n'en détache pas une feuille pour en décorer son album! Vous savez l'amour des Anglais pour les souvenirs; ils le poussent trop loin. Tous les musées de la Péninsule retentissent de plaintes, et c'est partout un concert de reproches où se mêlent, çà et là, quelques malédictions. On les accuse, ces éternels voyageurs, et ce n'est pas sans raison malheureusement, de mutiler impitoyablement des statues et des bas-reliefs fameux pour emporter un doigt de marbre ou de granit dont plus tard ils parent leurs collections. Cela peut paraître impossible, et l'on s'étonne que l'amour de la propriété aille jusqu'à ce féroce degré de vandalisme. Hélas! on vous fait voir sur bien des statues des mutilations dont la cassure toute fraîche vous fait comprendre qu'un marteau anglais a passé par là. Mais pourquoi anglais? dira-t-on. Tous les voyageurs, qu'ils soient du nord ou du midi, n'ont-ils pas la faculté de porter de ces petits marteaux d'acier qu'on cache dans la manche d'un paletot? C'est vrai, et cependant partout, d'une commune voix, on accuse les Anglais.

Cette réputation a fait que tout visiteur qui parcourt les salles d'un musée italien est accompagné d'un custode qui ne le perd pas de vue et marche dans son ombre.

Ainsi qu'on ne manque pas à Rome de visiter le Colysée au clair de lune, à Naples on va voir, à la même heure, la voie des sépulcres de Pompéia, mais pour cette promenade il faut ici une permission du ministre ; des gardiens veillent à toutes les entrées de la ville morte, des gardiens vous accompagnent partout : encore une précaution prise contre les Anglais. Quant aux fouilles qu'on poursuit activement ou nonchalamment, selon l'état du Trésor napolitain, elles n'admettent point de curieux. La moitié de la cité fossile est encore enfouie sous les vignes et les moissons. On achète les champs voisins au fur et à mesure des ressources. Et la vieille cendre du Vésuve restitue de nouvelles richesses à chaque effort ; hier c'était une statue d'Apollon intacte, demain ce sera un faune de bronze. Le volcan a conservé ces mille chefs-d'œuvre mieux que ne l'eussent fait les princes et les empereurs.

Les fouilles entreprises à Herculanum ont entièrement cessé. Il fallait creuser avec la pioche et le pic dans sept couches de lave superposées et dures comme le granit. La ville de Portici est précisement au-dessus : une ville en vie sur une ville morte. Le gouvernement pourrait acheter l'une au profit de l'autre. Les richesses artistiques qu'on a trouvées peuvent donner une idée de celles qu'on trouverait encore. Si le trésor de Naples est trop pauvre pour subvenir à de telles dépenses, pourquoi ne céderait-il pas son droit de souveraineté, au point de vue scientifique seulement, à un congrès européen ? Les fouilles seraient entreprises sous la surveillance d'une commission de savants cosmopolites, et le budget mis à la charge de tout le monde.

Il y a, vous le savez, plusieurs théâtres à Naples. Quelques-uns d'entre eux appartiennent à une littérature locale qu'on ne saurait comprendre à moins d'être Napolitain de père en fils, depuis trois générations. Au théâtre San-Carlo et au théâtre Fondo, on chante. La réputation lyrique de San-Carlo a franchi les monts et les mers. C'est, dit-on, le plus grand théâtre du monde. Je le crois volontiers. Ces longues suites de loges superposées lui donnent un aspect immense, mais singulièrement monotone. Du cintre, c'est un gouffre avec l'orchestre au fond. Un mouvement perpétuel d'éventails qu'on agite, en bas, en haut, partout, fatigue l'œil, qui cherche vaguement à saisir dans le clair-obscur les mains gantées qui s'en amusent. On dirait les battements d'ailes d'un vol d'oiseaux dans le crépuscule. A Naples, pas plus qu'à Rome ou à Gênes, on n'éclaire les théâtres à la mode française. Un seul lustre sans beaucoup de flamme suffit ; on voit un peu. La scène y gagne par l'opposition, mais la salle y perd en gaieté.

C'est à San-Carlo que l'on découvre ces fameux caleçons verts imposés aux danseuses par une police trop pudique. Beaucoup de gaze atténue la laideur de cet ajustement. Quant à l'enthousiasme du public il se traduit par d'interminables rappels si longs, si fréquemment renouvelés, qu'ils feraient prendre la musique et le chant en horreur.

C'est à la sortie de San-Carlo qu'on court en voiture sàvourer les sorbets chez Donzelli. Autrefois on allait à la Villa-Real où la musique des régiments de la garde et des régiments suisses exécutait des symphonies. Un jour, la police s'aperçut que cette musique causait des rassemblements : on se groupait pour mieux entendre. Le résultat de cette remarque judicieuse fut que la musique fut supprimée. Plus d'orchestre, partant plus de curieux et plus d'attroupements. La police respira ; on ne voit plus maintenant à la Villa-Real que les gens qui ont des confidences à se faire. Et généralement on ne s'en fait plus après huit heures.

La fameuse éruption du Vésuve dont tous les journaux ont parlé a duré quinze jours, vous le savez. Je suis arrivé le lendemain du jour où elle expirait. C'est un méchant tour que m'a joué le volcan. Dans l'impossibilité de voir le vieux cratère dont la lave a coupé les chemins et où des excavations encore inconnues se sont formées, j'ai voulu tout au moins rendre visite aux bouches nouvelles qui fumaient pendant le jour et flamboyaient encore pendant la nuit. Je m'y suis donc rendu le soir, un peu avant le coucher du soleil.

La route de l'ermitage étant interceptée, il a fallu suivre une vieille route qui prendrait, partout ailleurs qu'au pied du Vésuve, le nom de ravin. Des chevaux qui ont des pieds de chèvre y peuvent seuls passer. Au bout d'une assez longue ascension, le chemin paraît tout à coup barré par un énorme amas de rochers gris qui ont l'aspect de fascines entassées les unes sur les autres. Ces fascines sont des blocs de lave. Là s'était arrêté l'écoulement. On doit alors couper à travers champs et monter jusqu'à la limite extrême où force est de mettre pied à terre. Que de champs de vignes ravagés, que d'arbres abattus et calcinés! Une petite maison s'est trouvée sur le passage du torrent qui s'est rompu en deux bras ; encore un effort, elle était emportée.

Je n'avais jamais vu de mer de lave. La première impression que me fit éprouver ce spectacle étrange et dont je ne me formais aucune idée, fut de me rappeler la fameuse mer de glace, à Chamouny. Cela peut paraître singulier; mais cette impression qui fut subite, instantanée, d'autres curieux l'ont partagée. C'est la même solitude profonde, la même effrayante désolation, le même aspect morne et privé de vie, le même bruit sourd, le même craquement continu ; ces larges coulées de lave ont la même forme, les mêmes blocs, les mêmes crevasses. Seulement ce terrible paysage est noir ici; au Montanvert, il est blanc. Je ne sais pas lequel est le plus sinistre.

Pour atteindre aux bouches qui étaient encore en

travail et dont on apercevait de Naples les fournaises rouges, il faut marcher près d'une demi-heure sur la lave figée. Le terrain brûle et sonne sous le pied. La fumée s'échappe de toutes les fissures; on sent, on devine que la matière en fusion coule sous cette surface dure et raboteuse. Mais de danger il n'y en a point. La nappe qui est descendue de la montagne affecte les formes les plus diverses; c'est tantôt une série de lames égales, arrondies comme le flot que la marée verse sur une plage; tantôt un long ruisseau qui fuit entre deux berges escarpées; ici, la lave est unie et plate et s'étend en larges surfaces comme du métal coulant sur un plan incliné; là, on dirait d'énormes tas de cordages roulés et confondus, de gros câbles qui entortillent leurs nœuds; plus loin, ce sont des blocs informes, pareils à des quartiers de rochers et dispersés comme les grès de la forêt de Fontainebleau.

La chaleur augmente à mesure qu'on s'enfonce dans ce désert, les vapeurs sortent en nuages de tous côtés et flottent sur le terrain, que la main peut à peine effleurer; l'air est embrasé, on fait quelques pas encore et on aperçoit les bouches tout en feu. J'en ai compté vingt sept sur le point que j'ai visité. Les mouvements du sol m'en ont caché beaucoup d'autres certainement. Ces brasiers en combustion étaient d'un rouge blanc; la flamme en sortait par bouffées comme de la gueule d'un four; ils s'étendaient sur une longue ligne au pied du grand cône au sommet duquel fume le vieux cratère du Vésuve. C'est de là, et d'un autre point plus élevé sur la gauche, que la dernière éruption a fait jaillir ce torrent de feu qui a failli emporter le chemin de fer. Tout autour la chaleur est intolérable, et partout la mer de lave fait entendre de sourds craquements.

Quant à la magie de ce spectacle pendant la nuit et sous le clair de lune qui fait étinceler le golfe de Naples, aucun mot ne peut le rendre.

A propos du golfe de Naples, et pour cette fois, les poëtes et les romanciers ont eu raison. De Sorrente à Baïa, tout est d'une magnificence à lasser la description la plus complaisante, mais à ne jamais lasser le regard. A chaque pas ce sont des surprises nouvelles auxquelles on s'attend et qui étonnent toujours. Le plus simple est de n'en pas parler.

Il arrive parfois que ces routes délicieuses qui semblent dérobées au jardin d'Eden sont émaillées de forçats qui travaillent, la chaîne au pied, sous la garde de quelques soldats. Ils ne font pas grande besogne et batifolent comme leurs cousins de Capoue. Si d'aventure une ondée vient à tomber, ils se réfugient sous un figuier ou dans quelque cabane avec leurs gardiens, et tous, assis pêle-mêle, regardent tomber la pluie. Le côté infamant de la peine disparaît au milieu de cette familiarité. Le soldat fume, le forçat dort ou cause avec son camarade.

Ici comme à Rome, le peuple ne semble pas attacher une importance bien grande à l'idée d'un meurtre ou de tout autre crime. Le guide qui me faisait parcourir la grotte de Pausilippe étant en humeur de parler, — et en quel moment de sa vie un Napolitain ne l'est-il pas? — me raconta, comme jadis un personnage tragique à son confident, une histoire de famille qui semblait le réjouir beaucoup. Les héros de cette anecdote étaient au nombre de quatre, ses deux oncles, un guide et un prêtre; il s'agissait de découvrir un trésor caché dans la grotte. Nos aventuriers, armés de pioches et de lanternes, s'étaient arrêtés dans un cabaret pour se donner du cœur. Chemin faisant, un des oncles imagina de réclamer la plus grosse part du trésor qu'on allait découvrir. Le guide protesta. On tira les couteaux, et les deux oncles sautèrent sur le guide. Le guide mort, les deux frères se battirent en furieux.

« Vous comprenez? » répétait mon cicerone d'une voix tranquille à chaque énumération des blessures.

A la fin du récit, il se trouva que l'un des oncles avait tué l'autre et que lui-même était tombé mortellement atteint sur le corps de son frère expirant.

« Vous comprenez? » reprit encore le custode.

Je demandai des nouvelles du prêtre. Le cicerone cligna de l'œil d'un air narquois.

« Oh! il n'a plus reparu.... Vous comprenez? » ajouta-t-il.

Là-dessus mon homme éteignit sa torche.

« Tenez, continua-t-il, c'est là que mes oncles sont morts. »

Cette aventure, où le sang de trois hommes avait coulé et dans laquelle deux de ses proches parents avaient joué un rôle si terrible, ne lui laissait point de regrets; il en parlait comme un paysan de France eût fait d'une histoire de chasse; c'était matière à égayer l'auditoire et à charmer l'obscurité de la route.

Mais si Naples a la mer et le Vésuve, Naples a une plaie, c'est la mendicité. On pourrait croire, après avoir vu Rome, que la mendicité a dans la ville éternelle son sanhédrin, sa cour des miracles, sa capitale. Eh bien! non, Rome le cède à Naples. Vous savez que la mode est ici que les dames prennent des glaces en voiture; jamais elles n'entrent dans un café. Un jour deux dames, vers quatre heures savouraient leurs sorbets devant le café de l'Europe, qui est le Tortoni de l'endroit. Il y avait autour de leur calèche quatorze mendiantes, — je les ai comptées, — qui tendaient la main. Six d'entre elles avaient des enfants suspendus dans les bras ou accrochés à leurs jupes. Et tout ce monde demandait à la fois! Le cœur d'une Parisienne se soulèverait et laisserait là sorbet et granite. Ici on n'y prend pas garde. Personne n'en mange une glace de moins.

Vous êtes rue de Tolède, devant les plus riches boutiques de Naples; dix mendiantes sortent du pavé; vous êtes dans la campagne; le lieu est solitaire, vous regardez la mer, dix mendiantes sortent des vignes.

Pour faire leur métier en concience, les manchots oublient qu'ils n'ont qu'un bras et tendent les deux mains, les aveugles ne pensent plus à leur cécité et découvrent le touriste à l'extrémité du chemin, les boiteux retrouvent leurs jambes et poursuivent leur victime à travers champs. La femme vient en aide au mari, on mendie en famille. Chaque ruine a sa tribu qui l'exploite, chaque point de vue a son habitant qui en vit. Au moment où un cri d'admiration va s'échapper des lèvres, une voix plaintive murmure tout à coup près de là, et l'éternel, l'implacable : *Una piccola moneta!* frappe votre oreille.

Tout cela n'est qu'attristant pour le voyageur et humiliant pour la population napolitaine, chez laquelle cette habitude indique une profonde misère que la richesse du sol n'explique pas, ou une dégradation morale plus affligeante encore; mais le bouffon, c'est que la mendicité est officiellement interdite dans toute l'étendue du royaume.

Ici la contravention est la règle. Exemple: Un voyageur allait partir, ses bagages étaient sur le

Môle, et parmi eux une caisse de bois renfermant quelques petits modèles des plus fameuses statues du musée Bourbon en terre cuite. Un douanier regarde.

« *Cosa è ?*

— Des terres cuites, répond le voyageur.

— *Antico ?*

— Non, des modèles... »

Le douanier salue.

« Je vous crois, Excellence, reprend-il, mais la preuve ? »

On glisse une preuve métallique dans sa main pour éviter une visite faite à coups de marteau.

Le douanier s'incline.

« *Passate, signor !* » dit-il d'un air superbe.

Une autre main tire le voyageur par la manche. Il se retourne. C'est un factionnaire, un soldat de la ligne l'arme au bras.

« *E me ?* dit-il.

— Toi ? Et pourquoi ?

— *Perché sono qui.*

— Parce que je suis là ! »

La raison est trop bonne pour qu'on n'y cède pas, et l'on a une preuve démonstrative que la mendicité est interdite dans le royaume.

S'il fallait juger de la population marchande de Naples par les avertissements que tout négociant en boutique vous donne, il faudrait boutonner partout sa redingote. On sort de chez un gantier et on lui demande l'adresse d'un marchand de soierie, il vous envoie rue de Tolède. « Mais, prenez garde, ajoute-t-il, s'il vous demande cinquante piastres d'une pièce d'étoffe, offrez lui-en vingt : il est si voleur! »

Un peu après, on demande au marchand de soie l'adresse d'un marchand de corail ; il vous indique uu confrère qui demeure sur la Chiaïa. « Mais faites attention, dit-il, s'il veut trente piastres d'un bijou, donnez lui-en dix! il est si fripon! »

Et ce même commentaire vous accompagne de boutique en boutique.

Partout à Naples, d'ailleurs, on croit aux larrons. « Veillez bien sur votre bourse! » vous dit-on. Et si l'on demande pourquoi la police ne surveille pas mieux les voleurs, le Napolitain sourit : « Les voleurs ne s'occupent pas de politique, » dit-il.

La baie de Naples où tant de criques se dessinent est une vaste école de natation. Que d'études sur le nu n'y peut-on pas faire! On dirait partout des bandes de sauvages; la couleur de la peau est la même; elle varie pour le ton du palisandre à l'acajou. Le bain pris, le petit lazzarone s'essuie gravement avec un lambeau de chemise qu'il remet après, s'échappe et court encore.

Un dernier mot en finissant : Le musée Bourbon est fort riche en œuvres d'art de toute sorte; en sculptures et en bronzes antiques surtout. Parmi les statues, il en est une, *la Vénus Callipyge*, dont la réputation est européenne. Or il est défendu de la voir. Si encore elle n'était que sous clef! Mais, pour me servir de l'expression d'un custode, elle est sous *clou!* ce qui signifie qu'elle est scellée dans un cabinet qui n'a pas même de serrure; la porte en est ferrée. Sept ou huit autres statues partagent cet emprisonnement cellulaire.

Un tableau, la fameuse *Danaé*, qui passe pour le chef-d'œuvre du Titien, est également emprisonné. Voilà huit ans qu'on le cache à tous les yeux. Le directeur du Musée n'a pas le droit de le montrer. Il faut pour qu'on soit admis dans le cabinet où la *Danaé* est cloîtrée, un ordre exprès du ministre, et le ministre n'en délivre jamais.

Le crime de ces deux merveilles est d'être vêtues à la mode des nymphes. La Vénus se dévoile aux yeux de Pâris, Danaé attend Jupiter. Voilà, après quelques milliers d'années, la mythologie frappée d'ostracisme par le gouvernement napolitain.

Dans quel pays, bon Dieu, la pudibonderie va-t-elle se nicher!

CERCLE ARTISTIQUE D'ANVERS.

I

Août 1861.

Vous n'attendez pas, je l'espère, le complet détail des fêtes que le Cercle artistique et la ville d'Anvers, se prêtant un aimable et mutuel concours, ont offert aux étrangers, qui ont répondu à leur appel. Le programme seul de ces fêtes, qui n'ont pas duré moins de quatre jours, tiendrait largement une grande colonne. Et puis, s'il faut tout dire, à moins d'être doué du don d'ubiquité, il m'eût été complétement impossible de suivre, heure par heure, le torrent de cérémonies, de travaux et de destructions qui a tout à coup rempli la vieille cité de Rubens et de Van Dick de fanfares, de feux d'artifice, de discours, de danses et d'illuminations.

On parlait beaucoup, au moment où j'ai quitté Paris, des illuminations du parc Monceaux, et ceux qui en avaient admiré les flamboyantes et passagères splendeurs affirmaient que rien de si merveilleux n'avait été, jusqu'alors, offert à l'admiration des curieux. On allait à ce propos jusqu'à ressusciter les récits des *Mille et une Nuits* et à rappeler le souvenir du fabuleux calife Aroun-al-Raschid. La ville de Paris est si complaisante, si maternelle pour ses enfants ! Pourquoi un jour ne leur ferait-elle pas croire qu'ils habitent Bagdad, cette ville chimérique où la justice se promenait la nuit !

Eh bien ! malgré les merveilles entassées sous les ombrages du vieux parc, je doute que Paris ait jamais présenté le spectacle d'Anvers se livrant tout entière aux artistes, aux gens de lettres, aux savants qui la visitaient. Il en était venu de la France, de l'Angleterre, de la Hollande, des vingt-royaumes de l'Allemagne, de la Suède, du Danemark, de l'Espagne et de l'Italie. Ils rentreront chez eux éblouis; surtout ils y retourneront émus et reconnaissants.

Ça été vraiment pendant quatre fois vingt-quatre heures la fête de l'hospitalité.

La pensée première de cette solennité appartient à la Société artistique, littéraire et scientifique d'Anvers. C'est au mois de mai qu'elle a été conçue, c'est au mois d'août qu'elle a été exécutée. Tout le monde y a apporté son contingent d'efforts, de zèle, de dévouement, et la fête est restée jusqu'au bout une œuvre essentiellement individuelle, une chose due à l'initiative indépendante des citoyens. Ce caractère elle l'a conservé jusqu'au bout.

Je ne puis pas, je l'avoue, ne pas être touché de cette spontanéité et de cette vigueur que conserve la vie municipale en Belgique. Elle a la séve et l'ardeur des anciens jours; telle elle était au temps où elle faisait sentir la puissance des communes à l'empereur Charles-Quint, telle elle est encore, hardie, convaincue et persévérante. Puisse-t-elle rester ainsi longtemps et toujours! C'est par là que la Belgique offre au monde étonné le spectacle rare d'un gouvernement populaire et d'une liberté forte. S'il se glisse un grain d'envie dans cette admiration qu'elle inspire à beaucoup de ceux qui la visitent, c'est qu'apparemment la perfection n'est pas le fait de tout le monde. Heureux les satisfaits!

Pour organiser cette fête, les membres de la Société n'ont donc eu recours ni au gouvernement, ni au ministère, et s'ils ont accepté le concours de la municipalité, c'est qu'à Anvers chacun vit bien avec le bourgmestre et le conseil de la ville. Vous voyez que les surprises naissent ici à chaque pas.

Les invitations lancées, il s'est trouvé un matin que la superbe reine de l'Escaut avait trente mille habitants de plus. On comprend qu'un si grand concours de monde ne pouvait pas arriver de Paris ou de Milan, de Londres ou de Berlin seulement. La plupart des visiteurs appartenaient à la Belgique, qui avait envoyé des milliers de gardes civiques au concours du tir national. On a parlé et on a tiré de la poudre pacifiquement, on a discuté des questions de l'ordre intellectuel et on a distribué des prix aux plus adroits tireurs. Chaque chose avait son heure et son rang et chacune a eu ses héros.

Pour vous donner une plus juste idée du nombre et de la diversité des amusements et des occupations auxquels les étrangers étaient conviés, je choisis au hasard dans le programme des quatre jours et je copie. Voici, par exemple, le troisième jour, avant-hier lundi :

A huit heures et demie, réunion au cercle; à neuf heures, inauguration des peintures murales de l'église Saint-Georges; à dix heures, séance solennelle et publique du corps académique d'Anvers, visite au musée; à onze heures, festival d'harmonie, cortége des sociétés, place Verte; à onze heures et demie, service religieux et solennel à l'église Notre-Dame; à une heure, ouverture du congrès organisé par la section des arts plastiques du cercle; à deux heures, concours de romances flamandes, cortége des sociétés; à quatre heures, jeux nautiques au bassin; à huit heures, grande fête musicale organisée par la section de musique du cercle; à huit heures et demie, bal populaire à la place Verte.

Et remarquez, s'il vous plaît, que je transcris.

Or chaque jour avait son programme. Dans l'impossibilité de tout voir, il a fallu choisir. Ceux-ci ont été pour le congrès, ceux-là pour les régates.

L'idée toute pacifique d'un congrès où seraient discutées et élucidées certaines questions qui sont du domaine intellectuel a inspiré ces fêtes. Le congrès dominait donc tout. Le congrès était la chose sérieuse. C'était, au milieu de ces plaisirs et de ces merveilles prodiguées, comme un fruit dans un bouquet de fleurs.

Le programme des questions qui devaient être débattues au congrès se partageait en trois séries qui ont été l'objet des travaux d'autant de sections : questions d'intérêt matériel, questions d'intérêt artistique, questions d'intérêt philosophique. La séance d'inauguration du congrès a été ouverte par quelques paroles excellentes de M. Franz Loos, bourgmestre de la ville d'Anvers, qui a fait ressortir l'utilité de ces réunions et l'influence qu'elles peuvent exercer sur l'esprit public.

Un instant on a pu craindre que le congrès ne disparût dans le brouillard des synthèses.... Quelques sages paroles et un vote intelligent l'ont ramené dans la voie des discussions pratiques.

La question de la propriété littéraire et artistique, entre autres, a été posée et défendue éloquemment par MM. le baron Taylor, Jules Simon et Gudin. Si elle n'a pas été résolue dans le sens affirmatif, elle n'a pas été non plus repoussée. On l'a réservée.

Pour vous donner une juste idée de l'importance de ces débats auxquels ont pris part un grand nombre d'orateurs, qu'il vous suffise de savoir que M. Vervoert, député de la ville d'Anvers et président de la Chambre des représentants du royaume, et M. Rogier, ministre de l'intérieur, à qui la présidence d'honneur du congrès avait été réservée ont demandé l'un et l'autre la parole et l'ont gardée un assez long temps.

Ils avaient des doctrines à faire prévaloir, des idées à émettre, et l'insistance, la chaleur, la durée de leur double improvisation prouvent assez quelle place tient dans les mœurs libres de la Belgique la question d'art et de science. L'intervention de ces deux orateurs éminents dans le débat est un hommage public rendu au droit d'examen et de discussion.

La pratique de ce droit a été considérée quelque temps en France comme un élément nécessaire à la vie intellectuelle d'un peuple.

Les débats en assemblée publique ou au sein des sections ont duré deux jours; ils se prolongent même encore aujourd'hui. Il m'a semblé que si les Français se prononçaient en majorité pour le principe de la perpétuité en matière de propriété intellectuelle, ce principe était repoussé par les Allemands

Est-ce encore un symptôme d'antagonisme entre les deux peuples que sépare le Rhin ?

M. Rogier a fait remarquer que cette question, traitée autrefois au congrès de Bruxelles et résolue alors négativement, n'était pas inscrite sur le programme du Cercle artistique auquel on devait l'initiative du congrès d'Anvers. Elle a donc été écartée, ou, pour mieux dire, ajournée par l'assemblée générale.

Mais tandis que les paroles les plus sages ou les plus animées retentissaient dans la salle de la Cité, la ville d'Anvers, ses places, ses quais, ses promenades, tout remplis d'un mouvement joyeux, montraient ce que peut l'esprit municipal dans sa libre expansion.

La foule était dans les rues, on dansait sur la place Verte, on allumait des lampions par milliers, on lançait des fusées par centaines, on couronnait la flèche de la cathédrale de feux de Bengale, on organisait des danses populaires à toutes les portes et je n'ai pas vu plus de quatre gendarmes en quatre jours.

Les miracles de l'hospitalité belge ont commencé aux frontières, où les employés des chemins de fer et les douaniers se confondaient en bonne grâce pour faire de ce petit voyage une promenade. Les chemins de fer avaient réduit leur prix de moitié, les douaniers auraient cru se déshonorer s'ils avaient ouvert une malle ou un portefeuille. C'était beaucoup déjà, mais ce n'était rien auprès de l'hospitalité qui nous attendait à Anvers.

La ville s'est en quelque sorte donnée. Il était clair que les hôtels ne pourraient pas loger tout le monde; un grand nombre de maisons s'étaient donc ouvertes pour recevoir les étrangers; mais ces maisons, où l'on était reçu comme autrefois les voyageurs au foyer d'un Athénien, ne suffisant pas, la municipalité a fait organiser des caravansérails dans l'Institut commercial, l'Athénée et l'École moyenne. La propreté flamande avait présidé à ces installations provisoires.

Maintenant promenons-nous, s'il vous plaît, au travers des rues. Je ne vous parlerai pas, rassurez-vous, de la cathédrale et du musée; il y a de tels chefs-d'œuvre, que c'est une preuve de goût de se taire en les admirant; mais le hasard d'une excursion nous fera rencontrer çà et là ces traits qui donnent leur relief aux mœurs locales. Pour connaître Anvers cette fois, il suffit de suivre le premier cortége qui passe, musique en tête et bannière au vent.

Un perpétuel sujet d'étonnement, c'est la quantité de musiques que peut renfermer une ville belge. Où donc a-t-on pu trouver, avec tant d'instruments, tant de personnes qui savent en jouer? Les orchestres passent en remplissant l'air du bruit de mille fanfares, et, tandis qu'ils s'éloignent, voici que de nouvelles fanfares éclatent au bout de la rue.

Ce ne sont que cortéges qui défilent au son des trompettes et des hautbois. La musique marche en première ligne; sur le flanc de la colonne dansent et sautillent des groupes de jeunes filles qui se tiennent par la main; le cortége vient ensuite accompagnant les dignitaires qui portent majestueusement les bannières de la Société. Çà et là d'autres dignitaires promènent au bout de longues perches, rehaussées d'enjolivements ou sur des coussins de velours, les prix offerts aux vainqueurs, montres et couverts d'argent, pendules sous leurs globes de verre, et timbales reluisantes, flambeaux et fusils d'honneur tout battants neufs.

Chaque cortége représente une Société. Et quel homme en Belgique n'appartient pas à une Société! C'est ici la coutume de se grouper, et nul ne manque à cette sage coutume. Que d'autres rient de ces vieux usages pieusement conservés, on me permettra de n'en pas avoir le triste courage. Rien de plus honnête et de plus fertile en bons résultats. L'on se réunit pour tirer de l'arc ou de la carabine, pour élever des oiseaux ou cultiver des fleurs, pour apprendre à chanter et faire de la musique; on se connaît, on s'apprécie; des liens d'estime et d'amitié se nouent; on n'est plus un individu, on est un associé; on n'est plus seul, on a des compagnons, des amis. On s'était groupé en vue d'un plaisir éphémère ; viennent les mauvais jours, on s'entr'aide, on se console, on se soutient.

Ce que les uns font pour le tir de l'arc, d'autres d'un esprit plus cultivé le font pour les lettres, les arts, les sciences ; tous y gagnent ; l'association est en bas et en haut. Elle habitue les citoyens à des devoirs en même temps qu'elle leur constitue des droits ; elle leur enseigne à se gouverner sans l'aide et la main du pouvoir, à vivre loin de son patronage, comme ils se sont groupés par leur seule initiative. Cela fait qu'ici chacun est majeur, dans l'acception virile et sociale du mot, si bien que la nation, en Belgique, est comme un grand réseau dont chaque maille a sa vie propre et sa vie particulière, sa raison d'être, sa vertu. Ce n'est plus une agglomération de grains de sable.

Et l'on sait ce que les coups de vent font du sable !

Il est vrai qu'en Belgique les individus se groupent et s'associent librement, à la seule condition de ne pas gêner autrui.

Le congrès a été précédé par un service divin célébré dans la cathédrale par le recteur magnifique de l'Université de Louvain, protonotaire apostolique. Tel est le titre officiel de Mgr de Raam, qui a officié en habits épiscopaux, avec la mitre et la crosse.

S'il m'était permis de rappeler un souvenir d'art à propos des fêtes de la religion, je dirais que le recteur magnifique de l'Université de Louvain, avec sa haute taille, sa belle tête, sa majesté et dans tout l'éclat de son costume sacerdotal, m'a fait penser à ces mages superbes que le pinceau des vieux peintres a éternisés sur un pan de toile.

L'élite de la population et les étrangers, précédés par le bourgmestre et les échevins, ont assisté à cette cérémonie, que les chefs-d'œuvre de Rubens rehaussaient de leur éclat.

C'est aussi, il me semble, une coutume anglaise que ce mélange de la religion aux choses de l'intelligence. La coutume est bonne. Quand l'homme s'apprête à étudier les plus hautes questions de morale, il n'est pas mauvais qu'il se rappelle qu'il y a un Dieu dont toute chose et tout esprit découle.

Un spectacle encore qu'il n'est pas donné aux Parisiens de voir, si ce n'est sous les portiques de la Madeleine, c'est une procession. Nous avons eu cette cérémonie dimanche, dans l'après-midi.

La procession de Notre-Dame s'est promenée un peu partout, en grand appareil, avec un luxe éblouissant de bannières, précédée et fermée par la troupe de ligne. Une grande foule stationnait sur le passage du cortége. Un autel avait été dressé sur la place de Meir. Le curé de Notre-Dame a donné la bénédiction du pied de cet autel, décoré avec toute la pompe que comporte le culte catholique. En ce moment beaucoup de personnes se sont mises à genoux sur le pavé et toutes les têtes se sont inclinées.

J'ai eu l'occasion de voir souvent ces fêtes religieuses dans le Midi, elles ne pouvaient donc pas me surprendre ; mais pour des Parisiens, race ironique, ces fumées de l'encens, ces longues files de cierges allumés, ces fleurs jetées sur les pas de la procession, cette image de la Vierge couverte de pierreries et de vêtements d'or, ces chants, ce dais éclatant qui protége le saint sacrement, ces bannières de velours chargées de broderies éclatantes, ce peuple agenouillé, en pleine lumière du jour, tout cela forme un ensemble saisissant qui peut émouvoir les plus railleurs d'entre les fils de Voltaire.

Peu d'heures auparavant, et sur cette même place de Meir, j'avais rencontré le cortége des Sociétés pour le tir de l'arc. Que dirait-on à Paris, rue de la Chaussée-d'Antin, d'honnêtes citoyens qui marcheraient l'arc à la main, le carquois sur l'épaule, au son de la musique? Heureux peuple que celui qui a le sentiment de la tradition! Il respecte son passé et il prépare son avenir.

Ce même jour, à quatre heures, les habitants de la ville ont offert un banquet aux étrangers de distinction dans la salle du théâtre des Variétés. Il n'y avait pas moins de douze cents couverts ; et l'ordre a été parfait comme le service.

La série des toasts a été ouverte par le bourgmestre M. Frantz Loos, qui a bu à la santé du roi Léopold, ce prince qui a consacré ses efforts, son intelligence, sa vie à la prospérité de la libre Belgique.

La libre Belgique! Cela n'est rien, cela ne fait que trois mots, et le nombre a été grand des personnes que ces trois mots ont émues profondément. Que de pays encore où ces quelques syllabes ne pourraient pas se rencontrer sans insulter à la vérité! Serait-on bien venu, par exemple, à dire la libre Chine ou la libre Tartarie?

M. le baron Taylor, en quelques mots partis du cœur et dits avec cette conviction, cette jeunesse de langage, cet élan dont il conserve le secret sympathique, a porté la santé des Anversois et les a remerciés de l'accueil qu'ils ont fait aux délégués des arts et des lettres.

Vous avez été les premiers, vous ne serez pas les derniers, a-t-il dit.

Puisse la prophétie de M. le baron Taylor se vérifier! Ces voyages, ces fêtes, qui font se rencontrer des hommes dispersés sous tant de latitudes, ces congrès, où les plus hautes questions sont discutées en diverses langues, jettent partout des semences de paix qui germeront, si Dieu le veut. Ce sont des jours qu'il faut marquer d'une pierre blanche, des jours qui effacent bien des préjugés et font naître bien des sympathies.

Chemin faisant, dans cette ville qui a conservé tant de traces vivantes du passé, types espagnols dans la population, maisons du dix-septième siècle dans les rues, il m'a semblé qu'Anvers entrait aussi dans la voie des démolitions et des embellissements. Des rues trop étroites sont abattues, des quartiers s'élèvent, des avenues s'ouvrent, la ville gagne dans la campagne. Anvers aura son bois de Boulogne et ses Champs-Élysées dans le voisinage de la chaussée de Berchem. Mais, chose bizarre, le conseil municipal n'entreprend rien sans avoir consulté les finances de la ville, et quand on jette par terre une rue, le bourgmestre, les échevins et les habitants sont en parfait accord.

La voie ferrée qui va de Bruxelles à Anvers nous a fait voir un grand nombre d'ouvriers ouvrant des tranchées et partout bouleversant la campagne. On nous a dit qu'il s'agissait du camp retranché qui doit couvrir Anvers. Ce camp retranché est pour la Belgique ce que sont les frégates cuirassées pour la France et l'Angleterre, l'*ultima ratio*.

C'est pour la Belgique une affaire de 40 millions, disent les devis, de 80 ou de 100, disent les économistes. Chacun ici a peur que les économistes n'aient raison. Quelle pluie de boulets ce camp retranché ne fait-il pas prévoir dans l'avenir! Il est vrai qu'il ne sera terminé que dans quatre ans.

C'est une chose à remarquer qu'on se massacre un peu partout aussitôt que l'on parle de fraternité et que l'on se hâte de fondre des canons rayés dès qu'il est question de paix universelle.

Comme compensation à ce terrible camp qui doit protéger une armée dans son enceinte, il paraît certain qu'on va démolir le fort d'Hérenthals et convertir les fossés que remplit l'Escaut en promenades et en rues. L'enceinte du fort deviendra un parc. Déjà on bâtit sous son canon des villas qui rappellent celles de l'avenue de l'Impératrice.

Mais on a bien garde de toucher à la citadelle.

Le récit des fêtes qu'Anvers a réunies dans le court espace de quatre jours ne serait pas complet, si on ne faisait mention d'un festival splendide, avec illuminations et feu d'artifice, dans les jardins de la Société royale d'harmonie, d'un concert dans la salle du théâtre Royal, et d'un bal au théâtre des Variétés.

Beethoven, Mozart, Pisiello, Mendelssohn-Bartholdy, Rode et Hændel ont fait les frais du concert; Mlle Artot, que l'on a entendue à l'Opéra de Paris; un rival de Vieuxtemps, M. Joachim, directeur des concerts de S. M. le roi de Hanovre, M. Valsavani, baryton du théâtre de la Reine à Londres, ont interprêté ces maîtres. Les dames d'Anvers s'étaient réservé la partie chorale. Elles ont voulu acquitter la dette de l'hospitalité et n'ont pas eu en retour la moins large part de succès.

Un mot encore. Il m'a été donné de voir un tableau de Rubens à peu près inconnu, un tableau qui ne le cède à aucun des plus fameux, authentique et signé, et que jamais la gravure, le crayon, le pinceau n'ont reproduit. Il est resté dans la même famille depuis une longue suite d'années, et bien qu'un connaisseur célèbre en ait offert 200 000 fr., il y restera probablement toujours. M. de Knyff, auquel il appartient par droit de succession, a bien voulu ouvrir à quelques Français les portes du sanctuaire où resplendit ce chef-d'œuvre. Sanctuaire est ici le mot. Le tableau de Rubens y demeure dans une complète et superbe solitude. Le cadre est encore dans la caisse où des mains prudentes l'avaient renfermé, en 1794, lors de l'invasion des Français. Depuis lors, est-ce prévision, est-ce plus simplement habitude, il ne l'a plus quittée.

On ne connaissait jusqu'alors, il me semble, que deux tableaux de Rubens signés, l'un au musée de Dresde, l'autre au musée de Madrid. Celui de M. de Knyff est le troisième. Il porte la date de 1614. A gauche, un paysage d'un goût magistral; à droite, un groupe de trois personnages, une nymphe accroupie sur une draperie rouge, un amour qui cherche à se cacher dans des voiles, et un faune.... voilà ce tableau peint sur bois. Les figures sont de grandeur naturelle.

On assure que le faune c'est Jupiter et que la nymphe c'est Antiope. Mais qu'importe la scène mythologique que le pinceau éclatant du peintre a traduite pour la postérité? Ce qui frappe d'étonnement, ce qui captive l'attention, ce qu'on ne se lasse pas d'admirer, c'est la magnificence du coloris, le relief, l'éclat, la vérité des chairs, la largeur de la composition, le mouvement, la vie qui animent cette œuvre et lui donnent sa place entre les tableaux les plus fameux du maître.

Même après le musée de Bruxelles et le *Martyr de saint Liéven*, même après le musée d'Anvers et *la sainte Famille*, même après la cathédrale et la *Descente de la Croix*, voir *l'Antiope* de M. de Knyff est une bonne fortune. Rubens lutte avec Rubens.

Mais que de choses ne découvrirait-on pas en Belgique si l'on entrait dans ces demeures contemporaines du duc d'Albe! Dans cette même maison de la rue Courte-Neuve, j'ai vu des tapisseries signées, faites par ces mêmes ouvriers qui, depuis, ont fondé en France la fameuse manufacture des Gobelins. Elles sont dans les mêmes panneaux pour lesquels on les a tissées : leur coloris a conservé tout son éclat, toute sa fraîcheur ; ce sont des Téniers et des Van Ostade en peintures murales.

Mais voilà que j'oubliais l'Exposition ouverte par la Société royale pour l'encouragement des beaux-arts. Il y avait là un très-grand nombre de tableaux des peintres les plus distingués de la France et de la Belgique, et, parmi ces derniers, deux toiles du mérite le plus élevé signées par M. Leys. Ce nom dit tout. Il représente l'une des gloires les plus incontestables de la Belgique.

Les fêtes d'Anvers n'auraient pas été complètes si on n'avait eu la promenade du Géant.

Ceci est encore une tradition du vieux temps, une coutume locale dont l'origine remonte aux époques les plus éloignées de l'histoire d'Anvers ; chaque année, au mois d'août, on renouvelle ce spectacle. Il m'a semblé assister, tout éveillé, à l'une de ces fêtes bizarres dont les chroniques chères aux romantiques d'avant 1830 racontent les populaires fantaisies.

A deux heures, Anvers était en liesse, pour parler le langage de ces mêmes chroniques. Toutes les rues par lesquelles devait passer le cortége se remplissaient d'une foule compacte et curieuse ; aux balcons mille têtes, aux fenêtres mille drapeaux. Enfin le cortége apparaît sur la place de Meir, dont la vaste étendue se prête aux mouvements de la multitude. Des cuirassiers le précèdent et lui ouvrent un passage, suivis de mousquetaires à cheval.

Voici d'abord une baleine monstrueuse que conduit un triton. Deux énormes chevaux ont peine à la traîner. Par ses évents, la baleine lance des torrents d'eau dont le triton dirige les jets sur la foule. Tous les parapluies s'ouvrent, mais les parapluies, si grands qu'ils soient, ne protégent pas tout le monde, et la plupart des curieux sont inondés. On court, on fuit, on recule, on avance au milieu des jets capricieux poussés par la baleine, et mille cris accompagnent ce déluge aérien.

Derrière le monstrueux poisson marchent deux jeunes dauphins montés par des amours, puis viennent des barques gouvernées par des rameurs qui ne cessent pas d'agiter leurs avirons, un brick pavoisé, toutes voiles dehors, avec un équipage de jeunes matelots auxquels on distribue force dragées et bonbons; la géante, casque en tête et pique à la main, drapée de rouge et de blanc, traînée par quatre chevaux carapaçonnés, et le géant en costume de dieu Mars, dans une attitude formidable, le sabre au côté, la cuirasse sur le dos, le poing sur la hanche, et agitant sa tête colossale ombragée de panaches.

Est-ce fini? Non. Derrière le géant, dont les mains coupées sont restées dans les armes d'Anvers — *Antwerpen* — avance un char magnifique et d'autres navires tout chargés de banderoles et de drapeaux. Ombre de Pierre Gringoire, où étais-tu?

Je ne terminerai pas ce récit d'une fête, qui laissera de longs souvenirs dans l'esprit de tous ceux qui en ont suivi les élégantes tranformations, sans payer un tribut d'hommage et de gratitude aux citoyens d'Anvers. Jamais hospitalité ne fut plus gracieuse et plus large, plus empressée et plus sincère, plus généreuse et plus sereine. Paris peut être à bon droit fier de son étendue, du nombre et de la splendeur de ses monuments : jamais Paris, malgré la richesse de ses ressources, ne pourra faire ce qu'Anvers a fait. C'est que l'esprit et le goût, si fins qu'ils soient, ne remplacent pas une certaine bonhomie qui vient du cœur.

Pour moi, je me rappellerai toujours avec un souvenir reconnaissant quel accueil cordial un homme aimable, M. L. Vercken, secrétaire de la chambre de commerce, m'a fait dans sa charmante villa du boulevard Léopold. Et ce souvenir, j'en suis sûr, M. Jules Simon et M. de Fontenay, ses hôtes et mes compagnons de voyage, ne le perdront pas plus que moi.

LES COURSES D'EPSOM.

Londres, le 5 juin 1862.

Il est bien difficile de se trouver à Londres le jour fameux où le grand Derby est disputé aux courses d'Epsom par la fleur des chevaux anglais sans prendre sa part de la folie universelle. J'ai donc suivi le torrent.

Ne prenez pas le mot au propre; il est ici au figuré; le torrent marche au pas. Il n'y a que le chemin de fer qui va vite, toujours et quand même.

On saisit mieux parfois le caractère d'un peuple, ses instincts, ses goûts, ses habitudes, quand on le surprend au milieu des manifestations spontanées de sa joie, en pleine ivresse, que lorsqu'on l'étudie dans le déploiement de sa force et le mécanisme officiel de ses institutions. Et puis il m'a paru que les courses d'Epsom étaient une fête nationale bien plus qu'un exercice équestre. C'est à ce titre que je vous en parle. N'oubliez pas d'ailleurs que la

Bourse est fermée ce jour-là, et que si le Parlement s'avisait d'ouvrir ses portes solennelles, le noble édifice courrait le risque de n'avoir dans son enceinte que les huissiers, et encore!

On m'a dit que deux cent treize chevaux avaient été engagés pour le Derby, que sur trente-huit chevaux inscrits, trente-deux avaient couru, que le favori avait perdu, comme cela se voit si souvent, que le vainqueur de l'illustre *Marquis* s'appelle *Caractacus*, et que l'heureux possesseur de ce héros est M. Snewing; on ajoute que le prix officiel est représenté par le chiffre de 6777 liv. st. (à peu près 170 000 fr.), et que, dans un bel élan d'enthousiasme, le maître de *Caractacus* a gratifié le jockey qui montait ce cheval, désormais célèbre, d'une rente viagère de 200 livres sterling (5000 francs). Le jockey s'appelle, m'a-t-on dit, Parsons. Heureux Parsons!

Que d'hommes éminents à qui toute une vie d'efforts et de vaillants travaux n'en mériterait pas autant; mais la fortune est femme, pourquoi n'aurait-elle pas ses fantaisies?

On a beaucoup salué et beaucoup admiré *Caractacus* sur le champ de course. Je crois même qu'on l'a un peu embrassé, mais surtout on a beaucoup bu à son immortalité.

Une heure avant sa victoire, ce pauvre cheval méprisé était offert par les parieurs à 15 contre 1000, c'est-à-dire, pour parler un langage plus clair, que ceux qui acceptaient le marché risquaient 15 livres en cas de perte contre 1,000 qu'ils recevaient en cas de gain.

J'imagine que M. Snewing doit être un petit Crésus aujourd'hui.

Dès la veille du grand jour, toutes les imaginations étaient surexcitées; on ne parlait que du Derby le marchand et le garçon de café aussi bien que les sportmen de profession. On voulait aller au Derby et y aller quand même. C'était là l'unique conversation, qui tuait toutes les affaires. On ne passait pas sur un trottoir, on ne montait pas sur un omnibus, on n'entrait pas dans une boutique, après être sorti d'un salon, sans entendre tomber ces deux syllabes fatidiques de toutes les lèvres. Ce simple petit mot de cinq lettres, le Derby, prend dans les bouches anglaises un accent, un caractère, une expression que rien ne peut rendre. Elles le prononcent avec respect, avec une sorte d'exaltation intérieure qui n'a pas d'équivalent dans notre langue. On sent que le cœur se gonfle et que l'esprit s'échauffe à mesure que les lèvres en font éclater le son vénéré.

Et franchement le Derby est une institution qui a ses héros et ses martyrs, aussi bien que sa règle et ses traditions.

Donc, hier matin, Londres avait une physionomie que la grande ville n'a pas tous les jours; Londres, où les affaires commencent tard, était en mouvement avant l'heure accoutumée ; ce n'était partout que voitures de toutes sortes, cabs, breaks, mails, brougham, calèches, dog-cars, landaux, victorias qui se rendaient déjà tout peuplés vers la Tamise ou qui cherchaient leurs maîtres. Un tourbillon de roues, un fleuve de chevaux !

Au milieu de cette gigantesque caravane qui défilait sur trois ou quatre lignes, des omnibus menés à grandes guides et chargés d'une population nombreuse, se frayaient un passage, comme de lourds vaisseaux au milieu d'une volée de frégates et de corvettes.

On sait la mode anglaise ; les aristocratiques mails, qui passaient entraînés par quatre chevaux montés à la Daumont, portaient leurs maîtres en dehors sur les siéges ; les valets étaient assis dans l'intérieur. Eux seuls avaient l'air mélancolique.

A côté de ces brillants équipages, se glissaient de légers chariots, de petites voitures, presque des brouettes que traînaient audacieusement de vigoureux petits poneys. Ces braves petites bêtes semblaient tout heureuses d'aller à Epsom en compagnie de si nobles chevaux. On aurait dit des mirmidons armés à la suite des titans et combattant pour la même cause.

Les brasseurs et les charbonniers avaient, eux aussi, envoyé leur contingent de voitures : des chevaux pareils à des éléphants! des voitures semblables à des maisons! J'ai compté quarante-quatre personnes à bord de l'un de ces monuments à quatre roues !

Grand Dieu ! si l'un deux était venu à chavirer!

Le plus singulier était la prodigieuse quantité de paniers et de caisses qui garnissaient toutes les voitures. Pas un cab qui n'eût les siens prudemment et vaniteusement attachés à la partie la plus en évidence. Les plus remarqués étaient les plus gros. Et il y en avait de toutes les tailles. Un léger cab, garni de rideaux de gaz rose et habité par deux misses en robes de mousselines blanche, a été salué au passage. Il portait cinq paniers.

On s'effrayait à la pensée que tant de comestibles devaient être dévorés par de simples hommes.

Il y avait des endroits où trois ou quatre rues, aboutissant tout à coup dans l'artère principale, jetaient de nouvelles roues et de nouveaux brancards au milieu de ce flot de véhicules s'effleurant par tous les bouts. On pouvait redouter un cataclysme; il n'y avait même pas un choc. Les quatre rivières se fondaient dans le fleuve, et tout marchait vers Epsom d'un pas égal.

Cependant le long de la route deux haies de curieux — des Anglais curieux! — saluaient l'interminable cortége; les petits enfants eux-mêmes regardaient ; ils avaient, ma foi, l'air de comprendre de quoi il s'agissait, et leurs lèvres roses s'efforçaient, entre deux tartines, de bégayer le mot sacramentel : *Derby !*

Les portes des maisons, les fenêtres de ces délicieux cottages semés à profusion aux environs de Londres étaient ouvertes, chose rare, et, chose plus rare encore, les familles qui les occupent se faisaient voir, publiquement assises sur des bancs, à l'ombre des maronniers et des acacias. Le père, la mère, les jeunes filles, les babys, les amis, les grands parents, les petits cousins, tous étaient là. Ceux-là croquaient des muffins, celles-ci cachaient leurs fronts blancs sous des ombrelles. On n'avait rien à faire nulle part : c'était le Derby !

Tout le long de la route, sur les bas côtés, des enfants, de jeunes garçons, — à Paris je dirais des gamins, — barbouillés de noir, de bleu, de rouge selon le goût de chacun, s'efforçaient d'attirer l'attention des passants par leurs cris et leurs cabrioles. Un des grands divertissements des voyageurs était de jeter quelques pence au milieu de cette jeunesse en guenilles. Quelle triste bataille alors dans la poussière !

Je viens d'écrire un mot que je ne rétracte pas. Un vieil Anglais m'a dit qu'il n'y avait de poussière en Angleterre que le jour d'Epsom.... quand il ne pleut pas, s'entend. Or on aurait pu se croire hier en Provence, entre Aix et Marseille, sur cette route célèbre où la poussière est immortelle. Deux jours seulement d'une pareille fête, et la poussière triompherait de la verdure anglaise.

J'ai compris alors pourquoi les Anglais qui vont à Epsom portent tous des voiles de gaze; j'ai moins compris, par exemple, pourquoi ils gardent tous ces voiles enroulés autour du chapeau.

La bizarrerie a toujours un petit coin par où elle se montre dans ce pays.

Quelquefois le torrent s'arrêtait brusquement; c'est qu'il venait de se heurter contre une barrière à péage. Or ces barrières, que la Révolution a balayées du sol français, émaillent les routes anglaises. J'en ai compté trois de Londres à Epsom. Or il y a 18 milles, 6 lieues seulement. On ne murmure pas; on paye et on passe.

Un cottage me frappa tout au sommet d'une côte par son aspect tranquille et souriant. C'était une maisonnette tapissée de lierre et de roses; des chèvrefeuilles et des ébéniers abritaient un groupe de jeunes sœurs, les cheveux enroulés dans des résilles et les bras nus. Une grille de fer ouvragé, derrière laquelle riaient des enfants, séparait un joli jardin de la route. La maison était dans un bouquet: J'ai levé les yeux. Au bout d'une tringle, il y avait sur la vitre rouge d'une lanterne ces deux mots: *Police station*.

Dans ce pays de prairies et de parcs, les postes

de police ont donc aussi quelque chose d'idyléen ? Je me suis souvenu de l'horrible rue de Jérusalem et des postes fortifiés qui *embellissent* Paris.

A mesure qu'on avançait plus loin dans la campagne, on voyait sur toutes les routes et de tous les points du vaste horizon vert accourir d'autres colonnes de voitures qui toutes se dirigeaient vers Epsom.

Et ne croyez pas que les chevaux seuls fussent occupés à porter les voyageurs sur le terrain des courses ! Les convois de chemins de fer se succédaient de quart d'heure en quart d'heure, vomissant sur le gazon des populations sans nombre, sans cesse accrues par de nouvelles populations !

Enfin voilà les tribunes ; on les voit, on y touche, on arrive. On est à Epsom ! Il n'y avait guère que quatre heures qu'on était parti.

Le champ de course d'Epsom n'est pas, comme la pelouse de Chantilly ou la piste parisienne du bois de Boulogne, une plaine unie et sans ondulations. Qu'on se figure une coupe ovale, fortement déprimée dans le sens de la longueur. C'est un vaste champ tapissé d'une herbe fine et drue, l'herbe anglaise. D'un côté les tribunes, de l'autre un plateau de joncs épineux. Çà et là des bouquets d'arbres et des fermes sur la ligne de l'horizon, bouquets et fermes unis et séparés par ces haies charmantes qui égayent partout le regard.

Maintenant remplissez cette coupe immense d'un océan d'êtres humains, chargez ces tribunes de têtes que l'œil est impuissant à compter, dispersez partout en les pressant, roues contre roues, timons sur timons, des milliers et des milliers de voitures de toutes formes, étendez sur les déclivités du terrain des kilomètres de cordes retenues par des piquets auxquelles sont attachées de longues lignes de chevaux, ouvrez des rues faites de tentes et de baraques habitées par des restaurateurs de hasard et des gargotiers d'occasion, amoncelez d'énormes chariots chamarrés de pancartes entre lesquelles crient et gesticulent des tribus de saltimbanques et de bateleurs, semez çà et là des jeux inconnus et des tirs à l'arc, promenez dans tous les sens des familles de bohémiens en guenilles et chargés d'enfants en loques, répandez au hasard des escadrons d'ânes et de petits chevaux ébouriffés et velus qui traversent la plaine au galop, piquez la pelouse de petites tentes dont les murs de toiles palpitent au vent, improvisez de tous côtés, sur le gazon et sur la plupart des véhicules, mille déjeuners, mille lunch, mille festins homériques, pressez contre des bataillons de curieux les chaînes de fer qui limitent la piste, éclairez la campagne d'un soleil éclatant, jetez dans ces marées d'hommes un mouvement et une animation qui a son flux et son reflux, et vous aurez à peu près une idée de ce spectacle.

Rien de pareil ne se voit nulle part, je crois.

Et la gendarmerie, et la force armée, et les sergents de ville, me direz-vous peut-être? Permettez, nous sommes en Angleterre. Il n'y a pour représenter l'autorité que quelques policemen, la plupart à pied, en habits bleus boutonnés, en chapeaux ronds. Ils vont et viennent d'un air tranquille l'œil à tout cependant, et laissant à la foule le soin de se bien conduire. Et la foule se conduit bien.

Un grand mouvement, quelque chose d'inexplicable, un souffle magnétique me fit comprendre que l'heure du Derby allait sonner. La multitude répandue sur le terrain de la course se fendit comme un manteau qu'on déchire, un cavalier en habit rouge se montra sur le gazon et bientôt on vit paraître l'escadron des rivaux.

Quelques galops d'essai les dispersèrent au loin, puis on les vit se diriger un à un ou par groupes vers le point de départ. Une minute après un grand tumulte et un grand hurrah avertirent la foule que la course était commencée.

Un silence profond succéda à ce tumulte d'un instant.

Puis on vit les jockeys profiler leur silhouette rapide sur le plateau que traverse la piste; ils se rapprochent des tribunes, ils passent.... une clameur formidable retentit tout à coup : le Derby est fini.

Un numéro gigantesque, le n° 17, est affiché contre un poteau qui fait face à la grande tribune, et voilà peut-être 100 millions perdus et 100 millions gagnés.

Ne croyez pas que j'exagère. J'ai entendu parler sur le champ de course d'un lord, lord S..., je crois, qui a perdu deux millions à lui tout seul, deux millions de francs, j'espère.

La foule, immobile tout à l'heure, ondule comme si un grand coup de vent en agitait les flots, et se rue vers le poteau devant lequel le vainqueur a passé comme une flèche. Les chevaux reparaissent entourés, portés en quelque sorte par un flot tumultueux d'admirateurs passionnés. Des regards attendris, des regards courroucés consolent ou gourmandent *Marquis*, des regards enflammés par l'enthousiasme admirent, contemplent, caressent *Caractacus*. Qui ne sera fier ce soir, en rentrant dans sa famille, de dire : J'ai vu, j'ai touché *Caractacus!* je lui ai parlé!

La multitude met un long temps à rentrer en possession d'elle-même. De telles secousses, une fois imprimées, sont lentes à s'effacer. Et puis il faut compter. Combien de guinées qui s'envolent en essaims! que de fortunes ébréchées! Un flot d'or a changé de poches. Cependant des pigeons lâchés pour porter la grande nouvelle à tous les clubs de l'Angleterre partent, et, après avoir tracé de grands cercles dans le ciel, disparaissent à tire-d'aile à tous les points de l'horizon.

D'autres courses succèdent au Derby, mais c'est comme un vaudeville après la comédie illustre, une ariette après un opéra. Il n'y a plus de place dans les cœurs anglais pour l'émotion. Les dilettanti en matière de sport viennent même de partir; mais que vingt mille personnes s'en aillent, est-ce que cela paraît!

C'est en ce moment que j'ai compris l'utilité, que dis-je? la nécessité de ces paniers et de ces caisses dont je vous palais tout à l'heure. Hélas! ils ont été presque trop menus pour satisfaire ces formidables appétits. On déjeunait avant le Derby; on déjeunait encore après. La fourchette un instant négligée venait d'être reprise, et l'on sait avec quel entrain! On buvait à l'avenant.

Je me souviens d'une pièce durant laquelle le vaillant Frédérick-Lemaître disait d'une voix qui résonne encore dans l'oreille de tous les Parisiens : « Et la mer montait toujours! » Je me surprenais murmurant tout bas et sur le même ton : Cependant ils boivent toujours! On ne marchait plus que sur des pattes de homards, des queues de crevettes, des os de poulets, des croûtes de pâtés, des coquilles d'œufs de vanneau, des détritus de jambons et de langues fumées, des goulots de bouteilles. C'étaient les noces de Gamache, un festin de Pantagruel.

Mais un coin sombre de ce tableau montrait, errant au travers des convives repus, et tout affamés dans cette abondance, des êtres hâves, effarés, vêtus de loques percées aux coudes, ouvertes aux genoux, les pieds nus, la tête nue, le cou nu, maigres, chétifs, hideux, et tels qu'on n'en rencontre qu'en Angleterre, qui cherchaient d'un œil inquiet quelque débris de carcasse déjà rongée à mettre sous la dent. Des chiens efflanqués, le ventre creux et la queue basse, ne rampent pas avec plus d'épouvante et de silence. Ils ne se jetaient pas sur l'os abandonné, ces malheureux, ils le dérobaient d'une main avide et tremblante, et il fallait voir alors de quel air ils le dévoraient!

Là était la plaie, là était la tache noire! Mais tout n'est-il pas antithèse dans ce magnifique et singulier pays?

A ce moment de la journée, le terrain d'Epsom avait l'apparence d'un champ de foire; rien n'y manquait, ni les parades, ni les montreurs de bêtes phénoménales, ni les grandes toiles ornées de géantes et de nains, ni les jeux d'adresse ou de hasard. Quelques maquignons douteux faisaient même commerce de petits chevaux. Tout le monde pariait, le lord dans sa tribune, le cocher sur son siége, qui des guinées, qui des sous.

Si longue que soit une fête, une heure vient toujours où il faut qu'elle finisse. Bientôt comme une fourmilière la multitude s'agita dans tous les sens. Le labyrinthe, non, le fouillis des voitures s'éclaircit; on ne rencontrait plus que maîtres et gentlemen cherchant leurs mails, laquais cherchant leurs maîtres, cochers et jockeys en quête de leurs chevaux, chevaux cherchant leurs grooms, omnibus cherchant leurs locataires, et *pick-pockets* cherchant les montres imprudentes qui faisaient voir le bout de la chaîne. On en cueille chaque année un certain nombre sur le champ de course d'Epsom.

L'arrivée s'était faite lentement, le retour se fit plus lentement encore. S'il est vrai, comme me le disait un Anglais, qu'on n'arrive jamais le premier sur la pelouse d'Epsom, quelque soit l'heure matinale où l'on y paraisse, il est vrai aussi qu'on n'en part jamais le dernier. On a beau s'en aller tard il y a toujours quelqu'un qui s'en ira plus tard. Ce dernier n'est même jamais le dernier

N'y a-t-il pas ces justes qui dorment innocemment sur le gazon et qu'on oublie?

On part cependant; le torrent, divisé en plusieurs branches, court, non, rampe de nouveau vers la Tamise. On fait trente pas et on s'arrête cinq minutes, après quoi on recommence. Cela dure cinq heures. Les passagers embarqués à bord des mails et des omnibus sont un peu gais. Ils ornent la ganse de leurs chapeaux de petites poupées qu'on vend par milliers sur le turf. L'art est de varier la pose de ces poupées. On en échange par poignées de voiture à voiture, ainsi que des oranges et des noisettes. On cause de siége à siége. C'est un peu le mardi gras de l'Angleterre; cela rappelle vaguement la descente de la Courtille, du temps où il y avait une Courtille. Il y a tant de choses qui ne sont plus qu'à l'état de souvenir en France !

Pourquoi cette mode de poupées? Personne n'a pu me l'expliquer.

On avance toujours, et cependant les Anglais, étonnés eux-mêmes de cet accès de familiarité, causent avec des voisins qui ne leur ont pas été présentés. C'est une débauche.

Ainsi causant, ainsi recevant et jetant force de poupées et force noisettes, sans se fâcher jamais, riant presque, ce qui est un miracle, criant un peu et se rafraîchissant çà et là dans des tavernes devant lesquelles échouent cabs et calèches, on passe entre deux haies d'Anglais et d'Anglaises, qui sans solution de continuité vont d'Epsom à Londres.... vingt-quatre kilomètres de curieux. Que si l'on disait à un sauvage que cent mille, trois cent mille, cinq cent mille personnes consentent, sans qu'aucune condamnation les y force, à se traîner sur la grande route pendant quatre heures le matin et cinq heures le soir, en plein soleil et dans un nuage de poussière, à cette seule fin de savourer un plaisir qui dure, montre en main, trois minutes, — le Derby a duré hier deux minutes quarante-sept secondes et demie, — ce sauvage ne penserait-il pas, dans son humble bon sens d'homme primitif, que ces cinq cent mille civilisés sont fous?

Le cas de folie excepté, on ne peut expliquer le Derby que par cette conviction que le cheval est une créature supérieure à l'homme.

Et cependant quelque chose de grand et de superbe se dégage de cette journée unique dans les fastes annuels de l'Angleterre. On y sent le souffle puissant d'un peuple qui, tout entier, en masse, depuis le tory jusqu'au radical, depuis le lord jusqu'au cockney, et sauf l'exception d'un parti religieux, a la même passion, le même instinct et fait corps sur le même terrain. Le gentilhomme, le soldat, le paysan, le marin, le boutiquier, le riche et le pauvre, ils sont tous du même sang, tous de la même race, tous Anglais : ils sont un. Avec ces sentiments unanimes, avec ces passions qui circulent du haut en bas, on fait une nation.

Chose caractéristique et qui peint par son silence le peuple anglais : il y avait à Epsom peut-être dix mille voitures.... on n'y a pas entendu un coup de fouet.

Une voiture descendant les Champs-Élysées, après les courses de La Marche, fait plus de bruit à elle seule que cette cohue. Chez nous c'est une avalanche qui se précipite avec fracas. Ici, vingt mille roues et quarante mille chevaux menés par quinze mille grooms sont comme un ruisseau qui coule.

Quand le désordre est ici à la surface, soyez sûr que l'ordre est au fond.

Les courses d'Epsom, en dehors de l'attrait magique qu'elles exercent sur toutes les imaginations britanniques à cause du Derby, sont encore un témoignage éclatant de cette sympathie que les Anglais de toutes classes accordent aux exercices physiques. Ils les ont en grande estime et les cultivent avec un soin persévérant. Ils y voient, et peut-être n'ont-ils pas tort, un moyen efficace de développer toutes les forces vives de l'homme, et de leur faire rendre la plus grande somme de résultats possible. C'est de l'économie politique au point musculaire.

Il ne faut pas chercher ailleurs le secret de cette protection tacite que les Anglais les plus distingués accordent à la famille herculéenne des boxeurs, et cette fois, chose rare, malgré le texte de la loi.

On dirait qu'une vague parcelle de cette idée s'est infusée dans la cervelle des chevaux. On en voit de tout petits qui ne reculent devant aucune charge et aucun obstacle; ils ont l'entêtement des boules-dogues et l'énergie de la race saxonne. Ils meurent dans le collier.

Mais quand on a vu le Derby, il est bien difficile de se faire illusion sur l'avenir des courses en France. On fera bien certainement de les protéger et de les multiplier même; mais, quoi qu'on fasse, ce ne sera jamais qu'un amusement pour un petit nombre d'artistes en chevaux. Les fortunes ne s'y prêtent pas; le goût populaire n'y est pas.

A onze heures du soir, les promeneurs du Derby versaient à Cremorne où il est de mode de passer une partie de la nuit après les courses d'Epsom. Cremorne est quelque chose comme le bal masqué sans masques. Ici je m'arrête.

EXPOSITION DE LONDRES.

I

Juin 1862.

J'ai entendu dire beaucoup de mal de l'Exposition de Londres; on s'est même servi, pour qualifier le genre de succès qu'elle a obtenu, d'un certain mot italien qu'on emploie volontiers à Paris pour dire qu'une pièce est tombée. Il me semble qu'on a tort. Non, il ne peut être question de *fiasco* lorsqu'il s'agit d'un de ces grands faits industriels qui sont comme les congrès des peuples et qui font vivre pacifiquement, et côte à côte, dans une mutuelle estime, des nations qui, jusqu'alors, se jalousaient et se détestaient presque sans bien savoir pourquoi.

Il ne me paraît pas, en somme, que le dernier mot de la civilisation moderne soit le canon Armstrong, et que le suprême de l'intelligence humaine soit de fondre un boulet qui perfore de bout en bout une frégate cuirassée.

Ce qu'on peut objecter contre l'exhibition de 1862, c'est qu'elle est peut-être un peu trop voisine de l'Exposition française de 1855. Ce reproche, il serait aisé de le retourner contre nous, si, comme on l'assure, il doit y avoir une nouvelle Exposition universelle à Paris en 1865, dans trois ans. Si disposé qu'on soit à croire aux prodiges de l'esprit humain, aux miracles du progrès, on peut supposer timidement qu'un laps de dix années ne suffit pas à l'enfantement de ces découvertes qui marquent la distance parcourue par l'industrie et l'intelligence, lorsque surtout ces dix années sont coupées en deux parts.

A trop renouveler ces expériences, on s'expose à des mécomptes ; et le mot italien dont je parlais tout à l'heure revient naturellement aux lèvres.

Ces réserves faites, hâtons-nous de dire que l'exhibition de Londres est fort belle et qu'elle mérite la peine qu'on brave la mer pendant une heure ou deux pour lui rendre visite. La mer! voilà le grand mot lâché! Cela fait frémir! Elle n'a cependant noyé personne encore entre Douvres et Calais, et on la traverse si lestement, le chemin de fer du Nord va si vite, il multiplie ses départs si volontiers, on trouve sur la jetée anglaise, au saut du pont, une locomotive si prompte à vous transporter sans respirer de Folkestone à Londres, qu'on arrive presque avant d'être parti. Ce voyage s'accomplit entre deux sommeils ; on a vu la Picardie comme dans un rêve, la mer comme dans un éclair, et c'est fini.

Et puis nous ne sommes plus au temps néfaste où l'entrée du palais des merveilles coûtait une livre sterling. Vingt-cinq francs pour passer un tourniquet! voilà trois syllabes bien arrangées pour faire reculer tous les Français du continent, mieux qu'une batterie de canons rayés! Mourir, soit! mais payer, non!

Les jours propices du shilling ont lui pour tout le monde. Il faut voir comme on en use! Il n'y a plus qu'un jour, le samedi, où l'aristocratie a le droit de payer six francs pour voir ce que la multitude admire pour vingt-cinq sous pendant le reste de la semaine.

Si la vanité n'était pas un peu écorchée, la vanité ne serait pas contente.

Quiconque veut avoir une idée exacte des divers types de la nation anglaise n'a qu'à se promener pendant quelques heures sous les grandes voûtes du palais de l'Exposition. Il trouvera les fabricants et les manufacturiers auprès des machines et des métiers; les sporstmen non loin de la travée où reposent les voitures, les selles, les mors, les harnachements; les gentlemen-farmers dans le voisinage des instruments aratoires, en contemplation devant une herse d'un nouveau modèle, ou faisant la moue en présence de quelque charrue prétentieuse; les chasseurs autour des vitrines remplies de fusils merveilleux, façonnés, ciselés, sculptés qui ne tireront jamais ni perdrix ni sangliers; les marins et les soldats autour des armes de précision, carabines et pistolets, placées en trophées dans des guirlandes de sabres et de baïonnettes qui reluisent avec coquetterie. — Cela donne envie de tuer quelqu'un, disait un véritable amateur.

Quant aux femmes, elles font tourbillonner leurs robes de soie autour des galeries où sont exposées les étoffes de Lyon, les dentelles, les satins et les velours. Cela est plus commode qu'au bal et on les y surprend au naturel. Il y a dans leurs yeux un éclat, sur leurs joues un coloris, sur leurs lèvres entr'ouvertes un tremblement léger qui finit en sourire, dans leur attitude un attendrissement et une admiration qu'on ne saurait voir sans penser à notre mère commune, la charmante rêveuse du paradis terrestre! Combien, parmi ces jolies Anglaises, qui feraient comme Ève si ces belles et chatoyantes étoffes, ces dentelles travaillées par des fées étaient autant de pommes suspendues à des pommiers!

On ne saurait croire quelles grâces le doux péché de convoitise répand sur les visages féminins. — Une femme, c'est une femme, disait un sage; mais une femme qui désire, c'est un ange ou c'est le diable!

On en retrouve encore, et beaucoup, le long des vitrines étincelantes où les joailliers de Paris et de Londres ont étalé leurs trésors de pierreries. Il est impossible que la lampe merveilleuse d'Aladin lui en ait fait voir de plus riches et de plus beaux, ni que les califes de la fabuleuse Bagdad en aient jamais possédé de telles quantités !

On s'étonne que le diamant et le rubis coûtent encore si cher quand on en découvre sur un si petit coin du globe une telle profusion ! Ce ne sont partout que rivières de feux, celles-ci rouges, celles-ci blanches, leurs voisines bleues ou vertes. Et par-ci par-là des perles à parer des princesses comme celles qu'on rencontre dans les contes de M. Perrault.

Il y a quelques pierres fameuses qui ont le don d'attirer particulièrement l'attention des belles curieuses. Ainsi, par exemple, on fait groupe devant les colliers de perles et les diamants de Mme de P..., qui a permis à MM. Maret et Beaugrand, qui les ont montées, d'emporter toutes ses parures. Un collier à sept rangs ! c'est un collier légendaire !

D'autres groupes toujours féminins se forment autour d'un saphir qui appartient à Mme la comtesse B..., une Polonaise. Il figure dans la vitrine de M. Mellerio, je crois. On n'en connaît pas de plus gros, dit-on. C'est le Charlemagne des saphirs. Il en est insolent. Quelques diamants de taille honnête l'entourent. On dirait des pachas autour d'un Sultan. Le tout est estimé trois cent mille francs.

Une broche de quinze mille francs de rente, c'est coquet.

Dans ce tournoi de pierreries, les Anglais n'ont pas voulu se laisser vaincre. Ils ont appelé à la rescousse tous les diamants, tous les rubis et toutes les émeraudes de Mortimer et de Hancok. Bon Dieu! que de cailloux! Parmi toutes ces magnificences, il y a une émeraude qui semble tombée de l'écrin des *Mille et une Nuits*. On y taillerait aisément le nid d'un oiseau-mouche. On fait queue pour la regarder.

Un policeman se promène dans les environs. A tout seigneur tout honneur.

On rencontre non loin de là une vitrine qui semble avoir des éclairs et des rayons sous verre. Elle appartient à un industriel français, M. Savary, celui-là même qui a monté les diamants de la Couronne. On approche, on admire, on s'extasie. Ce ne sont que jolis petits cris sortant des bouches les plus mignonnes. Cependant un nez charmant se lève, et l'on apprend que toutes ces merveilles sont en imitation!

Voilà bien des frais d'enthousiasme pour des pierres fausses!

A côté des bracelets et des diadèmes si fort enviés tout à l'heure, voilà les blocs de composition d'où ces pierres à facettes irisées sont tirées. On se demande tout bas alors si c'est bien la peine de poursuivre, à si grands frais et au prix de tant d'efforts, dans les entrailles de la terre, aux Indes et au Brésil, de petites pierres un peu plus dures que les autres.

Mais c'est là un raisonnement plus facile à émettre qu'à faire comprendre.

On ne marche pas bien longtemps dans l'immense édifice sans se heurter contre une pyramide monumentale toute en or. L'œil en est ébloui. Rassurez-vous; c'est un fac-simile.

Cette montagne représente exactement, mathématiquement, la masse d'or extraite de l'Australie en dix ans, du 1er octobre 1851 au 1er octobre 1861. Le bloc gigantesque est disposé par assises éclatantes, la surface en est chargée de rugosités, et la base repose sur un lit de quartz concassé. Là sont les cailloux où se cachent les parcelles de métal précieux. La pyramide triomphale en est le résultat économique. Elle représente dans sa totalité la somme aimable de cent quatre millions six cent quarante-neuf mille sept cent ving-six livres sterling.

Multipliez ce nombre par vingt-cinq, et vous aurez le chiffre vénal de cette pyramide exprimé en francs.

C'est le budget de la France en deux ans! et encore la pyramide fondue en beaux louis d'or n'y suffirait-elle pas tout à fait.

Voilà l'Australie avertie. Elle n'a qu'à se remettre à la besogne et vivement.

Il y a par-ci par-là d'honnêtes petits peuples qui ont envoyé d'honnêtes petits produits. On fait ce qu'on peut. Ceux-ci ont des paniers en écorces d'arbres et des tissus de paille, ceux-là des pots d'argile et des coiffures en plumes de perroquets.

Ne riez pas ! C'est tout aussi beau que ces vilaines étagères où s'étalent tant de bocaux remplis de cornichons et de sardines.

Il est une travée dont il faut se méfier ; elle est tout hérissée de flûtes et de hautbois, avec des embuscades de trompettes, de cornets à pistons, de fifres et de flageolets. Tout à côté est rangée en bataille une armée de pianos, le clavier tout ouvert, comme une batterie de canons qui vont en guerre, mèche allumée. Une formidable arrière-garde est là composée d'orgues qui se couronnent de tuyaux menaçants; dans les cours, ainsi que des troupes légères, s'éparpillent les violons et les clarinettes, que protégent de graves régiments de contre-basses et la grosse cavalerie des timbales, des trombones et des ophicléides.

Les cheveux se hérissent à la pensée que tous ces instruments pourraient partir à la fois, ceux-là sur la clef de *sol*, ceux-ci sur la clef d'*ut !*

On a remarqué jusqu'à présent qu'ils ne faisaient pas trop de bruit. Il faut leur savoir gré de cette mansuétude et les encourager à continuer par de vifs éloges.

Cependant quelques pianos à queue se montrent déjà loquaces; ils entraînent par le mauvais exemples des flûtes étourdies et jusqu'à des orgues majestueux qui troublent par des éclats subits les méditations des promeneurs. Qu'ils y prennent garde ! trop parler nuit.

Je me garderai bien, chemin faisant, de vous parler des tissus et des machines, du fer et du coton, grosse affaire qui occupe beaucoup de plumes, en même temps qu'elle occupe moins de bras ; mais je me laisserai conduire en suivant le flot aux étages supérieurs où le regard éperdu mesure quatre ou cinq kilomètres de peintures.

Nous avons retrouvé dans cette exhibition, et Dieu sait avec quelle joie ! *la Source*, de M. Ingres, la *Sainte Monique*, d'Ary Scheffer, quelques belles toiles de Decamps et de Marilhat, de Delaroche et de M. Flandrin ; mais c'est en marchant sur les pas d'un groupe de jeunes Anglaises qu'on apprend à connaître les sentiments de leurs compatriotes au point de vue des arts plastiques.

Ici force m'est de l'avouer, si le tableau de Mme Henriette Brown, *les Sœurs de charité*, a un grand succès auprès de la *gentry*, toute l'admiration de nos voisines est tenue en réserve pour certains paysages britanniques que nous avons grand'peine, nous autres Français, à regarder sans rire.

Je ne vous dirai pas quels artistes ont signé ces toiles mirifiques. Les noms ne font rien à l'affaire ; mais il y a là certaines danses macabres exécutées par le vert, le jaune, le bleu, le rouge, l'azur et le cinabre, sous prétexte de prairies, de ruisseaux, de forêts, d'aurores et de soleils couchants, qui pourraient déterminer des cas de folie spontanée si on les contemplait longtemps.

Aussitôt qu'une Anglaise voit l'un de ces tableaux, son visage s'illumine, et il faut entendre de quel accent elle murmure : *O beautiful! indeed very pretty!*

Très-joli, soit! mais très-drôle aussi.

Il est vrai que dans ces promenades on a la consolation de regarder qui regarde et d'oublier les tableaux.

Et cependant ces peintres excentriques, ce public qui les applaudit, ont derrière eux les souvenirs d'une école dont les œuvres de premier ordre font la gloire des musées anglais! Ils ont Josuah Reynolds, un maître; ils ont Gainsborough, Old. Crown, Hogarth l'inimitable. Et comme si ce n'était point assez, n'ont-ils point encore Constable, Collins, Wilkie, Lawrence, Landseer? Les modèles certes ne manquaient pas.

C'est pourquoi les modernes, les modernes d'hier et d'aujourd'hui, ont arboré le drapeau de la fantaisie.

On m'a beaucoup parlé d'un tableau qui était naguère exposé dans Piccadilly; ce tableau devait être examiné à la loupe et avait coûté trois cent mille francs à son heureux possesseur. Cette idée, qu'il ne pouvait être admiré qu'une loupe à la main et qu'il avait coûté trois cent mille francs exaltait les imaginations.... Mais retournons à l'Exposition.

Vous savez que la cuisine française, représentée par Potel et Chabot, a le monopole des déjeuners et des dîners. On peut remarquer que les salles où règne le rosbif ne chôment pas. Il faut ajouter que le lunch est en permanence.

Personne n'ignore en France que le lunch est à peu près le synonyme de collation. C'est le goûter des papas et des mamans; mais entre le goûter qu'on offre aux enfants du côté français de la Manche, et le lunch tel que le pratiquent les grands parents anglais, il y a toute la différence qui sépare l'obélisque de Louqsor d'une borne-fontaine.

On m'assure que le lunch était jadis plus modeste; il a pris depuis quelques années des proportions gigantesques. On ne sait plus où s'arrêtera son ambition. Quelques physiologistes affirment que les estomacs britanniques sont doués d'élasticité. On peut le croire, à voir comme les choses progressent au point de vue de l'appétit.

Une lady blonde et rose, qui a pris du thé ou du chocolat avec quelques gâteaux en se levant, qui a vigoureusement déjeuné à midi, qui dînera sans peur et sans reproche à sept heures, ne dédaignera pas de grignoter quelques morceaux de viande froide avec force brioches arrosées de sherry dans l'après-midi.

On dit que cela tient aux brouillards. Je crois plus volontiers que cela tient au système général d'entraînement qu'on pratique dans le pays. On entraîne son appétit comme on entraîne un cheval de course, un pedestrian, un boxeur.

De vastes galeries sont réservées un peu partout à ces robustes estomacs. Au rez-de-chaussée on ne sert que des viandes froides, langues de bœuf fumées, rosbifs, jambons et autres vigoureux comestibles, le premier étage appartient aux dîners chauds. Les deux royaumes ont ainsi des frontières distinctes.

L'empire des brioches, petits-fours, glaces et rafraîchissements, appartient à Félix, le Félix parisien du passage des Panoramas.

Il paraît avoir conquis l'estime de nos voisins.

L'amour-propre national des touristes français a

tout lieu d'être flatté quand on assiste à ces perpétuelles et franches réfections. Il est un de nos produits que les Anglais estiment à l'égal des meilleurs : le vin de Champagne.

O Nestor Roqueplan! vous qui maniez la plume d'une main si fine et si rapide, que vous éprouveriez un sentiment de joie modeste et fier si vous assistiez au triomphe qu'obtient partout et toujours votre vin de Champagne, celui qui porte votre nom! Certes assez de bouteilles à votre marque avaient été vidées sur le terrain des courses d'Epsom, on en boit encore plus, parce qu'on en boit plus longtemps, à l'Exposition! Mme Cliquot, aimée des Russes, a le droit d'être jalouse.... Votre jeune réputation rivalise avec la sienne.

On sait que toutes les Expositions du monde sont des lieux fertiles en migraines. Cependant l'immense vaisseau de l'*International Exhibition* a des promeneurs intrépides qui en habitent les galeries pendant six heures consécutives sans pâlir. C'est héroïque. Ces âmes vaillantes, pour qui le mouvement des foules est une récréation, ne reculent pas devant la profonde galerie où sont rangées dans un ordre formidable les machines à vapeur, les mécaniques de toute sorte, les métiers mus par un système farouche d'engrenages, les scies, les marteaux, les pistons, les roues, les tuyaux!

Quand l'arbre de couche se met en branle, cela

devient effrayant : tout crie, tout grince, tout mord ; tout coupe, tranche, écrase, broie, file, ou perfore ! Les Anglaises promènent en souriant leurs longues robes au travers de ces dents et de ces griffes. Quant aux mécaniciens, ils se croient dans le Paradis.

Je n'ai jamais pu voir ces engins terribles de productions sans un vague sentiment de terreur. Toutes ces machines qui ont les apparences de monstres bizarres sortis de quelque catacombe, et pour lesquelles le fer est comme de la paille, qui grincent et fument, soufflent et reniflent, me semblent animées d'une vie étrange et mystérieuse. Je pense toujours à ce sorcier qui avait évoqué des esprits, et, les ayant un jour autour de lui, oublia le mot qui les rendait souples et obéissants. Grand Dieu ! si les locomotives se révoltaient un matin !

Tout à l'heure je vous ai parlé du canon Armstrong, auprès duquel veille un artilleur, comme si on craignait qu'il ne s'échappât. Ce canon n'est pas le seul. Il a des frères et des cousins ; toute une famille de canons et d'obusiers. On sent que les idées pacifiques sont en progrès.

Ils sont honnêtement entourés de leurs serviteurs, jolis boulets coiffés de leurs ailettes, obus explosibles, projectiles cylindroconiques, gargousses réjouissantes ; oh ! rien n'y manque. La plupart de ces engins se chargent par la culasse, tous sont rayés. Il y a le canon suédois sombre et fait d'un seul bloc de fer, le canon prussien tout reluisant comme un bijou, le canon autrichien, le canon russe; j'ai quelque idée que le Zollverein a aussi envoyé son petit canon. Est-ce pour discuter la question du traité de commerce?

On a placé tous ces gracieux serviteurs de la civilisation au milieu des cristaux, des porcelaines, des faïences et des écrins.

On sait que la glace de Saint-Gobain a été cassée; elle ne figure donc pas dans la grande nef; mais on en voit le cadre, c'est toujours quelque chose.

Des cloches en assez grand nombre figurent à l'Exposition; c'est bien; il faut honorer le métal sous toutes les formes qu'il lui plaît d'adopter, depuis le canon jusqu'à l'aiguille. Mais des cloches bien élevées qu'on introduit dans un salon devraient reconnaître cette politesse par le silence. Point! Il en est qui se mettent à parler sans qu'on les interroge, et l'on sait comment parlent les cloches!

Il en est une que je connais; je la vois d'ici, toute neuve, couleur d'argent, avec une belle inscription; on lui donnerait volontiers une poignée de main, tant elle a l'air doux. Puis, au moment où on y pense le moins, et sans qu'on lui ait rien fait, la voilà qui sonne! C'est sa manière de prouver qu'elle est en vie. Ah! la vilaine!

On devrait bien attacher un policeman à sa personne.

Je m'étais plu, au commencement de cette lettre, à rendre justice aux pianos; ils étaient doux, timides, et presque sages dans leur coin, bien que montrant plus qu'il n'était besoin leurs dents blanches et noires. Ce qu'on devait prévoir est arrivé. Hier ils ont éclaté. C'est un piano en marqueterie de Boule qui a donné le signal. En un instant la révolte a été générale. Polkas, valses, mazurkas, tout est parti. Un orgue immense jusqu'alors paisible a gonflé ses tuyaux, trois ou quatre harmoniums ont saisi l'occasion pour gémir, la cloche que vous savez s'est mise en guerre et une immense cacophonie a roulé sous la voûte.

C'en est fait de la sécurité publique.

Mais, me dira-t-on peut-être, vous ne voulez donc pas que les pianos fassent connaître la qualité de leurs sons? Au contraire. Je demande expressément qu'on loue un champ, bien loin, dans une forêt, un champ à leur usage personnel, qu'ils y soient tous logés, et qu'une fois par semaine, après avoir averti les populations voisines, le jury y soit déporté pour entendre ces pianos tous ensemble ou chacun à son tour, au choix des instruments.

On donnera la grande médaille au moins bruyant.

II

Juillet 1862.

L'impression première produite par ma visite au Palais de l'Exposition internationale se fortifie par un examen plus attentif. Certes ce ne sont ni les machines utiles et commodes, ni les tissus élégants ou économiques qui manquent à cette fête de l'industrie ; on y voit bien toute l'activité ingénieuse des manufactures, mais la chose exceptionnelle, la découverte qui saisit l'imagination, on ne l'aperçoit pas. Or, à ne vous rien celer, comme disait Molière autrefois, c'est un peu ce qu'on y cherche.

Il y a là un écueil qu'une prudence mieux avisée évitera dans l'avenir. L'avertissement est donné, et l'industrie, mieux conseillée, se bornera, espéronsle, à faire parade de ses découvertes et de ses inventions tous les vingt ans [1]. Alors on constatera mieux ses progrès et on applaudira plus franchement à ses triomphes.

---

1. Dans l'état actuel des choses, une Exposition universelle ayant lieu pour chacun des deux pays, en Angleterre comme en France, tous les dix ans, il en résulte que ces solennités industrielles reviennent périodiquement tous les cinq ans.

Si au contraire elle persistait à vouloir s'imposer à l'admiration publique un peu plus souvent, elle s'exposerait à lasser la curiosité et on finirait par ne plus voir dans ces manifestations du travail qu'une série de boutiques accolées les unes aux autres, quelque chose comme la rue Vivienne nouée bout à bout à la rue de la Paix ; le Creusot soudé à Baccarat.

Serait-ce bien alors la peine de se déranger?

Il y a, tout à côté du palais de briques jaunes où l'Exhibition s'est installée, un autre monument bien connu des touristes qui, sous le nom *South Kensingthon Museum*, a la propriété d'exciter l'attention et de ramener inévitablement dans son enceinte ceux qui l'ont parcouru une première fois.

Une visite en appelle une seconde, qui en demande une troisième, et celle-ci n'est pas loin d'en exiger quelques autres à la file. Il m'a semblé, somme toute, que cette Exposition nouvelle était fort redoutable pour son immense voisine.

Le prince Albert, de regrettable mémoire, avait eu l'idée d'une Exposition d'objets d'art pour populariser en Angleterre, parmi les hommes de toutes classes, le goût et le sentiment des arts plastiques et rappeler le travail manuel à un niveau auquel il ne se maintient pas toujours.

Ainsi patronée, l'idée, excellente d'ailleurs, devait réussir.

Le patronage est la première condition du succès chez nos voisins, qui ont au plus haut degré le sentiment de la hiérarchie, — ce qui, pour le dire en passant, n'est pas, tant s'en faut, le sentiment des sociétés modernes. — Adoptée par l'aristocratie des trois royaumes, l'idée du prince Albert se développa, prit un corps, et le *South Kensington Museum* naquit.

Qu'on se figure dans un grand bâtiment une longue et commode série de grandes salles vitrées renfermant tous les objets merveilleux qu'une longue suite d'années, le goût, la richesse, la fantaisie, de continuels voyages et l'hérédité réunissent dans des familles opulentes habituées à un luxe séculaire, et vous aurez une idée de cette merveilleuse Exposition.

Là se trouvent groupés et rangés par catégories ces délicats chefs-d'œuvre dispersés jusqu'alors dans tous les châteaux et toutes les maisons aristocratiques des trois royaumes. Que de voyages épargnés, que de recherches rendues faciles par cette agglomération de ce que les plus habiles maîtres des meilleures époques ont ciselé, gravé, fouillé, sculpté, tordu, poli, émaillé! Au profit de ce musée improvisé, on a dépouillé les vieilles demeures féodales, ces résidences princières où les lords vivent au milieu de leurs tenanciers, les bibliothèques, les galeries, les cabinets. On a pris l'ivoire, le bronze, la porcelaine, l'or, l'argent, l'émail, la faïence, le bois d'ébène, les onyx, les cornalines, le marbre, l'albâtre ; on a choisi les statuettes, les meubles, les tapisseries de haute lisse, les vases, les coupes, les aiguières, les armes de prix, les poignards à lames damasquinées, les épées à poignées travaillées comme des bijoux, les armures, les missels, les buires, les hanaps, les plats, les cristaux, les bagues, les coffrets, les terres cuites, et quand tout a été réuni, classé, mis en évidence, en pleine lumière, on a dit aux touristes : Entrez et voyez !

Ici, voir c'est admirer. Il est impossible de rencontrer une collection plus riche et plus variée. Un peu de vanité sans doute s'est mêlée à cette fastueuse exhibition qui montre dans tout son éclat héréditaire le faste des vieilles maisons qui figurent dans les annales de l'histoire ; mais qu'importe, si le plaisir et l'éducation de tous y trouvent leur profit !

Je n'ai pas la prétention, on le comprend, d'étudier, encore moins d'analyser en détail ces délicieuses merveilles qui demanderaient plusieurs semaines pour être bien vues seulement, mais il m'est impossible de résister au plaisir de citer, entre autres morceaux d'un travail exquis, quelques pièces du fameux service de Henri II.

Henri II de France, s'il vous plaît.

On ne connaît plus que cinquante-deux pièces de

ce service ; vingt-trois appartiennent à l'Angleterre, vingt-huit à la France, et une à la Russie. Quiconque en découvrirait une cinquante-troisième aurait découvert un trésor. Quiconque en dénicherait quatre ou cinq aurait mis la main sur une fortune.

Ce serait quelque chose comme une Californie en argile.

Or les vingt-trois pièces que possède l'Angleterre figurent toutes, sans exception, au *South Kensington Museum*. Elles sont exposées royalement sous une vitrine, à la plus belle place, et de façon à ce qu'on puisse les bien voir sur toutes leurs faces.

Des étiquettes indiquent que la plupart proviennent de chez MM. de Rothschild.

Je commence à comprendre à quoi servent les millions.

L'artiste, le maître qui a composé toutes les merveilleuses et charmantes pièces de ce service, on ne sait pas même comment il s'appelait ; on le connaît seulement dans l'histoire de l'art sous le nom du potier de Henri II. Un potier, ce gracieux pétrisseur d'argile qui a trouvé les formes les plus harmonieuses, le dessin le plus pur, l'agencement le plus délicat !

Quelques-unes de ces pièces, flambeaux ou salières, portent le triple croissant de la célèbre Diane de Poitiers ; d'autres les D majuscules entrelacés, d'autres encore le monogramme du Christ. Singulier rapprochement!

Devant la vitrine qui renferme ces délicats chefs-d'œuvre d'un art qu'on ne saurait dépasser, si même on parvient à l'atteindre, on s'arrête un long temps, on tourne, on revient, on ne se lasse pas de regarder et on regrette encore de s'éloigner.

Travaillée ainsi, l'argile est du diamant.

Quand on quitte le bâtiment voisin de l'orgueilleuse Exposition de 1862, on éprouve, en même temps qu'un sentiment très-réel d'admiration, quelque chose qui ressemble au désenchantement, et ce n'est plus d'un œil si fier et si triomphant qu'on passe en revue les produits de l'industrie contemporaine.

Certainement je n'ai pas l'intention de blesser en rien S. M. l'Utile, ou de dire quelque chose qui soit désagréable à S. A. la Quantité; mais, au risque d'avancer une proposition entachée d'hérésie, je ne puis pas m'empêcher de reconnaître que certaines branches de l'art industriel sont en décadence.

On a beau me jeter le progrès à la tête; progrès tant qu'il vous plaira! La vérité toute vraie est que non-seulement certains produits n'ont pas obtenu un degré nouveau de perfection, mais encore ne se sont pas maintenus au niveau où on les a vus quelque temps. Il y a de ce côté-là des efforts à faire, de mauvaises habitudes à perdre, de bonnes traditions à retrouver. Le tentera-t-on? Il est permis tout au moins d'en douter.

Je pense le plus grand bien du bon marché, et je ne trouve pas mal, si l'on veut, qu'on répande à flots des volumes qui ne valent pas tout à fait la somme misérable qu'on paie pour les acquérir ; mais le bon, le solide, l'élégant a bien aussi quelque mérite. On ne fera jamais que la moquette, en si grande masse qu'on la fabrique, vaille les vieilles verdures de Flandres.

Ainsi, pour ne citer qu'un côté de la question, les amateurs sérieux des belles éditions, des beaux livres, des solides et riches reliures vous diront, — et le plus triste est qu'ils ont raison, — que les types ne sont plus ce qu'ils ont été. La fabrication du papier, la typographie, l'impression, la composition d'un livre enfin sont en décadence.

Allez voir dans vos bibliothèques, si vous en doutez, ce que deviennent au bout de vingt ans les volumes fabriqués avec du papier dans lequel il entre je ne sais quoi, du plâtre ou du kaolin, dit-on. Les pages tombent en poussière. Et quelle encre ! quelle impression !

Les meubles de la Renaissance, ces merveilleux coffrets sur lesquels on dirait que la main des fées a passé, la ciselure du métal, la taille des pierres dures, le dessin et la cuisson des vieux émaux, les anciens ivoires, les glaces de Venise, la dorure des cadres ramassés dans des mansardes, la sculpture sur bois, les marqueteries, font l'admiration des connaisseurs et le désespoir des ouvriers. On ne fait plus aussi bien, quoi qu'on fasse, et certaines faïences, certaines porcelaines, certaines orfévreries, certaines verreries, certaines étoffes aussi, qui représentent le passé, restent sans rivales dans le présent. Ce n'est plus le même travail, le même soin, la même perfection.

Si l'industrie ne pouvait pas entendre par-ci par-là quelques mots de franchise, elle rappellerait un peu trop ce fameux archevêque de Grenade dont Gil Blas nous a raconté l'histoire et qui voulait qu'on criât toujours : Bravo ! bravissimo !

Eh bien, non ! nous ne crierons pas bravo tant que cela.

Quelques marchands, en parlant des objets déposés au *South Kensington Museum*, ont fait la moue d'un air superbe et murmuré le mot terrible de *bibelots !* Bibelots tant qu'il vous plaira, ces bibelots sont des chefs-d'œuvre.

Et puis prenez garde qu'on ne vienne à se rappeler la fable du *Renard et des Raisins*.

..... Ils sont trop verts, dit-il....

Ici cependant, et rendons grâce à l'industrie française, on a quelques heureuses exceptions à signaler. Ainsi, par exemple, l'exposition de M. Duponchel met l'orfévrerie de Paris à un niveau que l'orfévrerie anglaise n'a pas atteint.

M. Duponchel a voulu réaliser ce problème d'introduire l'art dans les choses de la vie quotidienne; il a réussi, et, avec l'esprit de routine qui règne, ce n'était point aisé. Au demeurant, pourquoi un objet dont on se sert tous les jours serait-il forcément laid, par cela seulement qu'il est utile? Nos pères ne croyaient pas que le beau dût faire la guerre au bon. Donc M. Duponchel s'est appliqué à chercher l'harmonie, la forme, le style. C'est d'un bon exemple.

Les principales pièces de son exposition se composent d'un service à thé fait pour M. Émile Pereire. Ce dernier est en argent avec des parties dorées dans le style de Lepautre. Il est d'une exécution serrée, d'un modelé solide, d'un travail très-fin.

Un surtout de table se recommande par la richesse et l'élégance de la composition. La sculpture est de Klageman; les figures ont été ciselées par Honoré.

Faut-il citer encore une coupe du seizième siècle, en cristal de roche, montée en or avec des émaux? Elle pourrait presque être exposée dans les aristocratiques vitrines de *South Kensington Museum* et soutenir la comparaison.

Et à côté de cette coupe, voici l'épée exécutée pour le maréchal Bosquet. Relevée d'émaux précieux et ornée de figures allégoriques, cette épée montre ce que peut faire l'industrie française quand une pensée intelligente en dirige les efforts.

Voici maintenant l'exposition de Léon Curmer qui rappelle les bonnes époques. L'habile éditeur, à qui nous devons *Paul et Virginie*, les *Heures d'Anne de Bretagne*, l'*Imitation de Jésus-Christ*, a voulu prouver qu'il pouvait mieux faire encore. Aurait-il retrouvé le secret des beaux livres? On le croirait en voyant les premières feuilles des *Évangiles*, pour lesquels il a fouillé les plus fameuses bibliothèques d'Europe et consulté les manuscrits les plus rares et les plus parfaits. Papier, encre, couleur, composition, tirage, tout est soigné avec une attention délicate. Inspiré en quelque sorte par l'excellence des modèles qu'il reproduit, le volume des *Évangiles* maintient la supériorité de notre industrie typographique. De telles exceptions adoucissent la transition de l'une à l'autre des deux Expositions.

On ne peut pas dire que la foule soit encore arrivée à Londres, cependant elle arrive quelque peu, mais on aura grand'peine, je crois, à atteindre les chiffres de 1851. Il est vrai que dans Londres la foule se noie. Chaque heure apporte son contingent de touristes, un peu plus, un peu moins; chaque jour amène son flot; c'est comme une marée. Jusqu'à présent, la langue qu'on entend parler le plus dans les lieux publics, c'est le Français. Entre voisins on se doit de petites visites. Il me paraît douteux cependant que nous allions jamais chez les Anglais comme les Anglais viennent chez nous.

On a dit et on a répété, à propos de l'Exposition, que les voyageurs trouvaient fort difficilement à se loger, et qu'ils erraient du Strand à Grosvenor square, cherchant partout un lit où reposer leur tête. C'est vrai et c'est faux. Toute la question est de s'entendre.

Si l'on court de London-Bridge, où le chemin de fer vous jette, dans les hôtels épars sur le parcours des omnibus, il est clair qu'on aura grand'peine à découvrir une chambre. La première inondation a tout envahi. Les hôteliers, gens aimables qui trouveraient à tondre du gazon sur un caillou, n'hésitent pas, avec un sourire gracieux, à demander 15 sh., c'est-à-dire 20 fr. par jour d'un cabinet incommode et perché sous les toits.

Ne vous récriez pas et passez votre chemin. Ces messieurs profitent de l'occasion. On sait comment leurs compatriotes sont traités en France. Or nous sommes actuellement les Anglais des Anglais.

Mais si vous fuyez les embûches des hôtels, il vous sera facile de dénicher en bel endroit un appartement, ou quelque chambre, où tout galant homme en voyage pourra librement abriter ses malles et déjeuner. Combien de maisons particulières, honnêtes, propres et silencieuses, portant au-dessus de la porte un écriteau avec les deux mots hospitaliers : *to let!* Frappez hardiment, vous serez reçu et confortablement logé.

Dès le premier pas qu'on fait sur le sol anglais, une inscription placardée partout vous saisit. C'est mieux qu'un avertissement, c'est un trait de mœurs. Cette pancarte qui frappe les yeux, à Folkestone et à Douvres, comme à bord des bateaux à vapeur, on la retrouve partout, dans les gares des chemins de fer aussi bien que dans les galeries de l'Exposition. Elle vous met en garde contre les *pick-pockets*. C'est à croire que l'Angleterre est peuplée de filous.

Rassurez-vous; on ne vole pas plus à Londres qu'à Paris.

Beware! s'écrie l'inscription, et ce terrible prenez garde! qui engage tout de suite le lecteur à porter les mains à ses poches pour être bien sûr que le porte-monnaie et la montre n'en sont pas sortis, vous avertit honnêtement que les filous sont ordinairement bien mis.

Mais ne croyez pas que pour désigner ces voleurs des deux sexes la pancarte se serve des vocables *men and women* — hommes et femmes, — oh! que non. Brutale jusqu'au bout, l'inscription dit simplement *male and female*.

Les filous ont perdu leur qualité humaine ; ce ne sont plus que des mâles et des femelles.

N'y a-t-il pas là dedans une face de ce sentiment de la hiérarchie qui fait le fond même de la société anglaise? N'en disons pas de mal, si démocrates que nous soyons. Avec ce sentiment, on a réussi à faire un grand peuple, et c'est bien quelque chose.

Ce même indice, on le retrouve à Sydenham, qui est certainement un des endroits les plus curieux parmi tous ceux auxquels on rend visite aux environs de Londres. Nous n'avons rien d'analogue en France. C'est un pandémonium sous une voûte de cristal. Serres chaudes, exposition de sculptures, musées divers, galeries pour l'industrie, salle de concert, promenoirs, appartements de tous les styles, restaurants, jardins, pièces d'eau.... que sais-je encore? Rien n'y manque.

La fantaisie anglaise s'y donne une libre carrière.

Il y a tout à l'extrémité du parc, d'où, pour le dire en courant, on jouit d'une vue magnifique, une île étrange toute couverte d'une végétation sauvage. Si l'on se promène le soir dans les allées sinueuses du parc, on voit tout à coup se profiler sur l'horizon des lignes bizarres dont les contours formidables saisissent le regard et l'étonnent. Ce sont des croupes gigantesques, des têtes menaçantes, des dos monstrueux. L'effet, le soir, a quelque chose de saisissant. On approche, et on découvre enfin toute une ménagerie d'animaux antédiluviens taillés dans la pierre, je crois, et de grandeur naturelle. A les voir ainsi dans des attitudes de combat ou de promenade, on s'effraye à la pensée de ce qui arriverait si tout à coup une vie mystérieuse animait ces formes inconnues et redoutables. Un souvenir est là qui vous avertit heureusement que les animaux dont on aperçoit la silhouette grimaçante sont morts depuis quelques milliers d'années.

Mais je retourne à la hiérarchie.

Différentes pièces spacieuses et confortables s'ouvrent à Cristal Palace pour la réfection. Cela vous rappelle Saint-Germain ou Saint-Cloud. Mais voici où commence la différence.

Un écriteau, placé à l'endroit le plus apparent, a bien soin de vous avertir que ces salons garnis de belles tables n'appartiennent pas à tout le monde. Ici est la salle richement décorée réservée aux personnes qui sont arrivées en wagons de première classe. Plus haut, ou plus loin, voici la salle dévolue aux billets de seconde classe. Plus haut, ou plus loin encore, celle qui est abandonnée aux pauvres hères qui se sont assis dans les voitures de troisième classe. Tout cela paraît fort simple ici.

Quel tumulte en France si pareille mode était introduite!

A propos de Sydenham, laissez-moi vous dire que Blondin existe véritablement, en chair et en os. Le Blondin du Niagara n'est pas une métaphore, un symbole, un mythe, comme on dit en Allemagne. Je l'ai aperçu à cent mètres au-dessus du niveau du sol. Ce n'est jamais qu'à cette distance et à cette hauteur que nous autres pauvres mortels nous sommes admis à le contempler. Il faisait un vent du diable. Les spectateurs avaient grand'peine à retenir leurs chapeaux sur leurs têtes. J'avais peur que Blondin ne fût emporté comme un flocon d'ouate et ne disparût des hauteurs de Sydenham dans les brouillards de la Tamise. Point. Il a traversé le vent.

Si je vous parle de Blondin, ce n'est pas pour constater son identité, c'est pour vous raconter une particularité qui a son côté pittoresque. Vous savez que Blondin a pour habitude de mettre sa femme dans une brouette et de la promener sur une corde dans l'espace.

Ça pourrait ne pas convenir à tout le monde, mais il y a des familles où ces choses ne tirent pas à conséquence.

Voilà donc Blondin qui s'apprête à embarquer Mme Blondin à bord de la brouette. Sur ces entrefaites, la justice intervient.

Considérant, dit-elle, que la femme doit obéissance à son mari d'après la loi et la coutume, et que

Blondin a peut-être usé de son autorité, ou, tout au moins, de son influence morale pour déterminer Mme Blondin à le suivre dans les airs, il est défendu audit Blondin de paraître sur la corde avec sa femme.

Mais si maintenant Blondin découvre un Anglais majeur, et jouissant de toutes ses facultés, qui consente à risquer la traversée, libre à l'Anglais de s'asseoir dans la brouette et libre à Blondin de se promener dans les nuages avec son ami.

Vous voyez que, tout en protégeant les personnes que la loi menace, les Anglais ont grand soin de respecter en toutes choses la liberté individuelle.

Une exception à cette règle cependant. D'où vient que la balustrade de fer qui couronne le Monument dans la Cité est entourée d'un grillage qui donne à la lanterne placée au sommet de cette gigantesque colonne l'apparence bizarre d'une cage? On assure, il est vrai, que diverses personnes, mordues par le spleen, profitaient de la situation de cette lanterne pour se précipiter dans l'espace et en finir avec l'ennui.

Pourquoi cet obstacle? pourquoi ce grillage? Est-ce une entrave mise à la liberté, ou bien faut-il y voir, comme certaines personnes le croient, une protection accordée par le gouvernement aux promeneurs, attirés par la fascination du vide?

Cette dernière version me paraît la plus vraisemblable.

Et les bas-fonds de Londres, me dira-t-on peut-être, vous n'en parlez donc pas? Pour quoi faire? Toute grande ville, toute capitale surtout à ses bas-fonds ; par là elles se ressemblent. Ce qui constitue leur vie intellectuelle et morale est plus haut, et en toutes choses je préfère le jour à la nuit.

III

Juillet 1862.

On a beau être prévenu, averti ; le premier sentiment qu'on éprouve en arrivant à Londres, c'est la surprise. On sait qu'on entre dans une ville immense, une ville qui n'a, en quelque sorte, pas de fin, un polype gigantesque dont les extrémités gagnent la campagne et absorbent bourgs et villages ; on s'enfonce dans les rues, et l'étonnement s'accroît à mesure qu'on avance.

Cependant on vient de quitter Paris.

Mais plus tard, quand on a traversé la ville maintes fois, de Hyde-Park à Waterloo-Bridge, un autre sentiment succède à la surprise ; quelque chose vous dit que vous êtes chez un peuple majeur. Ce qu'on en voit, ce qu'on en sait, ce qu'on en découvre après, ne détruit plus cette première impression ;

elle reste et se fortifie. Mille indices de toutes sortes, de petits riens qui se révèlent, un certain accent, des habitudes où l'ordre et l'activité se mêlent dans d'heureuses proportions, un ensemble de faits nouveaux qui vous pénètrent, le mouvement particulier de la ville, tout enfin vous avertit que les hommes que vous coudoyez savent au juste ce qu'ils veulent, et, le sachant, le veulent bien et toujours.

Ce qui étonne le plus un Français errant dans les rues de Londres, soit qu'il se promène dans les aristocratiques rues du West-End, soit qu'il s'égare dans la commerciale Cité, c'est l'absence presque totale de l'autorité. On l'a dit cent fois, et cette vieille vérité paraît toujours nouvelle. Point de sentinelles, si ce n'est, çà et là, quelques habits rouges isolés et comme engloutis dans la foule ; le bruit des tambours est un événement, le passage d'une compagnie de horseguards produit l'effet d'un coup de théâtre. Personne n'a d'uniforme, si ce n'est dans la vie officielle. Le gouvernement, le bras, l'autorité sont représentés par des policemen. Ces serviteurs tranquilles exercent surtout un droit de protection ; ils sont à qui les appelle.

Je ne sais rien qui, plus que Londres, donne mieux l'idée de la force dans le calme ; l'une y semble inséparable de l'autre ; point de trouble, point d'agitation, point de bruit, mais un mouvement rapide, énergique, où l'on ne sent peut-être pas l'ardeur, mais où l'on devine la persévérance.

Les Anglais ont cet art singulier de remuer beaucoup sans faire aucun bruit. Le mouvement du boulevard des Italiens, à l'angle de la rue Laffitte, donne mal une idée du mouvement prodigieux de Londres, à Regent's street, à Piccadilly, dans le Strand, mais on dirait ici que la loi n'accorde aux voitures et aux chevaux que juste la somme de bruit que leurs roues et leurs sabots ferrés peuvent dégager dans une course effrénée. Pas un atome de son au delà.

On ne parle pas, on ne crie pas, on ne rit pas. Les chiens même n'aboient pas. Et ceci n'est point une plaisanterie comme on pourrait le croire.

D'abord on en rencontre fort peu; puis ceux qu'on aperçoit ont une façon de trotter dans la rue qui indique suffisamment qu'ils ont le droit de circuler : on dirait des chiens qui ont pignon sur rue; ils ne cherchent pas leur chemin, ils ne s'arrêtent point à causer entre eux; ils marchent droit et d'un pas tranquille; on peut croire que ce sont des chiens qui vont à leurs affaires, ou qui rentrent au logis après avoir quitté la Bourse et les Docks.

Les chevaux ont bien une autre allure! Quelque chose de l'axiome anglais par excellence a pénétré dans leur esprit, ou leurs jambes, comme on voudra; ils ne perdent pas une minute, filent au grand trot, et savent la valeur du capital qu'ils représentent. Ah! qu'ils ressemblent peu aux chevaux français, toujours prompts à flâner, hélas! comme leurs maîtres!

On n'a jamais bien calculé la somme d'économie que représente le silence d'un Anglais. La parole supprimée, les conversations meurent et les affaires en profitent. Mais que répondre à la philosophie parisienne qui met en circulation cette idée que le temps perdu est du temps gagné!

Après qu'on s'est un peu familiarisé avec ces larges et longues rues dont il semble qu'on ne doive jamais atteindre l'extrémité, on s'étonne tout à coup qu'elles soient si peu encombrées par les démolitions et les reconstructions. Que l'on voit bien vite que Londres n'est pas une préfecture! Je n'ai guère rencontré que deux maisons par terre, et deux ou trois en construction au centre de la ville, celle de M. de Rothschild, entre autres, dans Piccadilly. Tels on avait laissé le West-End et la Cité en 1851, tels on les retrouve en 1862. On y perd l'agrément de ces monstrueuses charrettes qui se promènent à grand fracas dans les rues effondrées, et ces profondes tranchées qui s'ouvrent sous les pieds des passants; c'est triste sans doute, mais les Anglais semblent avoir le mauvais goût de s'en consoler.

Cependant disons les choses comme elles sont;

les rues de Paris, si mesquines auprès de celles de Londres, m'ont paru d'une propreté plus soignée; quand le vent balaye ces larges artères qui sillonnent la grande ville, on est aveuglé par la poussière et mille détritus de toutes sortes.

Les Parisiens sont convaincus qu'il y a des voitures et des omnibus à Paris : cela paraît même vrai à première vue ; on en doute cependant lorsqu'on visite Londres. C'est ici vraiment la capitale des roues et des chevaux. Quelle effrayante circulation ! Les omnibus passent, repassent et repassent encore, toujours pleins, toujours alertes, toujours au grand trot. On en a construit tout exprès pour l'Exposition, qui sont attelés de trois chevaux de front et qui portent quarante-huit passagers. Quand un voyageur descend, quatre veulent monter.

Il y a, dit-on, roulant sur le macadam sept mille omnibus et plus de treize mille voitures de place. Je ne parle pas des voitures particulières. Or cette gigantesque circulation n'entraîne guère d'accidents; les roues ont cette conviction qu'elles sont faites pour rouler, et point pour se heurter. Si, d'aventure, deux d'entre elles oublient ce sage précepte, on s'arrange pour les remettre à leur place silencieusement, et les cabs s'éloignent sans que les cochers aient échangé une injure ou même une parole. C'est tout au plus si le fouet a parlé.

Aux passages difficiles, à Hyde-Park, par exemple,

si deux files se croisent en sens inverse, un policeman fait un signe. Sa main levée arrête tout. Point d'impatience, point de cris. Une file s'éloigne, l'autre attend. Quant au maître de la voiture, immobile et grave, il est assis sur son coussin, plus calme qu'un sphinx de granit. Si pressé qu'il soit, il ne penche même pas la tête à la portière. Il sait que si le cocher ne pousse pas ses chevaux, c'est qu'il a un motif, et cela lui suffit.

Voyez chez nous quand un omnibus reste en place, voilà vingt têtes qui s'agitent et chacun interpelle son voisin.

Notons, en passant, ce fait singulier que les voitures n'ont ici aucune espèce de lanternes; pas plus les cabs que les omnibus. Une lanterne est une exception. Dans la masse des véhicules courant toujours, elles sont, comme dirait un homœopathe, dans des proportions infinitésimales.

Cela tient, je crois, au principe anglais : Chacun pour soi, chacun sa chose. L'affaire du cocher est de conduire ses chevaux; l'affaire du piéton est de les éviter. Ajoutons que les cochers ne crient jamais gare. C'est ainsi qu'on apprend à faire attention.

Ne vous disais-je pas tout à l'heure que rien n'était changé à Londres? Je me trompais. Si les maisons sont toujours les mêmes, construites perpétuellement en briques jaunes, d'après un modèle qui ne varie jamais, charmantes et commodes à l'intérieur, tristes et passablement laides à l'extérieur, avec un je ne sais quoi de sombre et d'uniforme qui donne à la ville l'aspect d'une prison monumentale, les hommes ne sont plus tels qu'on les a connus.

La barbe et les moustaches ont entrepris la conquête des lèvres et des mentons anglais. On ne voit plus seuls ces grands favoris qui trahissaient leur origine britannique dès qu'on apercevait le bout de la joue. Vous me direz que ce n'est rien; c'est beaucoup, ne vous en déplaise. Les moustaches à Londres, les moustaches ayant conquis droit de cité, c'est l'envahissement de l'esprit militaire, c'est le symptôme d'un élément que réprouvait autrefois l'esprit britannique. Or il y a aujourd'hui sur le sol anglais des barbes que ne répudierait pas un zouave.

Autre chose encore : on fume beaucoup, on fume presque partout, et ce n'est pas seulement le cigare qui a fait irruption dans les habitudes anglaises, c'est la pipe. Faut-il y voir un signe des temps? On n'eût pas toléré il y a quelques années la présence d'un fumeur dans un wagon de chemin de fer; aujourd'hui ces messieurs entrent dans les gares mèche allumée.

Il me semble que c'est l'infiltration de l'esprit démocratique dans la société la plus aristocratique qui soit au monde; je n'étais pas au bout de mes surprises. L'autre jour, un dimanche, un vrai dimanche d'après l'almanach et le silence général, j'ai entendu un piano! Evidemment le traître ne jouait pas tout seul. Deux mains anglaises s'oubliaient donc sur le clavier et les murailles ne s'écroulaient pas!

Le même jour, à l'heure des offices, dans la banlieue de Londres, à Richmond, à Hamptoncourt, les Français égarés trouvaient aisément à déjeuner dans les hôtels, et personne ne faisait difficulté de les servir. Et cependant les omnibus allaient et venaient, les chemins de fer sifflaient à toute vapeur, et force gens s'échappaient de la ville pour s'égayer, oublieux des vieilles traditions.... Londres n'est plus dans Londres !

On ne voyage pas impunément, et si forte que soit la cuirasse qui sépare les Anglais du reste des mortels, les locomotives ont fini par l'user un brin. La résistance a été longue; mais si nous avons importé en France quelques-unes des habitudes de nos voisins, on peut reconnaître la trace de l'influence française en Angleterre. Il y a eu libre échange à travers le détroit. Il est facile de prévoir qu'un temps viendra où les journaux paraîtront et où la poste circulera le dimanche.

On a beaucoup parlé des volontaires qu'un élan d'ardeur patriotique a fait surgir du sol anglais. Le hasard m'en a fait rencontrer une compagnie, à l'angle de Portland Place, qui marchait au son du fifre et du tambour. J'ai regardé cette compagnie avec attention et respect. Ces hommes se sont armés volontairement, spontanément, à leurs frais; ils sont libres dans leur organisation, libres dans leur équipement, libres dans le choix de leurs chefs; ils s'administrent eux-mêmes et ne relèvent de personne. Une noble pensée les anime : ils veulent ce que nos pères ont voulu autrefois, et, l'uniforme accepté comme un devoir, ils persistent dans leur résolution avec cette tranquille et froide constance qui est le premier élément du succès. On a beaucoup ri de cette institution dans un certain monde en France. Il me semble qu'on a eu tort.

On n'emploie jamais les volontaires à faire la haie ou à monter la garde. Ils s'organisent et ils s'exercent, c'est tout.

Je crois avoir dit dans une précédente lettre que le samedi était un jour réservé à la vanité qui veut avoir ses coudées franches à l'Exposition. Je me souviens qu'à Paris, autrefois, il y avait, aux époques d'exposition, des jours réservés. La seule exception, c'est que l'argent n'en permettait pas l'entrée; c'était une question de billets de faveur. Voyez la différence · chez nous on sollicitait, ici on paye.

Donc, pour passer le tourniquet aux portes de l'*International-Exhibition*, il faut, les samedis, laisser une couronne aux mains du comptable. Le vendredi une demi-couronne suffit; mais ce jour-là ne contente guère que les demi-amours-propres.

Quand vient le dernier jour de la semaine, il y a foule d'équipages, l'après-midi, aux portes de l'Exposition; laquais poudrés n'y manquent pas non plus. Ailleurs on les prendrait pour des chambellans, tant ils ont l'air grave et paraissent convaincus qu'ils remplissent un emploi dans la hiérarchie sociale.

Dans l'intérieur, ce ne sont que volants, mousselines, dentelles et falbalas. Que les Françaises se rassurent. Elles n'ont pas, comme certaines critiques ont voulu le leur faire croire, le monopole des robes trop larges et des jupes trop longues. Il me semble même que leurs voisines exagèrent la circonférence autorisée par la mode. L'autre jour je me suis trouvé pris devant les porcelaines de Sèvres entre une lady et une jeune miss; la peine que j'ai eue à franchir ce double rempart m'a donné une excellente opinion des aciers anglais taillés en cerceaux.

Mais si les cerceaux ont leurs inconvénients, quelle belle et charmante collection de bouches roses un peu fendues en cœur, de grands yeux bien ouverts et limpides, de teints éblouissants, de cheveux dorés! J'ai tenu longtemps les gravures qu'on voit dans les keapsakes en suspicion. A présent, je rends hommage à leur sincérité.

Une observation en passant. On remarque en Angleterre, quoi qu'en disent les poëtes, autant de cheveux bruns et noirs qu'à Madrid de chevelures blondes et cendrées. Les chemins de fer font voyager les nuances.

Vous ai-je dit que l'exposition de la manufacture de Sèvres avait un grand succès à la grande exhibition? Il y a toujours foule dans la partie qu'elle occupe. La pâte, l'émail, la couleur, le dessin sont fort admirés; est-ce avec beaucoup de raison? Je ne sais trop, s'il faut en croire certaines personnes compétentes qui estiment que la manufacture impériale pousse son travail dans une voie vicieuse, et qui mettent bien au-dessus de ses produits, au point de vue de la décoration, de la couleur, de l'harmonie, du style, les vieilles porcelaines de la Chine et du Japon. Quoi qu'il en soit, on remarque là des tasses, des écuelles, des vases, des urnes, des coupes, des buires, des assiettes qui doivent pousser au crime ou, tout au moins, induire en tentation de vol tout amant des potiches. Aussi voit-on souvent noué autour de l'anse d'un vase, ou retenu par le pied d'une coupe, un bout de papier avec ce mot écrit au crayon : *Sold; acheté.*

Aux heures privilégiées du samedi, l'Exposition, avec ses colossales voûtes, sa grande nef, ses innombrables galeries, son jardin immense, car il y a un jardin, ses salles de réfection étagées sur les quatre faces, est comme un immense salon tout rempli de gazouillement. La langue anglaise a cela de particulier pour des oreilles parisiennes, qu'elle change d'accent et de caractère selon les bouches qui la manient. Les jeunes misses qui se rencontrent parlent un peu comme des hirondelles; c'est le même son. Avec certains hommes, si on fermait les yeux, on pourrait se croire au bord d'une fontaine dont l'eau tomberait par secousses intermittentes sur du gravier.

Cette aristocratie, qui se passe elle-même en revue le samedi à l'*Exhibition*, nous la retrouvons à Hyde-Park tous les jours. De midi à deux heures on y monte à cheval; c'est l'heure de la jeunesse.

Et l'on croit voir des chevaux au bois de Boulogne! Chez nous encore on se retourne quand passe une amazone. Fournissez aux jeunes Anglaises des arcs et des lances, et vous aurez bien vite une armée aussi nombreuse que celle que combattit Thésée. Ce sont des escadrons sans cesse remplacés par d'autres escadrons. Plus tard, vers quatre ou cinq heures, les voitures fashionables arrivent en foule. Ce n'est bientôt plus qu'une longue file d'équipages à croire que tous les carrossiers du monde ont vidé leurs ateliers. Ce tourbillon dure jusqu'à sept heures. C'est à ce moment que les policemen placés en surveillance devant les grilles du parc ont fort à faire. Multipliez le mouvement des Champs-Élysées, le dimanche, par le mouvement du boulevard de la Madeleine, à six heures, et vous n'aurez pas encore une idée de ce qui se passe chaque jour à l'ombre de la statue de lord Wellington.

Ce même monde qui se promène à Hyde-Park, on le retrouve à Covent-Garden, où chante la compagnie italienne, parmi laquelle on compte M. Faure et Mme Carvalho avec Tamberlick.

Il me paraît que les Anglais nous donnent à Covent-Garden une leçon de politesse. Autrefois, à l'Académie royale de Musique, on n'entrait dans les coulisses que le chapeau à la main. Que les temps sont changés! Cette tradition s'est perpétuée au foyer et dans les couloirs de Covent-Garden. Les gentlemen s'y montrent toujours nu-tête, en tenue de bal; les femmes, décolletées, en grande toilette.

Ceci n'est qu'un détail de la vie privée; voici un détail qui touche à la vie publique et qui a plus d'importance.

Il y a dans un coin du foyer un appareil électrique qui transmet de quart d'heure en quart d'heure, au besoin de minute en minute, les débats du Parlement. Tout en applaudissant le trio de *Guillaume Tell* ou le sextuor de *Lucie*, les dilettanti, qui pour la plupart appartiennent à la politique, soit par leurs actes, soit par leurs fonctions, soit par leurs alliances, ou même encore par leurs espérances, — la politique n'est-elle pas un peu partout en Angleterre, en haut, en bas, au centre et à la circonférence? — savent quel orateur a la parole, quel adversaire combat le ministre, quelles motions sont présentées, quels débats s'engagent; et si la question présente un intérêt plus vif, beaucoup d'entre eux, qui sont membres de la Chambre des Lords ou membres des Communes, quittent l'Opéra pour le Parlement.

Autour des dépêches, il y a toujours un grand nombre de lecteurs. Le parlement est le cœur du pays; chacune de ses pulsations est ainsi portée à la connaissance de tous, analysée, commentée, jugée, et tout le monde a sa part de la vie politique. C'est qu'en Angleterre, il y a longtemps qu'on l'a dit, chacun sait qu'il est quelqu'un.

Si l'on ne jette pas à terre les maisons par centaines à Londres comme à Paris, sous prétexte d'ouvrir des rues nouvelles, on n'y voit pas moins des quartiers tout entiers surgir sous l'impulsion de l'activité publique. De longues files d'hôtels, qui n'existaient pas en 1851, s'alignent dans le voisinage d'Hyde-Park. D'autres poussent du sol ailleurs, un peu trop vite même, car quelques-uns se sont écroulés avant d'être finis ; mais ces habitations somptueuses tolèrent à leurs côtés de modestes petites maisons que personne ne songe à renverser.

On sait que le bâtiment de l'Exposition est le produit d'une spéculation particulière. Certes, il n'est pas magnifique extérieurement avec ses grandes façades de briques jaunes, mais à l'intérieur il est confortablement aménagé et la lumière s'y trouve répandue avec une égale profusion, depuis la fontaine de faïence qui verse en cascades l'eau de Cologne jusqu'au département des locomotives.

Au besoin on pourrait vivre à l'Exposition sans en sortir ; il n'y manque que des lits. Quelque jour cet oubli sera réparé. Les réfectoires de toutes sortes y sont nombreux; il y a une salle pour se débarbouiller, avec des robines qui répandent à flots l'eau chaude et l'eau froide, une salle encore pour écrire, et les Français ont obtenu un coin où l'on prend du café, du vrai café, la chose que l'on trouve le plus difficilement à Londres.

J'écris *difficilement* pour être poli, sans quoi je dirais que c'est impossible.

Un voyageur n'a-t-il pas dit : Demandez à Londres dix milliards pour changer la face du globe au point de vue industriel ou politique, Londres vous les donnera : ne lui demandez pas une tasse de café. En revanche, une pensée philanthropique a multiplié les fontaines; non pas des fontaines monumentales comme celle de la place Louvois, mais d'honnêtes petites fontaines fort propres, accompagnées d'une tasse de métal retenue par une chaînette à la margelle du bassin. Cela vous invite à boire.

On doit ces fontaines à l'initiative des particuliers. C'est ici le grand ressort. Quel abîme que ce mince détroit qui sépare les deux pays, qui sont les deux grands pays ! Cette même pensée qui offre aux passants des gobelets pleins d'une eau claire et rafraîchissante, a élevé des hôpitaux de tous côtés. Ces hôpitaux, une inscription fière et modeste le dit, ont été construits et sont entretenus par des souscriptions particulières. Les mains qui les ont dotés les administrent.

J'ai vu à Trafalgar-place la statue de ce héros si véritablement anglais, le major-général Havelock. C'est encore la souscription publique qui la lui a donnée. Ainsi pour la statue du génral Outram, un autre héros non moins tenace, non moins brave, non moins grand.

Notons en passant une chose d'un bon exemple. Les plus grandes dames ne dédaignent pas de s'occuper des hôpitaux et des maisons de charité. Elles ont des fonctions en quelque sorte officielles, la chose prise dans le sens intime du mot ; lorsqu'elles se présentent chez un marchand pour acheter du linge, du drap, des étoffes pour leurs malades ou leurs indigents, elles n'ont qu'à énoncer leur qualité. A ce mot : Dame de charité, la marchandise leur est livrée au prix de fabrique.

Une chose qui n'a pas la même valeur, mais qui a son côté comique et qui a fort surpris les exposants, c'est le soin qu'ont tous les marchands de faire tinter sur le marbre ou le fer du comptoir la pièce qui leur est offerte en payement. Ce n'est pas méfiance, c'est précaution.

Il y a abondance de fausse monnaie sur la place de Londres.

Je ne sais pas, en somme, si l'Exposition de 1862 a tenu toutes les promesses qu'elle avait fait concevoir; mais si, de côté-là, il y a eu quelques désillusions, il faut reconnaître aussi qu'au point de vue moral il y a bénéfice dans ces grandes fêtes qui mêlent des flots si nombreux de population. Pour nous autres Français un peu mobiles, un peu prompts à désespérer des meilleures choses, comme nous sommes enclins aux faciles enthousiasmes, et qui prenons volontiers une éclipse pour la nuit, il y a profit à suivre dans son développement régulier un peuple que rien n'abat, si rien ne l'exalte non plus outre mesure. On y apprend à estimer ces deux forces, la patience et le temps.

COURSE AU CLOCHER.

I

FRANCFORT.

Juin 1863.

C'était autrefois la ville des empereurs, c'est aujourd'hui la ville des banquiers. Les Rothschild ont succédé aux Hapsbourg, l'or a remplacé la politique. Je ne crois pas, au demeurant, que Francfort ait rien perdu à ce changement. L'importance, aujourd'hui, ne se mesure-t-elle pas aux millions?

Londres et Paris exceptés, il n'est pas de ville, j'imagine, plus riche que Francfort; il n'en est pas non plus où l'or rencontre sur son passage plus de mains disposées à le manier. On pourrait croire que tout le monde en vit et que tous les doigts s'en repaissent. Il va, vient, circule, monte et descend. Ailleurs, c'est presque toujours un grand seigneur; à Francfort, c'est un esclave auquel on ne laisse ni un jour ni une heure de repos. Pas une pièce d'or, qu'elle porte l'effigie de la reine Victoria ou le profil du roi Frédéric-Guillaume, qu'elle arrive de France ou de Russie, qui ne doive y payer un tribut de quelques centimes. C'est comme un droit de transit. Je ne sais pas qui a dit qu'à Francfort les petits garçons naissent banquiers, agioteurs ou agents de change, mais il suffit de traverser la ville en courant pour s'apercevoir que l'or et son annexe le billet de banque sont la pierre angulaire de la ville où siége la Diète. On ne voit partout que boutiques de changeurs; pas une rue qui n'en ait au moins deux.

Il ne faut pas que cette profusion de boutiques vouées au commerce de l'or et du papier étonne; on a franchi la frontière du pays de l'obscur et de l'embrouillé. On est en pleine Allemagne déjà. Or, on sait que l'Allemagne a, par tempérament, horreur du clair et du net; elle a, tout au contraire, le goût du brouillard en toutes choses, et en toutes choses elle le fait pénétrer. La politique et la philosophie n'y suffisant pas, elle lui a fait sa part dans le commerce et l'industrie. Dans le système des monnaies, il règne en maître.

Qui ne se rappelle cette commission à laquelle les États allemands confiaient naguère le soin d'établir un peu de clarté dans le système des monnaies? Elle resta en conférence pendant quinze ou dix-huit mois, discuta beaucoup, écrivit de nombreux rapports, parla longtemps, s'entoura d'une montagne de documents, et finit par ajouter une monnaie nouvelle à l'amas des monnaies sous lequel succombe la vieille Allemagne.

Cela fait, on se sépara.

Aussitôt qu'on a passé le Rhin, le billet de banque affecte toutes les formes et toutes les couleurs. Chaque État a les siens, les grands duchés comme les royaumes, les villes libres aussi bien que les principautés; et comme si ce n'était pas assez des provinces réunies par le lien fédéral, certains princes qui n'ont pas de villes et certains chemins de fer ont pris ou obtenu le droit de frapper des billets de banque. De là un nuage de papier. Mais ce nuage de papier qui flotte partout n'est pas accepté partout avec la même facilité. Il faut bien prendre garde aux frontières que l'on traverse, et ne pas se servir du papier du grand-duc de Hesse dans le pays du grand-duc d'Oldenbourg. Les méchantes langues affirment qu'un pauvre billet de banque perdant quelque parcelle de sa valeur à chaque frontière nouvelle, il court grand risque de ne plus rien valoir du tout lorsque, des bords du Rhin, il arrive aux bords de la Vistule.

Mais qu'on se rassure; les napoléons sont les bienvenus partout.

Si grande que soit la puissance de l'or dans la ville libre, elle n'étouffe pas cependant le souvenir de Gœthe.

A quelques pas du Rossmarkt, dans la Grosse Hirschgraben, quelque pieux enthousiaste fera voir au touriste la maison où naquit, le 29 août 1749, celui qui fut Jean-Wolfang Gœthe. Depuis 1845, une inscription gravée sur une plaque de marbre consacre cette maison. Quel étudiant ne l'a pas saluée!

Entrez et vous verrez la chambre dans laquelle il écrivit *Gœtz de Berlichingen*, une partie de *Werther* et ses premières poésies. On y conserve encore un dessin qu'il a tracé et sous lequel sa forte main a écrit quelques vers.

Je ne sais pas si le souvenir de Gœthe est enraciné bien profondément dans l'âme des citoyens de Francfort. Trop de richesse s'accommode mal d'un rayon de poésie; mais les millions peuvent disparaître, la Diète elle-même peut être emportée, la mémoire du grand Gœthe vivra éternellement, et par là Francfort bravera l'assaut du temps.

Les premiers pas qu'on fait autour de Francfort, quand l'un des trois chemins de fer qui aboutissent sur la rive droite du Mein laisse le voyageur auprès de la porte Saint-Gallus, peuvent vous faire croire qu'on est à Auteuil. L'illusion ne dure qu'un instant, mais elle est permise. De toutes parts des jardins et des cottages, des villas et des pelouses séparés de la chaussée par des grilles orgueilleuses, derrière lesquelles des massifs d'arbres et des corbeilles de fleurs déploient leur luxe et leur élégance. Derrière ces vérandahs et ces pérons sont les nids où la finance de Francfort abrite ses loisirs en été. Un grand bruit de roues fuyant sur le gravier des avenues, le nombre et la beauté des calèches et des chevaux, la poudre qui coiffe les cochers assis sur leurs siéges plus majestueusement que des sénateurs dans leurs chaises curules, la présence d'un peuple de laquais en livrée vous apprennent bien vite qu'on n'est pas à Auteuil, mais dans la capitale des banquiers allemands. Ces riches demeures, ménagées sur l'emplacement des vieilles fortifications qui n'arrêtèrent ni les Suédois de Gustave-Adolphe, ni les grenadiers de Kléber, sont la vanité et le délassement des barons et des millionnaires qui peuplent la ville libre.

On en a construit beaucoup ; on en construit encore. Elles ont tous les styles et rappellent toutes les époques. Quelques-unes, presque modestes, s'abritent dans des jardins remplis d'ombre et de fraîcheur; d'autres élèvent leurs façades toutes blanches au milieu de parcs qui conviendraient à des châteaux. Toutes ont, pour égayer leur magnificence, des populations d'oiseaux qui gazouillent dans les futaies. On y retrouve ces vieux merles noirs, hôtes habituels de notre avenue Gabriel, et des tribus de pinsons qui sont en quelque sorte les moineaux de l'Allemagne. Ils ne sont pas moins familiers et chantent mieux. Cette ceinture de fleurs, de chansons, d'ombrages et d'eaux vives est une des choses les plus charmantes qui se puissent voir.

Un philosophe de l'école humoristique disait, en parlant de Francfort, que ce qui prouvait le plus clairement qu'on était dans une ville libre, c'était la quantité extraordinaire de soldats qu'on y voyait. Il y en a de toutes sortes et de tous pays : des Autrichiens, des Prussiens, des Bavarois. Il y a même quelques compagnies de fantassins francfortois. Voilà donc quatre uniformes qui se coudoient. La liberté de l'ancienne ville impériale a été mise sous la protection des baïonnettes; d'autres disent sous la surveillance. Combien de pays qui à ce point de vue ressemblent à Francfort!

Ce grand luxe de précautions, qui, à vrai dire, semble exagéré dans une ville où tant de millions se promènent en calèche, date de 1833, époque où des étudiants tentèrent de s'emparer de Francfort pour changer la Constitution de la Confédération germanique.

Il y a donc abondance de canons et de patrouilles dans la ville où discute la Diète. Les bourgeois n'ont point l'air d'y prendre garde. Il est toujours flatteur pour les citoyens d'une république d'avoir un empereur et deux rois pour les protéger.

Le premier soin d'un étranger qui visite Francfort est de courir à la Judengasse, rue des Juifs.

Qui ne se rappelle la magnifique description qu'en a donnée Victor Hugo! Mais telle elle était, telle elle n'est plus! C'est à peine si en passant le touriste donne un coup d'œil au monument de Gutenberg, entouré de ses amis Faust et Schœffer, un regard au monument de Gœthe. L'un est en pierre, l'autre en bronze; l'un est flanqué de statues allégoriques, l'autre est entouré de bas-reliefs, mais le touriste ne leur accorde qu'une attention distraite, et, poussé par le souvenir, il cherche la rue d'où la dynastie qui gouverne le crédit européen a pris son vol.

Une rue magnifique, la rue de la Paix de Francfort, l'y conduit. A l'angle de la Zeil, un édifice où sont les comptoirs tout battant neufs de la maison Rothschild garde l'entrée voisine de la Judengasse. On fait encore quelques pas, et l'on pénètre dans cette ruelle étroite dont les maisons étaient, suivant l'énergique expression du poëte, *comme serrées avec terreur les unes contre les autres.*

Un hasard me l'avait fait voir il y a quelque dix ans, un hasard m'y a ramené ces temps derniers. Que les murs sont changés! Beaucoup sont par terre, un plus grand nombre va tomber. La municipalité de Francfort, éprise de la ligne droite et amoureuse du moellon, comme ailleurs les préfectures, s'attaque aux vieilles maisons de bois et les renverse. Toutes ces écailles, tous ces pignons, tous ces madriers, ces entassements de constructions frêles et bizarres, noircies par le temps, rongées par une sorte de lèpre qui suinte des murailles, percées irrégulièrement de fenêtres noires et craintives où des morceaux de verre opaque s'enchâssent dans des losanges de plomb; toutes ces portes soupçonneuses, cadenassées et verrouillées; ces cheminées fantasques; ces boutiques sombres où s'entassaient pêle-mêle des amas sans nom de débris informes et de dépouilles fétides d'où sortait la richesse; ces cours ténébreuses, profondes comme des puits, muettes comme des tombeaux, ces retraites branlantes et silencieuses où tant de générations se sont abritées, poursuivies à intervalles inégaux par la menace, le pillage, l'incendie et la mort, tout cela tombe et disparaît sous le marteau des démolisseurs. La pioche n'a pas besoin de frapper à coups redoublés; l'œuvre rapide en a été préparée par le passage des ans. Bientôt il n'en restera rien. La Judengasse ne vivra plus que dans le souvenir de quelques voyageurs et sous le burin des eaux-fortes.

La maison qui fut le berceau de Rothschild subsiste encore. Peut-être sera-t-elle la dernière à tomber. Un souvenir pieux l'a conservée.

Devant la maison Rothschild s'étend un espace libre; on a voulu donner du jour et de l'air à l'antique demeure de famille, et les murs qui lui faisaient face ont été balayés. Ainsi s'écroule par places la rue historique. Le confort chasse le pittoresque.

Cette fièvre de démolitions qui ne sévit pas seulement à Paris, mais qui remue l'Europe, et qu'on retrouve à Vienne après l'avoir surprise à Marseille, a quelque chose de bizarre et de fatal. On dirait qu'un bras mystérieux et fort pousse tous les peuples à rompre avec le passé. Tout s'abîme, tout tombe en poudre : les vieux hôtels et les masures comme les traditions et les royaumes. On renverse les villes et les dynasties, on se hâte, on se presse ; on croit la journée perdue si on n'a pas arraché quelque lambeau à ce qui reste de la livrée des siècles. La société et l'Europe font peau neuve, dans les pierres et dans les lois. Tout s'en va. Que sait-on qui vient ?

Quand on se promène au hasard au travers de ces quartiers vermoulus tout illuminés en quelque sorte par les reflets du passé, on est tout à coup saisi par la présence de visages qu'on croit reconnaître, bien que jamais on ne les ait vus. La jeune fille qui rit à sa lucarne, le vieillard dont le profil austère se dessine dans la pénombre d'une boutique, la femme qui ravaude sur le pas d'une porte, le jeune homme dont le visage apparaît dans le cadre lumineux d'une fenêtre, ces yeux inquiets et vifs ou profonds et voilés, ces fronts graves et dépouillés, ces sourcils droits et nets ou touffus et soucieux, ces bouches d'un contour ferme qui portent la marque de la ruse et de l'obstination, ces mentons carrés ou pointus, ces barbes fines, ces physionomies expressives éclairées par un regard rapide et lumineux, tout vous dit avec quelle vérité puissante les vieux peintres avaient reproduit sur le cuivre et la toile les types que leur offraient les tribus juives éparses devant eux. Les siècles ont passé : telles ils les ont vues, telles on les revoit. Mais quel sentiment idéal de l'art dans cette reproduction de la réalité !

Chemin faisant, on rencontre des églises en grand nombre : jadis catholiques, elles sont pour la plupart protestantes aujourd'hui. La Réforme les a conquises. Pour la plupart aussi elles ont perdu les richesses intérieures qui faisaient leur caractère; presque plus de tableaux, de retables, de chaires sculptées, de stalles ouvrées dans le chêne, d'images taillées dans la pierre, de tabernacles ciselés dans le cuivre, de bas-reliefs, de pierres tombales, de jubés, de chapelles éclairées par des vitraux flamboyants. On peut être du parti de la Réforme au point de vue politique et social, au point de vue religieux même; il est impossible de l'aimer au point de vue artistique. Entre les bras du protestantisme les cathédrales meurent.

Une de ces églises cependant fait exception à la règle commune. Elle appartient encore aux superstitions du papisme comme on dit dans monde anglican; ce qui signifie que le vieux catholicisme y a conservé le libre exercice de son culte. La cathédrale, plus vulgairement connue sous le nom de Saint-Barthélemy, a gardé, çà et là, quelques traces de son ancienne magnificence.

Contre les murs des nefs latérales éclatent, splendidement coloriées, les images des vaillants barons et des preux chevaliers qui furent l'orgueil de la ville impériale. Ces tombes encastrées dans la pierre sont couronnées d'armoiries farouches et surmontées de casques formidables. Trompes d'éléphants, cornes de rhinocéros, griffes de lions, ailes d'hippogriffes, massacres de cerfs, hures de sangliers, têtes d'ours, dextres armées de glaives, panaches échevelés, tous les emblèmes les plus menaçants du blason germanique hérissent ces restes de la féodalité guerrière.

Parmi les familles dont ces pierres sépulcrales rappellent les grandeurs, une seule a fait souche, une seule traverse les temps modernes; toutes les autres sont éteintes. Que sont devenus nos sires de Coucy, nos Xaintrailles, nos Courtenay?

Parmi les tombes qui dorment dans l'intérieur de la cathédrale, il en est une qui garde la mémoire d'un lieutenant général des armées de S. M. le roi Louis XV. Son inscription funèbre se lit contre le mur, dans la langue que parlèrent Bossuet et Fénelon, que parlait alors Fléchier.

Dans quel coin de la terre les Français n'ont-ils pas laissé des morts? Leurs ossements sont dans les capitales, ils sont dans les déserts.

Quelques fresques dans le chœur, un Christ sur les genoux de la Vierge, attribué à Albert Durer, une vierge au lit de mort, une peinture sur cuir, le tombeau de l'empereur Gunther de Schwarzburg élu en 1349, et c'est tout. Cependant une porte est là dans un coin, ouvrant sur une chapelle. Franchissez le degré qui la sépare de Saint-Barthélemy et vous serez dans l'enceinte sacrée qui fut la chapelle d'élection, Wahl-Kapelle.

C'est là que les électeurs, après avoir quitté le Kaisersaal, proclamaient l'empereur nouvellement choisi. Elle est nue, elle est froide, elle est vide. Dans l'un des coins de cette chapelle, d'où sortait, la couronne au front et le globe à la main, le maître de l'Allemagne, oublié, vermoulu, tombant en poudre, dédaigné, se cache le siége où s'asseyait le césar du Saint-Empire. Un peu de bois fendillé, un pan de velours rouge tout éraillé, voilà ce qui reste de ce trône qui jetait son ombre sur l'Europe.

Chose singulière! A côté de la cathédrale, mais entièrement séparée de sa masse, s'élève une tour. le Pfarrthurm, qui ne lui appartient pas. Elle est aux protestants.

Sur l'un des côtés de la place qui l'entoure, au n° 4, s'élève une maison où passa Luther. On montre encore le balcon d'où sa voix tombait sur le peuple, et l'on n'en connaît pas qui ait plus violemment ébranlé le monde.

Sur ces mêmes pavés où la foule tumultueuse écoutait la parole du moine saxon, s'élèvent en monceaux des légumes de toutes sortes. Je ne sais pas de ville où, à toute heure, on voie plus de carottes et de choux, de navets et de potirons. Ce sont des encombrements et des barricades entre lesquels les voitures se frayent un passage au hasard.

Une promenade au travers de Francfort, quelque route que l'on suive, vous amène bientôt au Rœmer.

Le Rœmer a tenu dans le monde, par le côté politique, une place presque égale à celle que tenait et que tient encore le Vatican. L'empereur qui en sortait était le vicaire du vicaire du Christ. Maître de l'Allemagne, il dominait la moitié de l'Europe. Le Rœmer n'est plus que l'hôtel de ville de Francfort.

Mais qu'on ne se fasse aucune illusion. Le rôle qu'il a joué n'en a pas fait un monument d'une architecture imposante. Ce n'est pas l'Escurial, ce n'est pas le Kremlin, ce n'est pas Windsor, ce n'est pas le Louvre. L'édifice est triste, lourd, morne, sans caractère. Des murailles plates, des fenêtres mesquines, des surfaces grises, des lignes vulgaires, des toits sans profil, des portes étroites, et c'est tout. On y conserve une collection de portraits où la longue série des empereurs est représentée. Ces portraits, apocryphes pour la plupart, et, sauf un petit nombre, peints à la diable, figureraient mal dans une vente publique, à l'hôtel des commissaires-priseurs.

On ne peut pas s'empêcher, en parcourant la place irrégulière dont le Rœmer occupe l'un des côtés, de remarquer l'effrayante quantité de fenêtres qui la regardent. Certainement les maisons bâties sur une place où l'air et la lumière tombent à flots ont bien le droit d'ouvrir des fenêtres sur leurs façades, mais celles du Rœmerberg en abusent. Ce ne sont partout que fenêtres : fenêtres au niveau des caves, fenêtres au sommet des toits; plus de fenêtres que de murailles. Il y en a qui sont perchées dans le voisinage des cheminées. Jamais on ne vit fenêtres plus imprudentes.

Un souvenir et une réflexion expliquent cette quantité inusitée de fenêtres. C'est moins pour respirer que pour voir qu'on les a ouvertes. C'est tout à la fois dans un but de curiosité et de lucre qu'elles ont accaparé l'espace partout ailleurs réservé à la pierre et à la brique. Le cortége impérial, qui partait du Rœmer pour se rendre à la cathédrale après l'élection, traversait la place, et les propriétaires des maisons voisines louaient à prix d'or aux curieux les fenêtres qu'ils ne pouvaient pas occuper avec leurs familles.

Ne louait-on pas en France autrefois les balcons qui touchaient à la place de Grève? Où la spéculation ne va-t-elle pas se nicher!

Deux vieilles maisons qui touchent au Rœmer, l'une en pierre, l'autre en bois, l'une avec des fresques à demi effacées, l'autre avec des sculptures qui montent jusqu'aux frises, ont été achetées par la ville comme un curieux spécimen des vieilles constructions. Leurs sœurs disparaissent rapidement. Çà et là quelques-unes subsistent encore, comme des pierres druidiques dans une lande.

Le Rœmer et la Judengasse ont conduit le touriste dans le passé à travers les guerres, les surprises, les violences, les éblouissements du moyen âge et de la Réforme; avec la Zeil il rentre dans la civilisation contemporaine. Voici les maisons de banque, les splendides hôtels, les magasins de modes et de cristaux, les boutiques de changeurs. La Bourse n'est pas loin.

Une ombre de puissance politique est restée à Francfort avec la Diète. Mais combien de temps la Diète elle-même est-elle destinée à vivre, du moins dans sa forme actuelle? Bien des ambitions, bien des impatiences, bien des rivalités la menacent. Elle répond mal, par les lenteurs inhérentes à son organisation, aux nécessités de la vie moderne; elle ne satisfait aucune exigence, elle ne flatte aucun espoir, elle ne permet aucun rêve. Elle ne subsiste que par l'antagonisme de tous; mais son poids et son frein irritent ceux-ci et fatiguent ceux-là. Vienne une crise, et elle peut disparaître comme elle disparut en 1848, pour faire place à quelque pouvoir inconnu dont nul esprit politique ne peut prévoir la forme et l'étendue.

Sera-ce une assemblée? Sera-ce un homme?

II

CARLSBAD.

Juillet 1863.

Les eaux de Carlsbad ont une réputation européenne. On en célèbre les vertus à Munich, à Dresde, à Berlin, à Stuttgard sur le mode pindarique. Aucun souverain d'Allemagne ne se croirait assis solidement sur son trône s'il ne leur rendait visite de temps à autre. Quant aux petits princes de la Confédération, il y en a toujours un certain nombre dans le pays. Je ne parle pas des grands personnages qui s'occupent des affaires de tout le monde, hommes d'État et diplomates; c'est la menue monnaie de l'endroit. Il n'est pas de ville sur le continent où l'on fasse plus de politique. Russes et Polonais de distinction y abondent. Les Français, race casanière, s'y font voir rarement et en très-petite proportion. Cependant on en rencontre par intervalles quelques-uns. Ils sont comme engloutis dans la foule : et comme généralement ils se gardent bien de savoir aucune langue étrangère, et l'allemand moins que toute autre, ils ne font aucun bruit, ce qui les étonne.

La grande vertu des eaux de Carlsbad n'est un secret pour personne. Les médecins eux-mêmes qui en recommandent l'emploi en proclament l'efficacité ; or, en fait de médecine, je ne sais rien de plus incrédule que certains médecins qui ne sont pas les moins fameux. La plus concluante preuve qu'on puisse donner de cette efficacité, c'est que les eaux de Carlsbad tuent quelquefois, et cela précipitamment. Il faut donc bien se garder de les prendre si leur usage n'en est pas formellement prescrit. On ne badine pas avec ces vierges folles qui dansent, bouillonnent et fument comme si elles avaient la fièvre.

Un dictionnaire de géographie vous dira que Carlsbad est une ville de 3400 habitants, située sur les deux rives de la Teppel, à l'entrée d'une vallée étroite, et qui dépend du cercle d'Egger, dans la partie nord-ouest de la Bohême. Ces renseignements officiels ne nous apprendraient rien, si l'on n'y ajoutait qu'en même temps que Carlsbad est la résidence d'été où les Allemands se guérissent de tous leurs maux, le dualisme et la philosophie exceptés, c'est en outre la capitale de l'ennui. Mais ici il ne faut pas prendre l'ennui en mauvaise part : c'est une affaire d'hygiène, cela rentre dans le traitement.

Que de guérisons, et il y en a beaucoup et des plus miraculeuses, expliquées par ce petit mot! Il implique l'exil de toutes les passions et le secours quotidien de la monotonie. Faire aux mêmes heures les mêmes choses, rompre avec les habitudes de la vie civilisée, fuir toutes les émotions, renoncer aux plaisirs de toute espèce, vivre entre des sources et des sapins comme dans un cloître, et boire de l'eau chaude, tel est l'ensemble des distractions que vous promet Carlsbad. Il n'y a pas même un modeste casino où le whist silencieux puisse abriter ses fiches. Le mieux qu'on puisse faire dans ce pays, c'est de se guérir au plus vite, afin d'avoir un prétexte de le quitter au plus tôt.

Quelques étrangers, des Parisiens surtout, se sont demandé, tant nous poussons loin l'indiscrétion, s'il ne serait pas possible de guérir en s'ennuyant moins. La Faculté a secoué la tête doctoralement. Cependant l'influence du temps est telle qu'il est question de bâtir un casino où l'on jouera, où l'on fera de la musique, où l'on dansera; l'emplacement en est même choisi. De plus, on a voté, je crois, un premier fonds de cent cinquante mille florins. La médecine déclare que tout est perdu.

Je dois dire cependant que les hôtes habituels de Carlsbad ne s'aperçoivent pas de cet ennui, contre lequel protestent les fils de la Gaule, pas plus que les habitants de la Norwége et de la Sibérie ne remarquent la neige. C'est une question de climat et de tempérament.

Trois routes postales conduisent à Carlsbad; elles partent de Hof, de Schwarzenberg et de Prague, Celle qui, de la capitale de la Bohême, se dirige directement vers Carlsbad est la plus longue. Celle qui part de Schwarzenberg est la plus courte. C'est celle-ci que la plupart des voyageurs choisissent. Schwarzenberg est, ainsi que Hof, situé sur la voie ferrée qui de Dresde va à Francfort par Bamberg, avec cette différence que la station de Schwarzenberg appartient à un embranchement qui se relie à la voie principale par Zwickaw. Un service régulier de diligences et de chaises de poste est établi sur ces trois routes. Un service à volonté de calèches et de berlines lui vient en aide. Berlines et calèches font sagement deux petites lieues à l'heure. Les accidents sont impossibles. Il faudrait, pour qu'il en arrivât quelqu'un, que le voyageur se jetât résolûment par la portière, la tête en avant. Une fée allemande a doué les cochers de prudence dès le berceau. L'ivresse même n'y fait rien ; à la montée ils s'arrêtent, à la descente ils enrayent, en pays plat ils font souffler l'attelage. Quant aux voitures, il y en a de toutes formes et de toutes tailles, depuis de simples cabriolets jusqu'à ces grandes malles-postes jaunes à triples compartiments inhospitaliers dont l'espèce est perdue en France.

La distance qui sépare Carlsbad de Prague est de vingt heures à peu près ; de Carlsbad à Hof, cette distance est de quinze heures ; de Schwarzenberg à Carlsbad, elle n'est plus que de huit à neuf. On la franchit indifféremment de nuit ou de jour. Quant à la rapidité de la course, elle est invariable ; la pleine lumière de midi n'en précipite pas plus l'allure que le clair de lune ne la ralentit ; même vitesse, c'est-à-dire même lenteur.

Les voyageurs qui passent à Schwarzenberg pour se rendre à Carlsbad sont immédiatement conduits à l'hôtel de la Poste ou à l'hôtel de Saxe. C'est à l'hôtel de Saxe qu'on descend de préférence. Il est toujours plein. C'est une habitude. L'heure est sans influence sur cet encombrement. Mais on ne va pas à Carlsbad pour s'arrêter aux petites misères du chemin. L'hôte est d'ailleurs un homme gai et qui prend votre mal en patience. Si les chambres sont pleines, il a bientôt fait de vous offrir la salle à manger. On s'y installe au hasard ; deux garçons qui bâillent et quelques filles d'auberge dressent des lits d'aventure sur des tables qu'on débarrasse lentement des restes du souper; un paravent fait une alcôve; on jette un drap et une couverture sur un canapé; c'est un lit. Chacun se couche, et on ferme les yeux en appelant à son aide cette pensée philosophique qu'une mauvaise nuit est bientôt passée. Le sommeil ne vient pas, mais le jour arrive; on est sur pied en quelques minutes, et l'hôte ravi vous félicite sur l'excellence du repos que vous avez goûté. C'est l'heure où l'on regarde ses voisins. On a eu pour compagnons de chambre un ou deux anévrismes et autant d'hépathites. Les plus ingambes vont rendre visite aux remises. Deux douzaines de calèches sont rangées autour de l'hôtel, en ordre de bataille. L'aubergiste déjeune; il vous engage à l'imiter, et tout en vidant une tasse de café, il met joyeusement les voitures, les chevaux et les cochers à votre service. On discute comme on peut. Personne dans l'hôtel n'entend un mot de français; mais la Providence suscite toujours quelque voyageur qui sert de truchement. Les questions de prix résolues, les cochers tirent les chevaux de l'écurie; mais il semble que tous aient appris par cœur le fameux vers:

Dans tout ce que tu fais, hâte-toi lentement.

et, malgré les supplications des voyageurs, ils le mettent en pratique.

Les bagages accrochés par-ci, suspendus par-là, on part enfin. Aux mines patibulaires des voyageurs embarqués dans ces coches on pense tristement qu'on en perdra une bonne moitié en route. Les teints qui vous font escorte varient du jaune pâle au vert d'eau. On ne sent pas que la gaîté vous tiendra compagnie. Cependant la route s'enfonce dans la montagne. Au bout d'une heure ou deux on atteint les frontières de l'empire d'Autriche; ce n'est plus la Saxe, on est en Bohême. Il faut exhiber les passeports. On dînera plus loin, dans une méchante auberge de village. La route continue dans un pauvre pays coupé de bois et de plateaux, sans caractère. On en veut à la Bohême de cet accueil monotone. Ce n'est pas sa faute. Le nom a plus de relief que la contrée. Les souvenirs de la formidable guerre des hussites, et ce qu'on a lu de l'histoire du roi de Bohême et de ses sept châteaux, préparent les yeux à des paysages dessinés par Gustave Doré. On n'a pas fait 10 kilomètres que l'illusion s'envole à tire-d'aile. Le château de Schwarzenberg, qu'on a vu sur son promontoire, au premier coude du chemin, est encore ce qu'il y a de plus pittoresque dans le trajet.

On a traversé une campagne couleur d'ocre et rayée de bandes vertes et noires. La couleur vient de la terre; les bandes sont des prairies et des forêts. Çà et là quelques hameaux d'un aspect misérable. Enfin, après de longs circuits, on passe un pont, et deux longues files de maisons, séparées par une mince rivière, apparaissent dans une étroite vallée que couronne une chaîne de montagnes boisées. Le postillon sonne du corps : on est à Carlsbad.

Autrefois les voyageurs qui arrivaient à Carlsbad étaient salués par une fanfare qu'on sonnait du haut d'une tour. Cela sentait le moyen âge et vous rappelait que vous étiez en Bohême. Je ne sais pas si la tour existe encore, mais on a supprimé la fanfare. On arrive plus modestement, au petit trot, sans autre musique que celle que fait le postillon. Plus tard ce n'est pas la musique qui manquera. Quant à la retraite où l'on doit, pendant quatre ou cinq semaines, abriter sa solitude, on n'a que l'embarras du choix. Les 3,400 habitants qui peuplent Carlsbad se sont arrangés de manière à pouvoir en loger le double. Toutes les maisons, villas, chalets et cottages, sont des maisons garnies. Et chacune de ces maisons a un nom, comme jadis les boutiques fameuses du quartier des halles.

L'almanach de Gotha, l'histoire naturelle, la mythologie, la légende ont été mis au pillage pour le baptême de ces demeures hospitalières. Toute maison qui sort de terre a un nom ; elle a un nom avant d'avoir un toit. Pendant les longues heures que la médecine vous condamne à tuer sans autre divertissement que la promenade, une des distractions habituelles est de lire ces enseignes que l'on sait bientôt par cœur. Il y a *les Trois-Cigognes, le Brochet-Bleu, le Cygne-Blanc, le Chevalier-Noir, les Deux-Pommes, la Baleine, le Grand-Duc-d'Autriche, le Prince-Héréditaire, l'Aigle-Rouge, la Reine-d'Angleterre, le Dieu-Apollon, la Demoiselle-de-la-Mer, la Maison-de-Pierre, le Roi-de-Bohême, les Deux-Pigeons, la Ville-de-Naples, le Château-de-Windsor, la Rose-Blanche*, et cinq cents autres qui ne permettront plus aux architectes de l'avenir que le regain du règne animal et de la fantaisie. On sourit malgré soi en pensant au *Chat qui pelote*, de Balzac.

Les rues sont en outre émaillées d'hôtels, si bien que Carlsbad a tout à fait la tournure d'une ville qui ne pense qu'au prochain. Elle le caresse ou l'écorche, suivant la saison. C'est le nombre des voyageurs qui détermine les prix. Ils atteignent aux plus hautes proportions dès le mois de mai, et redescendent vers la modération à partir du mois d'août. La mode est à présent d'arriver à Carlsbad avec le printemps. C'est le contraire de ce qui se passe aux bains de mer.

Figurez-vous un instant, ami lecteur, que vous avez le foie malade et la rate engorgée, ou bien encore que vous êtes atteint d'hypocondrie, et transportez-vous en esprit à Carlsbad. Au premier aspect, la ville vous plaît ; elle est propre, nette et bien rangée comme la chambre d'une ménagère hollandaise; une rivière aux eaux claires et tapageuses la traverse sur un lit de cailloux qu'on a grand soin de balayer deux ou trois fois par semaine; les maisons ont un air riant qui fait plaisir aux yeux; la vallée s'enfonce entre deux hautes collines que couronnent jusqu'à leurs sommets de profondes forêts où le chêne et le hêtre se mêlent aux sapins. Le paysage est frais; si l'on se perd au hasard sous ces futaies épaisses, on peut se croire en plein cœur des montagnes les plus solitaires; il y a des échappées de vue sur la plaine, et on n'a plus pour compagnons de promenade que le milan qui crie dans l'espace et l'écureuil qui saute sur la mousse. C'est un de ces coins de terre tranquilles et sauvages où le philosophe, qui a rompu avec les pompes de la civilisation, aimerait à planter sa tente. Mais cherchez donc la philosophie dans un site où sept mille voyageurs viennent demander au Sprudel et à ses sœurs, les naïades du Mülhbrunnen et de la Felsenquelle, la guérison de cent maladies engendrées par toutes les passions du monde! La grande affaire est de tuer le temps. Et remarquez que dans cette ville honnête où la vie tourne autour des sources, le temps commence avec le point du jour.

Dès l'aurore on est debout. Jamais le soleil n'a surpris personne dans son lit à Carlsbad. Ses premiers rayons rencontrent toute la population par les rues : les citadins ouvrent et parent leurs boutiques, les voyageurs vont aux sources. On reconnaît ceux-ci aux tasses qu'ils portent à la main ; les délicats y ajoutent le supplément d'un chalumeau. Les files se forment silencieusement, pareilles à ces queues que l'on voit à la porte des théâtres de Paris. Personne ne rit, personne ne se pousse, personne ne heurte son voisin, et pendant une heure on pourra croire qu'un peuple en émigration traverse Carlsbad. C'est le moment des confidences. Les maladies parlent entre elles ; chacun se plaint. Les médecins vont et viennent d'un air jovial, répandant les consolations dans toutes les langues et jurant que les eaux immortelles de Jouvence prennent leur source à Carlsbad. Heureux alors les baigneurs que leur bonne étoile a mis sous la protection d'un docteur aimable qui, tel par exemple que l'excellent M. Porges, unit aux mérites solides d'une science éprouvée toutes les qualités d'un homme du monde !

Un sourd murmure de chuchotements et de piétinements s'élève au milieu des rues. On échange les nouvelles de la veille ; la politique se mêle à la thérapeutique. Cependant deux orchestres font assaut de symphonies ; l'un demeure sous la galerie couverte qui touche au terrible Sprudel, sur la rive droite de la Teppel ; l'autre fait du bruit au-dessus du Mühlbrunnen, — source du Moulin, — sur la rive gauche. L'exécution commence à six heures et se continue jusqu'à huit. La médecine locale attribue une vertu curative à cette musique qui, par la douceur et la persévérance de ses accords, est destinée à combattre la sombre influence de la mélancolie. Je n'ai pas à discuter le mérite de cette doctrine; mais nombre de personnes nées un peu loin, du côté de l'Occident, sur la rive gauche du Rhin, par exemple, se demandent pourquoi cette musique quotidienne, dont la pluie ou le vent, la froidure ou le chaud ne modèrent pas la constance, mêle une tristesse si pénétrante à la régularité de son exécution. On écoute entre deux verres d'eau, et on a moins envie de se réjouir que de pleurer. Cette tristesse qui semble se dégager de la musique offerte aux buveurs provient-elle des maladies qu'ils promènent avec eux, ou bien *la Dame blanche* et *le Barbier de Séville* changent-ils de caractère en changeant de latitude? Il se peut que le climat de la Bohême ne leur convienne pas.

Je demande à ce propos la permission d'ouvrir une parenthèse. On parle beaucoup du goût musical des Allemands et on le vante en tous lieux. Je ne doute certainement pas de son excellence; comment se fait-il cependant qu'ils aient un amour si forcené pour les pots-pourris? Point de programme où ils n'en intercalent un ou deux, et c'est alors pour tout l'auditoire une joie extrême. Or, qu'y a-t-il, au point de vue de l'esthétique, de plus malsonnant et de plus barbare? Coudre l'une à l'autre une phrase de Rossini et une phrase de Weber, mélanger tout ensemble Beethoven, Auber, Verdi, Meyerbeer, Boïeldieu, Mendelssohn et Donizetti, en faire un horrible salmigondis et l'exécuter bravement dans la patrie de Mozart, on appelle cela de la musique! Que dirait-on de l'énergumène qui s'aviserait de réciter tout d'une haleine un morceau de poésie où l'on retrouverait pêle-mêle des vers de Racine, de Victor Hugo, de Lamartine, d'André Chénier, de Corneille, de Molière et d'Alfred de Musset?

La musique et les verres d'eau chaude se partagent donc le temps qui sépare la sixième heure de la huitième. Entre chaque verre, et la dose prescrite par la médecine varie de trois à dix verre, on se promène pendant dix minutes ou un quart d'heure. Que de pas faits le long de la terrasse qui borde la Teppel! Comme on va et comme on vient! Et comme vingt fois on recommence le tour qu'on a déjà fait pour le refaire encore! La promenade, qui est ailleurs une distraction, devient ici un châtiment; elle rentre dans la catégorie des supplices. On se promène par ordre le matin et par ordre le soir; on se promène avant et après déjeuner, avant et après dîner; on se promène encore, même quand on ne peut plus se promener, et le sommeil seul met un terme à cette promenade éternelle qui recommence toujours pour ne finir jamais !

Chacun cherche des distractions dans la pente de son caractère : les rêveurs suivent d'un œil distrait les évolutions des petits poissons qui nagent dans la Teppel et auxquels des mains charmantes distribuent des miettes de pain. Les coloristes s'arrêtent sur un pont voisin et regardent les servantes qui, des quatre coins de la ville, viennent puiser à la source bouillonnante qui se déverse sur la rive. Les mélancoliques déplorent l'inclémence de la saison et le malheur des temps ; les nerveux s'agitent, et, tirant leurs montres à toute minute, s'étonnent que le temps marche d'un pas si nonchalant à Carlsbad. Des conversations se nouent et se dénouent au hasard des promenades ; l'un met un frein à l'ambition de la Russie qu'il repousse vers l'Orient ; l'autre gourmande l'Angleterre et prêche la paix aux États-Unis d'Amérique ; un troisième, qui ne s'embarrasse pas des détails, remanie la carte de l'Europe. Cependant rêveurs et politiques se séparent de quart d'heure en quart d'heure et vont reprendre leurs places dans les files qui s'allongent sans cesse et marchent méthodiquement.

Celle qui se dirige vers la source du Moulin est la plus redoutable ; elle s'avance sur deux rangs, et huit ou dix minutes séparent quelquefois le point de départ du point d'arrivée. Pendant cette promenade, on lit les affiches qui tapissent le mur voisin, sautant ainsi d'une pommade portée aux nues par son inventeur à un restaurant recommandé par son propriétaire. Bientôt on les sait par cœur; mais comme on les a lues la veille, on les lit encore le lendemain.

Cependant huit heures sonnent. On a tué deux heures, les plus courtes de la journée. On pense alors, et subitement, à un miracle auquel on assiste chaque matin et qui ne laisse pas de surprendre toujours. Parmi ces baigneurs qui, dès l'aurore, désertent leurs maisons, emmitouflés depaletots et pris dans des cache-nez, tous plus ou moins souffreteux, on voit trottant menu, fraîche et rose, le pied leste, le regard vif, la taille souple et le sourire au vent, toute une population de jeunes femmes qui vont et viennent sans paraître se douter que les maladies soient de ce monde. Quelques-unes font bien semblant de porter à la main cette tasse de porcelaine blanche, ou ce gobelet de cristal de Bohême qui est, à Carlsbad, la cocarde du voyageur, mais c'est bien certainement dans le but aimable de ménager les amours-propres masculins. Quelle infirmités pourraient se jouer à ces robes si frétillantes, à ces bottines coquettes, à ces gants printaniers? Tout au milieu de ces promeneuses qui ne redoutent ni la bise, ni le brouillard du matin, on en découvre qui portent galamment leurs cheveux emprisonnés dans des bonnets de nuit; c'est un ébouriffement de tulle et de dentelles à nul autre pareil.

Quel abandon et quelle modestie! s'écrient les naïfs ; mais regardez d'un peu plus près, et vous verrez quelle perfidie dans cet abandon et quelle scélératesse dans cette modestie! Sous prétexte qu'on n'a pas le temps de songer à sa toilette, on s'arrange pour donner à son visage une grâce nouvelle et un attrait piquant qu'on ne lui connaissait pas. Est-ce que de tels bonnets de nuit devraient être permis dans une ville honnête où l'on ne va que pour se soigner? Voilà de ces choses auxquelles la municipalité ne pense pas, elle qui pense à tout, même à la musique!

Cependant les mélancoliques qui rôdent autour du Sprudel se demandent pourquoi tant de charmes ont été départis aux filles d'Eve, tandis que le privilége d'une laideur qui n'a de nom dans aucune langue a été réservé aux fils d'Adam! Les mêmes maux ne devraient-ils pas engendrer les mêmes disgrâces?

Le jeûne rentre essentiellement dans le régime de quiconque se soumet au traitement des eaux. Mais il est impossible de mourir de faim éternellement sans éprouver quelquefois le besoin de déjeuner. C'est pourquoi on rencontre une si grande foule sur l'Alte-Wiess entre neuf et dix heures. On a promené les verres d'eau réglementaires pendant une heure, et si délicate que soit la saveur de bouillon de poulet, que de fins gourmets sont parvenus à découvrir dans le liquide clair épanché par les sources, on a un désir sincère de se réconforter plus solidement. L'Alte-Wiess vous en offre la commodité. C'est un endroit charmant, le boulevard de Carlsbad. La promenade se prolonge entre la Teppel et une rangée de maisons propres et gaies, séparées elles-mêmes de la rivière par une suite de boutiques qu'ombrage un rideau d'arbres. Des files de petites tables disposées par groupes sont dispersées le long de la promenade. Chaque maison a les siennes pour l'usage de ses locataires. Quant aux promeneurs, ils ont le choix entre l'*Eléphant d'or* et la *Couronne d'or*, Tortoni et le café Foy. Dès le matin, le café à la crème est en permanence. Qui pourrait vivre en Allemagne sans café à la crème? C'est le plum-pudding et le roastbeef national. Ce débordement de café à toute heure et en tout lieu étonne d'abord; on s'y fait ensuite. — C'est peut-être détestable, me disait un converti, mais c'est bon. Cependant il ne faut pas que la gourmandise me fasse transiger avec la vérité; dans ce café à la crème, il entre peut-être un peu de crème, mais on n'y sent pas un atome de café. Le café en Allemagne est remplacé par la chicorée. C'est sans doute pour cela que les médecins en permettent l'usage quotidien. Les voraces ajoutent à ce menu deux œufs frais; mais si un docteur passe, il fronce le sourcil.

Une chose charmante, par exemple, c'est le service. Point de ces horribles garçons frisés qu'on voit dans les cafés de Paris, mais de jeunes filles accortes et souriantes qui s'empressent autour des consommateurs et circulent sans bruit. Elles ont bientôt fait d'apporter le petit plateau sur lequel il y a le sucre et les deux pots, la tasse et le pain. Elles ne crient pas: Voilà! voilà! d'une voix retentissante, mais le moindre regard les avertit, et au premier signe elles accourent. Une entente cordiale s'établit entre elles et les habitués. L'un a pour le servir Hélène, et l'autre Marguerite, et c'est plaisir de voir tous ces frais visages aller et venir autour des tables, d'un air honnête et dispos.

Quelle cause empêche cette mode aimable de s'acclimater en France? Serait-ce que nous sommes trop Gaulois? Dans un temps où l'on parle beaucoup du travail des femmes et de la concurrence que leur font partout subir ceux qui s'intitulent leurs protecteurs, ne pourrait-on pas revendiquer pour elles ces modestes fonctions où la force n'a que faire, mais où la grâce serait la bien-venue? Tout le monde y gagnerait, la femme du côté du bien-être, les hommes du côté de la courtoisie.

Cela dit, je laisse aux économistes le soin de résoudre la question.

Vers deux heures, l'Alte-Wiess change d'aspect. Ce n'est plus une place publique où de frugales agapes retiennent une population de baigneurs partagés entre les sobres délices d'une tasse de café et les émotions passionnées de la politique. C'est une promenade où passe dans les plus frais atours toute une émigration charmante qui va demander aux ombrages de la vallée la fraîcheur et le repos. Cela rappelle la terrasse de Bade ou celle des Tuileries. C'est un débordement de petits chapeaux qui empruntent leurs modes à toutes les époques et à tous les pays. Mme de Longueville et les belles héroïnes de la Fronde y trouveraient à se coiffer, comme les Andalouses et les Écossaises des romans. Aigrettes blanches, ailes d'ibis, roses-pompons, plumets et panaches, tout frissonne et tout brille dans toute la vivacité des plus joyeuses couleurs. On ne pense plus aux sources, les verres d'eau sont oubliés, la seule question est d'être belle et de le paraître. Pour la guérison, c'est assez d'y réussir. Sait-on bien quels ravages une jupe mal taillée peut apporter dans une organisation délicate? Mais honni soit qui mal y pense! Tous ces petits chapeaux si fièrement plantés sur de jeunes fronts peuvent à leur guise lever ou baisser les yeux. On sait d'où ils viennent et on salue avec respect les noms qu'ils portent. Ce n'est pas à Carlsbad que le pied fourchu de la galanterie laisserait son empreinte sur le gazon ! Les petits soupers qu'on y peut faire ont un caractère honnête qui les recommande à la miséricorde, et si on rencontre, chemin faisant, des bocages tapissés de mousse et tout pleins d'ombre, les belles promeneuses s'y peuvent délasser sans crainte; le soleil de Paphos ne les éclairera jamais.

Et la meilleure preuve qu'on en puisse donner, c'est qu'on se marie beaucoup à Carlsbad. Ce n'est pas qu'on voie chaque jour de jeunes fiancées entrer à l'église en belles parures blanches, non; mais l'on y prélude par de longues confidences, émaillées de valses courtoises, à des unions qui, la saison prochaine, seront célébrées à Dresde, à Berlin, à Nuremberg, et peupleront de jeunes ménages la Saxe et la Bavière, le Hanovre et le Wurtemberg.

Il serait malséant de répondre comme un sceptique à qui l'on demandait l'explication de tous ces mariages : On s'ennuie tant à Carlsbad ! disait-il. Mais cette explication, on la trouve tout naturellement dans l'observation des mœurs allemandes. De l'autre côté du Rhin, on se rend aux eaux comme on va chez nous aux bains de mer. On a Trouville et Dieppe à Carlsbad et à Tœplitz, mais on s'y rend avec gravité et on s'y promène sérieusement. Les familles s'y rencontrent et le mariage est au bout.

C'est se noyer dans un verre d'eau, disait un mécréant.

Un ingénieur a dit, en parlant de Carlsbad, et pour peindre cette résidence thermale d'un seul mot : « Figurez-vous une ville bâtie sur le couvercle d'une chaudière d'eau bouillante. » On pourrait la comparer avec non moins de justesse à un volcan dans une rivière. Seulement, au lieu de jeter du feu, le volcan jette de l'eau. L'eau chaude tombe dans l'eau froide et la Teppel emporte tout.

La science est curieuse; elle a voulu savoir d'où provenait cette eau qui jaillit de toutes parts et qui bouillonne peut-être à la même place depuis l'origine du monde; elle a donc introduit des sondes dans les orifices par où les sources s'échappent avec des jets de vapeur et de gaz. On a découvert ainsi une suite d'abîmes, — de caves si l'on veut, — séparés les uns des autres par des voûtes superposées et rangées dans un ordre irrégulier. La dernière voûte percée, la sonde est tombée dans une nappe d'eau bouillante dont jamais on n'a pu trouver le fond. Ici l'abîme confinait aux entrailles de la terre. C'est en 1711 et en 1727 que ces travaux de forage furent entrepris, à la suite de phénomènes qui avaient amené, çà et là, des ruptures inquiétantes dans le couvercle de la chaudière. La science, dans un but facile à comprendre, voulait se rendre compte de la constitution intérieure de ce volcan.

Mais la croûte inférieure, qui s'étend sur l'abîme souterrain, traversée par les coups de la sonde, l'eau s'en échappa avec des bruits si formidables et une violence si furieuse, que la science eut peur. On mit fin aux travaux.

Si régulière que soit la sortie des eaux, elle ne laisse pas d'être encouragée dans son épanchement par des sondages qu'on exécute à époques fixes, quatre fois par an. Ces sondages, conduits avec une extrême prudence, ont pour objet d'empêcher les incrustations qui pourraient, si on n'y veillait attentivement, obstruer à la longue les orifices par où les eaux s'écoulent. On a ici affaire à un abîme dont la force d'expansion est extrême et dont les caprices peuvent être terribles. La nappe d'eau en ébullition couvre le lit intérieur de la vallée et se prolonge à des distances qu'on ne saurait mesurer. Des blocs de granit écroulés les uns sur les autres lui font un couvercle monstrueux sur lequel s'étend un frais tapis de prairies. Mais la vapeur et les gaz qui s'échappent par les fissures de ce couvercle dont les assises se sont précipitées sans ordre aux époques primitives, s'ouvrent çà et là un passage à la surface du sol. L'eau fait irruption à leur suite. Il y a eu des jours où, à la suite d'orages et de troubles intérieurs dont on n'a pas le secret, ce qu'elles faisaient la veille d'un côté, elles le faisaient tout d'un coup de l'autre. De là ces forages périodiques qui, en dégageant les parois de leurs issues naturelles, assurent aux eaux de Carlsbad un épanchement régulier dans sa fougue. Quant à l'épaisseur des incrustations calcaires déposées par les eaux et qui forment une couche solide au-dessus du gouffre, elle varie de 1 mètre à 1 mètre 50 centimètres. La Teppel, qui passe au-dessus, en ronge la surface, si bien que, dans la crainte d'accidents soudains et peut-être irréparables, on a consolidé par des dalles de granit et des ligatures de fer les parties les plus menacées de cette mince carapace exposée à tant d'orages intérieurs.

La légende attribue la découverte des sources de Carlsbad à l'empereur Charles IV, vers le milieu du quatorzième siècle. Mais on sait que les légendes d'aucun temps ne se sont piquées d'exactitude, et personne ne croira que l'irruption d'un jet d'eau bouillante, se répandant dans le creux d'un vallon, et trahie à toute heure par la vapeur et le bruit, ait pu échapper aux habitants du pays. La légende, par contre, s'explique plus naturellement par le caractère de ces eaux. Un peu de merveilleux ne messied pas à ces sources merveilleuses. Elles sortent de terre avec un retentissement, un éclat, un tumulte, une impatience qui ferait croire à l'existence de Titans enchaînés dans des souterrains.

Il n'y a pas moins de douze sources classées dans Carlsbad. Le Sprudel d'abord, qui par son importance et son volume doit être mis au premier rang, se répand par secousses et par bonds dans une vasque d'où monte incessamment un nuage de vapeur. On dirait une source à la chaîne qui gronde et se débat. Cinq ou six jeunes filles reçoivent l'eau, qui retombe en gros bouillons, dans des gobelets fichés au bout de longs bâtons. Pendant deux heures, chaque matin, les bâtons ne chôment pas. L'eau est à 59 degrés Réaumur. Il n'est pas besoin d'ajouter, j'imagine, qu'avant de la porter aux lèvres il faut la laisser refroidir. Après le Sprudel, qui s'épanche à quelques pas de la rivière, viennent la Hygiénisquelle, le Mühlbrunnen, 45 degrés; le Neubrunnen, 50 degrés; le Bernarderbrunnen, de 55 degrés et demi à 57 degrés; le Theresienbrunnen, 43 degrés; le Schlossbrunnen, 40 degrés; le Marktbrunnen, 39 degrés; le Spitelbrunnen, 46 degrés; le Felsenquelle et la source de la couronne de Russie, Rusiechencrownbrunnenn. La différence de température qu'on remarque entre ces sources provient sans doute du plus ou moins de distance qu'elles ont à parcourir avant de sortir des entrailles de la terre, ou peut être aussi de la rapidité de leur force d'ascension; cette différence de température détermine des différences d'application, et bien que la nature des sels qui entrent dans la composition de ces eaux ne varie pas, selon qu'on a telle ou telle maladie, le docteur vous envoie à telle ou telle fontaine, au Sprudel ou au Mühlbrunnen. C'est le Mühlbrunnen qui a le plus de fidèles.

On me permettra de ne pas m'arrêter à l'analyse des sels tenus en dissolution par les sources de Carlsbad. Qu'il suffise de savoir que leur proportion est estimée à 5 1/2 pour 100, et que le sulfate et le carbonate de soude en composent les principaux éléments. La partie de ces eaux qui s'écoule dans la rivière est de beaucoup la plus considérable, si on la compare à celle que les baigneurs consomment sur place. On a calculé qu'il se perd ainsi dans la Teppel, annuellement et sans profit pour personne, une masse totale de 1 200 quintaux métriques de sulfate de soude et 650 quintaux de carbonate de soude, ce qui représente commercialement une valeur d'à peu près un demi-million de francs; dans un pays où l'on voit tant de papier et en revanche si peu d'argent, c'est une prodigalité bien singulière.

On sait qu'un dallage de granit protége, çà et là, la surface du sol contre les révoltes du gaz et de l'eau. Une partie de cette cuirasse défend l'une des rives de la Teppel, tout auprès du Sprudel, et s'enfonce même dans le lit de la rivière. Une source furieuse à laquelle on a ménagé prudemment un orifice s'échappe bruyamment du milieu de ce dallage et court en bouillonnant dans l'eau. Tout à l'entour les larges pierres sont revêtues d'incrustations où le cinabre, l'ocre et le vert marient leurs vives teintes. Frappées par le soleil, et toutes chargées de vapeurs brillantes, on dirait un réseau d'écailles métalliques. Si habitué qu'on soit à ce spectacle, on s'arrête encore sur le pont qui va de la galerie du Sprudel à la rive gauche de la Teppel et on s'oublie à regarder cette irruption dont l'impétuosité ne se ralentit jamais. Tout à l'entour vont et viennent des filles qui remplissent à la fontaine jaillissante de grands brocs de bois, cerclés de cuivre luisant. Elles vont pieds nus sur les dalles chaudes, et leurs bras robustes ont bientôt fait d'enlever à la hauteur des épaules la lourde charge qui fume et les enveloppe de buée. C'est une débauche de cous amples et vigoureux, de poitrines larges et puissantes, d'épaules charnues, de formes rebondies, de chairs fermes et blanches. On dirait une page arrachée de l'œuvre de Rubens, et l'on s'étonne que tant de Flamandes habitent la Bohême.

Cette longue promenade autour des fontaines, qui prend les premières heures de la journée, est égayée par une exhibition de fleurs si brillantes et si fraîches qu'on pourrait croire que la Flore mythologique s'est réfugiée dans les vallées de Carlsbad. Jamais on ne vit une telle profusion de roses et d'œillets, même à Nice. Toutes les galeries sont embaumées de leurs parfums. Ce ne sont partout que bouquets et corbeilles tout humides encore de rosée. Il y a toujours grande presse autour des éventaires. Les baigneurs portent des fleurs à leurs boutonnières et chacun fait sa provision du jour. Une mode charmante veut, en outre, que les belles voyageuses qui s'éloignent de Carlsbad emportent une moisson de fleurs. Chacun, parmi les amis qui les regrettent, leur offre son tribut sous forme de bouquet; ces souvenirs s'amoncèlent sur les chaises de poste; on en voit aux portières, sur le siège et sur les coussins, et quand les chevaux s'ébranlent, la voiture toute entière est comme un gros bouquet qui se met en route.

Quelque chose cependant de ce phénomène moral qu'on remarque à bord des navires qui, pendant de long mois, sillonnent la mer, entre l'Angleterre et les Indes, se fait voir à Carlsbad. Les antipathies, et quelquefois aussi les sympathies, y naissent comme sur le tillac d'un vaisseau. A force de se rencontrer sur l'Alte-Wiess ou sur la route qui conduit au Posthof, le matin, le soir, à midi, toujours et sans cesse, par la pluie ou le soleil, on finit par se reconnaître, et malheur alors si les visages ne sont pas en communion dès le premier regard! Il y a là des bandes silencieuses de Capulets et de Montaigus qui se détestent sans avoir en aucune circonstance échangé une syllabe, et des Étéocles qui nourrissent des haines farouches contre des Polynices dont ils ignorent jusqu'au nom. Il suffit, pour que le phénomène fasse explosion, d'une nuance particulière des cheveux, d'un tour de visage, d'un accent, d'un certain balancement du corps; quelquefois la forme d'une redingote ou le pli d'une jupe la détermine. La solitude et l'excessive irritabilité des nerfs excités par l'usage constant des eaux expliquent ces cristallisations intérieures qui produisent des aversions spontanées sans cause appréciable. Demandez aux passagers qui vont de Liverpool à Singapour ce qu'ils en pensent. On n'a pas à Carlsbad le même pont et la même table, mais on a la même promenade, le même café et la même source, aux mêmes heures. Je me rappelle un certain individu qui allait chaque matin, vers neuf heures, déjeuner au Posthof. Il avait une jaquette grise à brandebourgs et un bonnet hongrois chamarré d'une plume de tétras. Toujours les mêmes brandebourgs, et la même plume, et le même sourire, et le même sac de papier à la main.... C'était peut-être un bien brave jeune homme, mais il m'a bien fait souffrir. Il se peut d'ailleurs que je l'aie payé de la même monnaie. Que sa patrie lui soit légère!

Ce sac de papier auquel je fais allusion ne constituait pas une habitude qui fût personnelle à l'homme au bonnet. C'est un peu une mode à Carlsbad. L'hygiène ne proscrit pas la gourmandise, pourvu toutefois que la gourmandise se maintienne dans les bornes de la sobriété. Si donc l'on déjeune par ordre de café au lait, encore veut-on assaisonner ce mince régal de petits gâteaux et de pains mollets. Or, il y a sur l'un des côtés de l'Alte-Wiess des boutiques de pâtisserie que les baigneurs assiégent dès le matin. On aperçoit là une collection savoureuse de brioches et de petits fours qui n'auraient pas de noms si les plus aimables personnes ne se chargeaient de les baptiser. L'aristocratie en voyage a de ces fantaisies, et l'on sait telle princesse qui ne dédaigne pas d'accorder son patronage à certains gâteaux favoris qu'elle croque du bout de ses lèvres roses. C'est ainsi qu'on a les Pouchkine, les Metchersky, les Kalergis, les Woronzoff et quelques autres qui se laissent manger sans trop de façons. On n'a que l'embarras du choix. La provision faite, on la glisse dans un sac de papier en tout semblable à ces vilains sacs dans lesquels les épiciers de Paris enferment le sucre. Et voilà des escadrons de sacs qui partent à la recherche d'un déjeuner. On en tolère cinquante, on en tolère cent, mais le cent et unième vous exaspère. On ne saurait croire combien ces sacs ont l'air bête. Toujours le même sac et toujours au bout des doigts! Il faut avoir une physionomie bien spirituelle pour n'avoir pas, ce sac à la main, une tournure tout à fait sotte. Les robes s'en tirent encore, elles ont de ces priviléges ; mais les pauvres habits!

Carlsbad nous réserve d'autres surprises. C'est un endroit, on le sait, où les têtes couronnées aiment à chercher le repos. Ce ne sont que rois, princes et grands-ducs. A la suite de ces grands personnages tourbillonne une élite de ministres, d'hommes d'État, de généraux, de diplomates, d'ambassadeurs qui savent, ou à peu près, le fort et le faible des choses humaines. Mais la jeunesse ne va pas beaucoup avec ces hautes renommées. Parmi ces illustrations, on en rencontre dont la présence vous transporte tout à coup vers des temps fabuleux. On suspecte leur identité ; il vous prend à leur aspect des souvenirs du Congrès de Laybach ; on se demanderait presque si l'on n'erre pas dans le royaume des ombres, et volontiers on s'écrierait comme mon compatriote Méry à qui l'on faisait part de la mort d'un homme d'État fameux : Comment, encore !

Quand le hasard vous met en contact avec ces débris vivants d'un temps qui n'est plus, on ne peut pas s'empêcher de penser que l'agitation conserve, et peut-être doit-on croire, avec certains médecins, que le repos n'est bon qu'à ceux qui veulent mourir.

Il est une chose cependant qui jette un voile de tristesse héroïque sur le mouvement de Carlsbad. C'est le deuil perpétuel des Polonaises. On les voit passer sombres et silencieuses dans l'animation des promenades, et ce sont comme des fantômes noirs qui se détachent du milieu des costumes brillants épars de tous côtés. L'âge n'y fait rien. L'infortune est égale pour toutes. Les vêtements de laine couvrent l'enfance et la vieillesse aussi bien que celles dont la vie est dans son plein éclat. Toutes ces veuves, ces mères, ces filles, ces fiancées d'un pays qui se débat dans son immortelle agonie, semblent protester par leur deuil contre l'injustice de leur malheur, et en appeler de l'indifférence des hommes à la clémence de Dieu. On sent, à les voir fièrement résignées, qu'en elles et autour d'elles vit et palpite l'âme de la Pologne. D'un signe, d'un regard, d'un sourire, elles dispensent la consolation, le courage, l'amour du sacrifice et la soif des grandes actions. Elles sont tout à la fois l'inspiration et la récompense. Comment vaincre une nation qui pousse sur les champs de bataille les volontaires de la mort, et disperse par toute la terre les prêtresses de la patrie?

Lorsqu'on assiste à ce spectacle, lorsque, loin du boulevard et de tous les bruits de Paris, on cause avec ces proscrits errant au travers du monde, on comprend mieux l'implacable acharnement de cette lutte et ce qu'elle a d'héroïque. On a fait le sacrifice de la vie, du repos, de tous les biens auxquels le cœur s'attache, et on le fait sans ostentation. On n'affirme pas la victoire, on ne se vante pas de triompher, mais on confesse la volonté de mourir. C'est comme un peuple qui se met en marche vers le tombeau.

Sur le terrain neutre des eaux, les ennemis les plus irréconciliables se rencontrent et ne se heurtent pas. A Carlsbad, Russes et Polonais vivent côte à côte dans un mutuel silence; mais l'animosité qui les sépare éclate dans les moindres choses et prend prétexte de tous les hasards pour se manifester. Un fait pris entre mille en donnera la preuve. Il y avait au mois d'août 1863, de passage à Carlsbad, un chanteur d'origine polonaise qui, en qualité de ténor, avait paru sur quelques théâtres d'Italie, où il avait obtenu un certain succès. L'idée lui vint de donner un concert dans une résidence où se trouvait un grand nombre de ses compatriotes. Il fait poser les affiches et donne les billets. Malheureusement les billets mis en circulation ne portaient pas son nom avec la rigoureuse orthographe nationale. Une certaine lettre, un i, je crois, trahissait une tendance russe. La colonie polonaise qui l'entourait de sa protection lui rompit en visière. Un ami officieux avertit l'infortuné chanteur de sa faute; s'empressa de la réparer la plume à la main et l'i coupable fut condamné, mais il était trop tard; aucun de ses compatriotes ne parut au concert.

Qui le croirait? on danse à Carlsbad. Hâtons-nous d'ajouter que ces folies n'arrivent qu'une fois par semaine, le samedi. Elles sont tolérées par la thérapeutique locale, mais certainement elles ne sont pas approuvées. Donc le samedi, à huit heures du soir, le salon de Saxe, qui tient à Carlsbad le rang que le café Anglais occupe à Paris, ouvre ses portes et s'illumine *à giorno*. La salle rappelle par ses dimensions et son ornementation les salons de cent couverts qu'on voit à Batignolles. Il y a de plus au plus bel endroit, les portraits en pied de LL. MM. l'empereur et l'impératrice d'Autriche en grand costume d'apparat. Quelques jeunes personnes, friandes de valses, se glissent dans cette enceinte en belles toilettes; la plupart sont Allemandes. La valse est encore un chemin qui mène aux fiançailles. Les Polonaises ne se montrent jamais dans le salon de Saxe; les grandes dames russes non plus. La partie masculine, qui est toujours en minorité, est représentée par des officiers autrichiens et quelques Hongrois. Personne ne valse aussi bien qu'eux. Les danses commencent à neuf heures et demie; à onze heures tout le monde est parti. S'il y a excès, l'excès, comme on voit, n'y met point d'entêtement.

Le cercle des distractions s'augmente d'un théâtre où l'on joue le répertoire de la comédie allemande et de concerts en plein vent qui réunissent les baigneurs trois fois par semaine, le mardi, le jeudi et le dimanche, autour d'un kiosque où l'on retrouve les musiciens du Sprudel et du Mühlbrunnen. Une fois encore, et ce ne sera pas la dernière, les symphonies seront arrosées de café au lait.

Si la vie commence de bonne heure à Carlsbad, elle se termine de meilleure heure encore. A huit heures, chacun reprend la route de son domicile; à neuf heures tout le monde dort. Si deux passants se rencontrent plus tard, ils se regardent tout étonnés, et voilà leur esprit en campagne qui se remplit de chimères. Les reverbères (il y en a encore à Carlsbad), brillent solitairement dans la nuit; ils n'éclairent jamais que le silence. Quelques maîtresses de maisons hardies conçoivent parfois la pensée téméraire de réunir un certain nombre de personnes autour d'une tasse de thé et d'un piano. C'est presque un coup d'État qui les met au ban de l'opinion publique et de la faculté. Mais si audacieux que soient leurs complices, ils ne prolongent jamais les enivrements de la brioche et les délices de la cavatine au delà de la dixième heure.

La vallée de la Teppel, qui s'élargit à quelque distance de Carlsbad du côté de la plaine d'Egra, s'enfonce, en remontant le cours de la rivière, dans un pâté de montagnes dont les lignes, les escarpements et les ravins sauvages rappellent la Forêt-Noire. Mille sentiers s'y perdent sous les ombrages et promènent le voyageur du ravin aux plateaux. Tous ces petits chemins, qui rampent en lacet sur le flanc de la montagne, sont proprement balayés chaque jour. Ils conduisent à des points de vue dont le caractère ne varie pas, mais qui ont de la fraîcheur et une grâce rustique. Chacun a son nom : il y a le Jagersaal, le Hirchensprung, la Hammer-Capelle, le Findlater-Tempel, le Freundschafwaal, le Himmer auf Erden, le Marienruhe et vingt autres encore dans un rayon de quinze minutes à une heure.

Si de la rive gauche de la Teppel on passe sur la rive droite, on aura pour objectifs à cet incessant besoin de promenade qu'on impose aux baigneurs le Friederikenfels, le Deutschlandsfels, la Kaiserruhe, le Treikreuzberg, la Kœnig Otto'hœhe et d'autres sommets en grand nombre d'où le regard domine la plaine et la vallée.

Si l'on est trop paresseux pour se hasarder à pied dans les montagnes, on a le secours de petits chars attelés d'un âne qui passent par tous les sentiers.

Pour les belles nonchalantes qui n'aiment pas les ascensions, il y a le Posthof. Un chemin magnifiquement ombragé, et qui fait penser à la célèbre avenue de Lichtenthal à Bade, y conduit le long de la Teppel, entre des prairies et des pans de forêts. Çà et là se révèlent des marques touchantes du caracactère allemand. Des inscriptions gravées sur des feuilles de tôle ou de bois qu'on applique contre les rochers rappellent les nombreuses guérisons dues aux sources de Carlsbad et témoignent de la reconnaissance des malades. Ce sont des prières, des élans de gratitude enthousiaste et de piété, des hymnes et des actions de grâces, parfois des poésies de Schiller et de Gœthe. La pierre est partout chargée de ces inscriptions. Le Français ne s'y découvre que dans de méchants vers piqués çà et là. Pourquoi tant de mauvaises rimes lorsqu'il serait si facile de se taire, même en prose !

Quelques-unes de ces inscriptions sont en caractères hébraïques ; un petit nombre est en langue russe ou polonaise.

Un autre usage qui ne se pratique pas dans les bains français est de laisser au pays un témoignage de sa reconnaissance au moment du départ. Parmi les illustres guérisons qui accroissent la réputation des eaux, l'une, à l'heure des adieux, fait cadeau d'un banc, l'autre d'une gloriette, celle-ci d'un sentier et celle-là d'un belvédère. On a peut-être abusé des obélisques. Leurs pointes quadrangulaires se dressent partout. L'un de ces monolithes est dédié à la mémoire de S. A. R. Mme la duchesse d'Angoulême. Un autre porte le nom du czar Pierre le Grand. Les obélisques aussi ont leur aristocratie.

A moins d'avoir séjourné à Carlsbad pendant une saison, il est difficile de se faire une juste idée de l'importance que tient le Posthof dans la vie de ces eaux fameuses. Point de conversations où le Posthof n'entre pour quelque chose. C'est tout ensemble les Champs-Élysées, le bois de Boulogne et le pavillon d'Henri IV de Carlsbad. C'est là qu'on déguste le meilleur café au lait; c'est là qu'on fait parade des robes les plus nouvelles. La mode veut qu'on s'y montre une fois au moins chaque jour. La musique et les ombrages y aident à la rêverie et à la conversation. Les gourmets y trouvent l'occasion désirée de faire une infraction au régime de la cure. Mais il n'est point aussi aisé d'y dîner qu'on se l'imagine. Les jeunes filles qui gouvernent le Posthof ne consentent à décrocher les casseroles étincelantes qui décorent leur cuisine que si les convives sont au nombre de huit au moins et s'ils ont la précaution de commander leur menu la veille, et pour un jour qui ne soit ni le lundi ni le vendredi, jours réservés aux symphonies. Supprimez le Posthof, et Carlsbad se précipitera dans le Teppel.

Il m'est arrivé plus haut de parler des vertus curatives des eaux de Carlsbad; elles livrent bataille avec succès à un grand nombre de maladies, et livrer bataille est ici le mot exact, mais c'est à la condition qu'on ne les prendra pas à la légère. Une fois bues, elles se mettent en campagne. On ne sait pas d'eaux plus curieuses. Elles procèdent à une sorte de visite domiciliaire interne. Chacun des organes est interrogé à son tour et chacun doit répondre. Leur premier avertissement est de vous rendre souffreteux et endoloris. Aussitôt qu'on est malade et tout écloppé, le docteur se frotte les mains. D'abord une rude secousse; elles vous guériront après, si elles peuvent. Malheur à qui, jadis, a souffert de quelque indisposition! C'est comme un rappel du passé, une revue des choses mortes. Et tout cela vit, s'agite et se met en branle! Il est vrai, ajoute-t-on, que les eaux ne ressuscitent ces défuntes infirmités que pour les tuer sérieusement. Ainsi soit-il!

La chose dont on s'occupe le plus à Carlsbad, après le jeûne et la promenade, c'est la politique. Tout travail est interdit, toute lecture proscrite, à l'exception de celle des journaux. Que faire quand tout, radicalement tout, est défendu? On cause, et tout naturellement la conversation incline vers la politique. Cela tient en outre au mélange des divers peuples qui ont leurs représentants à Carlsbad et à la présence simultanée dans une toute petite ville d'un nombre considérable d'hommes dont l'existence s'est passée à s'occuper des affaires d'autrui. Et puis les temps sont bien troublés! Il y a toujours en l'air quelque dépêche télégraphique en train de bouleverser le monde. Ce sont comme des bombes qui se promènent dans l'espace. L'attention est sans cesse fouettée par les événements. J'étais à Carlsbad au moment où éclata la nouvelle du Congrès de Francfort. Ce fut comme un coup de foudre. Ceux de la Prusse et de l'Autriche, Hongrois, Russes et Polonais, tout le monde fut en mouvement. Une fois encore on évoqua le fantôme de l'empire d'Allemagne, et la carte de l'Europe fut de nouveau soumise à cet éternel remaniement qui agite toutes les imaginations, et qui du domaine des chimères finira peut-être par entrer dans celui des faits.

Un jour on oublia le Sprudel, et si ce jour-là on ne s'amusa pas follement, on négligea du moins de s'ennuyer.

Maintenant on ne quitte pas Carlsbad sans conserver dans un coin du cœur un doux souvenir de cette hospitalité tranquille, de cette bonhomie égale et naturelle qui fait le fond du caractère allemand et qu'on retrouve partout, le Rhin traversé. C'est comme un parfum dont l'âme s'imprègne, pareil à ces senteurs qu'on emporte avec soi et dont les émanations vous rappellent plus tard les pays qu'on a visités. Il en reste quelque chose de bon et de sain, et quel que soit dans la suite le travail des événements, la trace aimable ne s'en efface pas.

III

PRAGUE.

Août 1863.

Il est huit heures du soir; de grandes ombres descendent des toits voisins; la place est vaste et irrégulière; sur l'un des côtés, un monument noir dont les hautes murailles sont percées de fenêtres ogivales; un porche fait saillie, soutenu par des piliers trapus qui tracent des arceaux entre lesquels brillent des baïonnettes. Deux canons allongent leur col de bronze devant le porche. Tout en face, et de l'autre côté de la place, une vieille église sombre. Une grande tour carrée se dresse tout auprès. Au milieu de la place, une colonne porte à son faîte une statue de la Vierge. Sur le soubassement chargé de fleurs, une lampe brille, défendue par une niche. Autour de la grille qui protége la colonne, un grand nombre de femmes sont agenouillées; quelques-unes tiennent de petits enfants par la main. Des hommes au front nu se mêlent à leur groupe; des chasseurs tyroliens, des grenadiers hongrois passent et mettent un genou en terre, après avoir fait le signe de la croix. C'est le seul coin de la place où la vie se prolonge. Les passants se font rares, l'ombre devient plus épaisse, le ciel se parsème d'étoiles, on entend le pas de la sentinelle qui se promène devant les canons. Tout à coup un chant s'élève, lent et doux. Ce sont les femmes, agenouillées autour de la colonne, qui chantent des hymnes à la Vierge. Leurs voix se marient et se confondent; on distingue les notes grêles des enfants; le chant meurt et recommence; la lampe brille d'un éclat plus vif, et la nuit qui vient entoure d'un voile mystérieux le chœur des pieuses femmes qu'on entrevoit confusément.

On est à Prague, un soir d'été, en 1864, et on pense à ces villes du moyen âge dont la religion était la grande affaire et la guerre le grand souci.

De quel étonnement les Parisiens ne seraient-ils pas saisis, s'ils assistaient à de pareilles dévotions et entendaient de pareils chants au milieu de la place Vendôme ou sur la place des Victoires!

Cette ville de Prague a d'ailleurs quelque chose d'étrange avec son antique et bizarre Hradschin et le pont de la Moldau que protégent à ses extrémités de fortes tours; mais avant de pénétrer dans le cœur même de la ville, qu'on me permette d'ouvrir une parenthèse au sujet de ces canons qu'on voit braqués devant l'Hôtel-de-Ville. Bien d'autres encore sont gravement assis sur leurs roues, çà et là, au travers de Prague, dans cette honnête et calme attitude de braves canons qui savent ce qu'ils ont à faire et pourquoi ils sont au monde. Que d'êtres à deux pieds et sans plumes qui ne le savent pas !

Autrefois, — et cela paraît déjà loin, bien que cela ne date que de quelques années, — quand la Lombardie appartenait encore à l'Autriche, les voyageurs qui arrivaient de Milan parlaient avec mélancolie des canons rangés en bataille à l'entrée du Dôme. C'était le signe brutal de l'oppression, le symbole menaçant de la conquête. On y gouvernait par la grâce de la mitraille et la volonté du boulet. Quel beau texte à d'inépuisables gémissements et à d'éloquentes imprécations ! Les moins sensibles ne s'en défendaient pas, et il m'est arrivé de joindre mes soupirs aux soupirs de tout le monde. Depuis lors, et en visitant les provinces qui forment le patrimoine héréditaire de la maison de Hapsbourg, le Tyrol, par exemple, et l'archiduché d'Autriche, j'ai pu me convaincre que ces canons qu'on retrouve à Inspruck et à Salzbourg, après les avoir rencontrés à Vienne, sont une affaire de discipline militaire. Il y a des canons devant les casernes, tout simplement comme il y a des sentinelles. Que penserait-on d'un citoyen de New-York ou de Boston — je parle d'un citoyen d'il y a quatre ans — qui, saisi d'indignation à la vue de nos corps-de-garde remplis de soldats, s'écrierait dans un gros livre que Paris et

Rouen, Lille et Marseille sont pliés au régime du sabre?

L'oppression se faisait voir à Milan, comme elle se fait sentir encore à Venise, mais les canons n'y ajoutaient rien.

Les promenades au travers de Prague ne manquent pas de surprises. Il y a des paysages pour les amis de la campagne, des monuments pour les archéologues, des aspects pittoresques pour les touristes, et ce mouvement, cette variété, ces rues étranges, ces quartiers silencieux, ces hôtels sombres, ces voûtes sinistres, ces longues murailles noires tapissées d'écus armoriés, ces jardins sauvages fermés de hautes maisons, ces tours menaçantes et ces palais formidables qui plaisent aux voyageurs. Le présent n'y a pas encore tout à fait anéanti le passé. L'avenir y trouvera à démolir.

Prenons au hasard au travers de la ville. Une chose tout d'abord étonnera le fantaisiste qui ne veut pas de guide pour découvrir Prague : c'est l'audace des chevaux. On se souvient de ces rues qui se cabrent, çà et là, dans l'intérieur de Bruxelles, et que les chevaux belges grimpent ou descendent bravement, au grand trot. Que sont la Montagne de la Cour et la Montagne du Parc auprès des escarpements qui hérissent le Hradschin? Ce sont ici moins des rues que des échelles. Ces échelles, les chevaux bohêmes les gravissent avec une aisance qui ferait honte à beaucoup de piétons. Chevaux du Perche et chevaux de la Normandie, ceux des Ardennes et ceux du Limousin, s'y casseraient le cou, même au pas; les chevaux de Prague s'y promènent en caracolant. Il est vrai que pour venir en aide à cette audace surprenante leurs fers sont armés de crochets qui donnent à leurs sabots la solidité d'une griffe.

A mesure qu'on avance dans la ville, soit qu'on erre dans la Judenstadt, soit qu'on s'engage dans la Kleinsate, l'oreille s'étonne de la quantité de syllabes étrangères qui mêlent leurs consonnes aux consonnes de l'allemand. D'où viennent-elles et à quelle langue ces sons nouveaux appartiennent-ils? Presque aussitôt le regard saisit à l'angle des rues et des places publiques des inscriptions dont les consonnances bizarres n'apportent à l'esprit aucun souvenir. On se rappelle enfin qu'on est dans la vieille ville de Jean Huss et de Jean Ziska, la capitale de Georges Podiébrad, et qu'on est en plein cœur de la langue tchèque. On peut parler la langue de Goëthe et de M. de Metternich et ne pas comprendre le moindre substantif de la langue tchèque, absolument comme on peut parler le langage des salons de Paris et ne pas saisir une syllabe de l'idiome breton. Point d'analogie entre les deux langues, aucune parenté. L'une est germanique, l'autre slave, l'une vient du camp d'Arminius, l'autre du camp d'Attila. Quant à percer les mystères de la langue tchèque, c'est une rude affaire. En y mettant beaucoup de patience, on peut arriver peut-être à la comprendre, mais il est à peu près impossible de la parler jamais. La prononciation est le grand obstacle, l'obstacle invincible. Prononcez donc, surtout quand vous êtes de race latine, une langue dans la construction de laquelle il n'entre presque que des consonnes! Les voyelles ne s'y font voir que pour rappeler qu'elles existent, et encore le font-elles timidement, pareilles à des esclaves qui s'aventurent dans le palais de leurs vainqueurs. On les cherche, on les compte. Il y a des mots, et ils ne sont pas rares, qui n'en admettent pas. Il y a même des phrases entières où l'on s'efforcerait vainement d'en rencontrer une seule; c'est un peu comme si l'on cherchait des pépites dans le bois de Vincennes.

On rapporte à ce sujet que, lors des guerres féroces soutenues par les hussites, les bandes de Jean Ziska avaient un moyen simple de reconnaître la nationalité des soldats que le hasard des batailles faisait tomber entre leurs mains. Tout prisonnier était invité à prononcer une phrase qu'on peut traduire par ces mots : *Mettre les doigts dans la gorge*. On la prononçait devant eux et c'était aux captifs de la répéter. Or, quand on n'est pas né en Bohême de père en fils, la chose est tout simplement impraticable. La phrase n'est qu'une longue suite de consonnes qui se heurtent et s'entre-choquent. Le miracle est que la phrase prononcée par certaines bouches n'est pas dure; mais, par exemple, il ne faut pas que les hommes s'en mêlent.

Si les aventures qui remplissent les pages d'un roman pouvaient avoir droit de bourgeoisie dans la vie réelle, un voyageur qu'on transporterait dans un certain coin de Prague pourrait croire qu'il se promène entre des toiles arrangées pour un décor d'opéra. Qu'on se figure un endroit sauvage où l'on pénètre par une porte étroite pratiquée à l'angle d'un bâtiment noir. C'est quelque chose comme une forêt vierge toute remplie d'arbres tordus mêlant leurs rameaux dans un désordre singulier. L'herbe est drue, la broussaille épaisse; la ronce s'éparpille en mille jets. Au milieu de cette végétation que la serpe n'émonde jamais, courent de petits sentiers que des blocs de pierres encombrent, çà et là. D'autres pierres, debout ou renversées, hérissent le sol de leurs masses enchevêtrées; la terre en est couverte; c'est comme un éboulement; partout des dalles. On se demande par quelles fissures les sureaux et les viornes ont pu monter dans la lumière. Quand le vent passe, un frisson agite ces milliers de branches qui rampent de tous côtés, et il en sort un bruit confus et plaintif. Le jardin est immense; la Moldau en baigne un des bords; un long mur chargé de lierre en fait le tour; par-dessus s'élèvent les toits pointus de quelques maisons silencieuses dont les pignons s'inclinent comme pour mieux voir cette solitude; où que l'on aille, si bizarres que soient les circuits tracés dans le feuillage, en tous lieux, dans tous les coins, sous les ronces, contre le mur, parmi les herbes, des dalles, encore des dalles, toujours des dalles, celles-ci rompues par le milieu, celles-là noires et dévorées par le lichen, et toutes chargées d'inscriptions en caractères hébraïques et mêlant leurs symboles, la grappe de raisin d'Israël et l'urne de Lévi. C'est un écroulement de sépulcres, un inextricable fouillis de pierre funéraires, renversées et confondues. Des générations dorment là-dessous.

C'est le vieux cimetière des Juifs. Voilà soixante-cinq ans qu'on n'y enterre plus personne, la place manque. Une synagogue est auprès, ouvrant ses fenêtres étroites sur ce champ de mort. Tous les bruits de la ville expirent au bord de cette enceinte qui sommeille au centre même de Prague. Tout autour s'étend la Judenstadt.

Si l'on examine les pierres sépulcrales d'un peu près, on y découvrira, taillées grossièrement sur leur face plate, des images qui, en style lapidaire, vous apprennent le nom du trépassé. Là, un chien, là un coq, plus loin un cerf ou un lion, selon que le mort s'appelait *Hund, Hahn, Hirsch* ou *Lœwe*. Parmi ces calembours funéraires, — en quel endroit le côté grotesque des choses ne se fait-il pas voir! — se dressent au front de quelques dalles les deux mains en pal de la famille d'Aaron. Une tombe est armoriée. Les ossements qui l'habitent furent ennoblis par l'empereur Charles IV.

Si vous quittez l'Altstadt pour le Hradschin, voulez-vous un autre paysage? Quelques pas faits au hasard font découvrir un passage obscur où grimpe un escalier. Tout au bout s'ouvre une place ombragée de quelques arbres. Une église occupe l'un des angles de la place. Tout en face s'accroupissent quelques maisons d'où suinte la misère. On ne découvre personne aux environs, si ce n'est parfois un groupe d'enfants qui se roulent dans la poussière. Je me rappelle deux petits garçons et une petite fille qui pouvaient avoir entre eux tous quelque chose comme quatorze ou quinze ans. La petite fille portait l'un des petits garçons dans ses bras, le plus jeune; l'autre s'amusait dans un coin avec des feuilles mortes et des cailloux. Chaque fois que la petite fille posait le petit garçon par terre, il pleurait; chaque fois qu'elle le reprenait dans ses bras, il riait; jamais haillons ne couvrirent chairs plus roses. On en voyait les rondeurs fraîches et potelées par cent trous; plus de déchirures que d'étoffe. Ces trois petits êtres avaient des yeux noirs et farouches où brillait un rayon de gaieté. Seule la petite fille qu'on pliait à huit ans aux dures fonctions de la maternité semblait touchée par la fatigue. Elle toussait par intervalles et s'épuisait à distraire son petit frère qui se cramponnait à sa jupe aussitôt qu'elle l'asseyait sur le gazon. Une fois cependant elle y réussit. Elle avait trouvé quelques brins de paille et de bois pour le distraire, et, à l'écart, appuyée au tronc d'un ormeau, elle étirait ses membres pour se délasser. Point de bas et point de souliers pour ces trois paires de jambes mignonnes sur lesquelles pendaient des loques. L'enfant, qui bâtissait des maisons dans son coin avec des morceaux de brique, poussait de grands éclats de rire quand les feuilles mortes chassées par le vent assaillaient ses fragiles constructions. Un étranger passa, vit ces trois innocences qui se faisaient des joies avec des riens et de la tendresse avec leur abandon, et leur jeta quelque menue monnaie. Les brins de paille, les briques, les feuilles mortes, tout fut oublié. Six mains ramassèrent dans la poussière les pièces blanches, et six petits pieds prirent la fuite. Le plus jeune des enfants trébucha; sa sœur le saisit et l'emporta dans ses bras, toujours courant. Chacun avait son trésor, une pièce de dix kreutzers! On aurait pu croire qu'un ogre les poursuivait et qu'ils appartenaient à la bande du Petit-Poucet.

Si l'on sonne à la porte d'un bâtiment qui touche à l'église bâtie sur cette place, un religieux, tout couvert des longs plis d'une robe blanche, vous reçoit et vous introduit dans de grandes salles remplies jusqu'au faîte de livres rangés en bon ordre. On est alors dans la bibliothèque du Stift-Strahow, l'une des plus antiques et plus célèbres bibliothèques d'Allemagne. Elle ne compte pas moins de trois cents incunables, et fait admirer aux bibliophiles, entre autres merveilles, une Bible imprimée en langue bohême de 1488 et une *Cité* de saint Augustin sur vélin de 1492. Partout de vénérables in-folios reliés en parchemin. Les Suédois ont visité cette fameuse bibliothèque, qui compte encore près de cent mille volumes, et une part importante des richesses qui la composaient a été transportée à l'Université d'Upsal, où l'on voit force missels et force manuscrits ravis à la Bohême. Dans le coin d'une salle, le portrait d'un homme puissant, haut en couleur, d'un aspect farouche et dur, frappe le regard ; il tient à la main une masse d'armes à pointes de fer et porte la cuirasse. C'est le portrait de Jean Ziska. Que de souvenirs éveillés par ce nom !

Le Stift-Strahow, qui touche au Reichsthor, est encore une dépendance du Hradschin. C'est un monastère qui appartient à l'Ordre des Prémontrés.

On quitte à regret ces grandes salles pleines de silence, et à la porte le lettré, le bibliothécaire, le religieux qui vous accompagne vous tend la main.

Tout à côté, dans une église qui touche à la bibliothèque, une plaque de marbre rouge chargée d'une inscription en lettres d'or recouvre les restes de celui qui fut Henri Godefroy de Pappenheim, l'un des plus vaillants hommes de guerre du dix-septième siècle. Ce n'est qu'une plaque de marbre, mais le nom qui la décore fait qu'on s'arrête et qu'on regarde. On a dit: Heureux les peuples qui n'ont pas d'histoire! Heureux peut-être si le bien-être matériel et le repos suffisent à remplir la vie! Malheureux, peut-on dire avec plus de vérité, si les luttes et les épreuves, et avec elles les grands sacrifices, les infortunes et les nobles dévouements qu'elles inspirent sont l'une des conditions les plus hautes de leurs destinées et par quoi l'humanité témoigne de son origine! C'est par les grandes choses qu'il a tentées, les secousses, les révolutions, les longues guerres entreprises au profit d'une idée, les luttes contre le despotisme de la force, et cette fièvre qui le fait s'agiter sans cesse dans une aspiration constante vers le mieux, qu'un peuple marque son passage sur la terre. Que le silence, au contraire, se fasse autour de lui, et du même coup vous avez, avec l'histoire, supprimé la poésie, c'est-à-dire ce qui fait la vie intellectuelle et morale des nations. Que les Grecs effacent de leurs annales les noms immortels d'Achille et d'Agamemnon, Homère et l'*Iliade* disparaissent.

Ces mêmes souvenirs vous assiégent lorsqu'on passe devant un palais noir tout rempli du nom de Wallenstein. Il n'en reste plus que des salles muettes, une galerie superbe que décorent de fières colonnes dont le marbre éclatant se cache sous un vil badigeon, un vaste jardin où le merle siffle parmi les vieux arbres, la dépouille d'un cheval tué à Leipsick et quelques fresques effacées, mais on se souvient de l'homme de guerre terrible dont la main sauvait ou menaçait l'empire d'Allemagne, et l'on pense à cette peinture magnifique que Schiller a laissée du palais qu'habitait à Prague l'orgueilleux duc de Friedland et de la trilogie que le rival de Gustave-Adolphe a inspirée au rival de Gœthe.

Cette ville de Prague est d'ailleurs la ville des palais. Ils ont tous quelque chose de sombre et de farouche qui plairait à l'historien poétique du Rhin. Tous portent des noms qui ont leur place dans les annales de la Bohême. Là est le palais Nostittz; là, le palais Clam-Gallas; là, le palais Schwarzenberg; là, le palais Czernin; là, le palais Kinski. Des cariatides grimacent aux côtés des larges portes ouvertes sur leurs façades immenses. A l'entrée du palais des comtes de Thun, deux aigles de pierre supportent le fronton du bout de leurs ailes formidables. Ces deux aigles, dans l'attitude du combat, reposent des guerriers et des esclaves voués par la tradition à la garde des portes. On passe devant le palais du prince Windischgraetz, qui écrasa l'insurrection du mois de juin 1848, puis on rencontre encore le palais du comte Kolowrat, le palais du comte Lobkowitz, le palais des États de Bohême, le palais du prince de Furstenberg. Celui-là est une caserne, celui-ci est un musée, l'autre n'a pas été visité par ses maîtres depuis cinquante ans, mais épars dans de vieilles rues qui ont vu les Hussites, les Impériaux, les Suédois, les Français, et mêlés à des tours qui ont reçu le choc des balles et des boulets, telles que la Brückenthurme et le Kleinsthurm, et entourés d'églises dont les cloches sonnaient à toutes volées au temps des guerres civiles, ils racontent aux passants ce que fut Prague.

Tout au milieu d'une place, sur un socle de granit entouré de soldats de bronze, j'ai vu la statue d'un homme de guerre. Sur la pierre on lisait le nom du feld-maréchal Radetzki. J'ai salué. Celui-là fut un soldat dans la plus élevée et la plus large signification du mot. Il savait, par un sentiment plus fort que tous les sophismes, que là où est le drapeau, là est la patrie, et jusqu'à son dernier souffle il combattit avec l'épée pour le service de son empereur et de son pays. De telles figures sont l'honneur des armées.

L'histoire de la maison d'Autriche est pleine de ces hommes de guerre qui la tirent tout à coup de périls où elle semblait devoir succomber. Elle a eu jadis, pendant les furieuses mêlées de la guerre de Trente-Ans, ses Tilly, ses Pappenheim, ses Wallenstein; elle a eu, de nos jours, pendant les tempêtes de 1848, ses Windischgraetz, ses Jellachich, ses Radetzki. Quand son peuple, épuisé, semble n'en pouvoir plus produire, elle a le secours d'un étranger qui la sauve; celui-là est un roi et s'appelle Sobieski. Ce spectacle d'un empire qui touche vingt fois à la ruine et dont la capitale est vingt fois menacée ou prise par l'ennemi, et qui vingt fois se relève au moment où l'on pouvait croire qu'il allait disparaître, n'est-il pas de nature à faire réfléchir l'historien?

C'est poursuivi par toutes ces images de guerres sanglantes et de révolutions qu'on pénètre dans l'acropole, la ville sainte de Prague, le Hradschin. Là fut le berceau de l'antique cité. Là sont des palais, des églises, des chapelles, là est la cathédrale, là est la résidence de l'empereur. C'est un entassement de places publiques, de rues, de casernes, de terrasses, de monuments. La cathédrale n'est pas achevée, le château impérial a été incendié, mais le tout ensemble a un grand caractère et s'impose à l'esprit par mille souvenirs. Des remparts et des courtines courent à travers les jardins, portant encore la trace des siéges qu'ils ont soutenus; du sommet de ces escarpements que tant d'hommes fameux ont traversés et que foudroyèrent les canons du grand Frédéric, on aperçoit, amoncelés sur les deux rives de la Moldau, ces toits sans nombre, ces tours, ces clochers, ces palais, ces vieilles murailles qui sont l'orgueil des Bohêmes et qui s'appellent Prague. La colline elle-même qui porte le Hradschin est chargée de remparts qui ont connu les révoltes et les batailles, les assemblées tumultueuses et les longs siéges. Visité avec le respect des choses passées, le Hradschin est moins l'un des quartiers d'une ville qu'une page d'histoire.

Deux monuments arrêtent l'étranger dans sa promenade : la cathédrale de Saint-Vit et la chapelle de Lorette. L'œuvre de Peter Arler de Gmünd n'est pas achevée ; mais, telle que le temps nous l'a laissée après mille désastres, elle étonne par sa grâce et sa puissance. Si elle est encore debout, ce n'est pas la faute de Frédéric de Prusse, qui la désigna aux coups de son artillerie. Parmi les boulets qui en transpercèrent les voûtes, l'un d'eux est encore suspendu à une chaîne, auprès du marbre qu'il a fracassé. Le siége levé, après un bombardement de plusieurs jours, on ramassa plus de sept cents boulets au milieu des décombres entassés dans la cathédrale, où l'incendie s'était déclaré trente-deux fois.

Le tombeau de saint Jean de Népomuk, tout en argent, les douze chapelles qui portent chacune le nom d'un souverain, le mausolée royal, où repose, parmi d'autres, la dépouille mortelle de l'héroïque George Podiébrad, les fresques de Thomas de Mutina et de Nicolas Wurmser, l'autel de saint Vit, le chœur où l'on aperçoit, sous un dais de velours, le trône sur lequel s'asseoit l'empereur d'Autriche quand il est sacré roi de Bohême, la tribune impériale, si curieusement travaillée, et ce bandeau d'écussons qui tournent autour de la grande nef et portent, avec les armoiries des provinces de l'Empire, les noms fameux de Hongrie, Bourgogne, Hainaut, Luxembourg, Tyrol, Milanais, Brabant, Lorraine, Chypre, Silésie, Limbourg, donne à la cathédrale un aspect imposant et pittoresque que n'ont plus nos vieilles églises, dépouillées par les révolutions de ce qui rappelait l'histoire et constituait leur caractère. Saint Vit conserve intacte la chaîne des traditions; la féodalité y touche au Reichsrath.

La chapelle de Lorette a cela de particulier qu'elle possède un trésor qui est un trésor. Combien d'églises et de monastères qui, en fait de trésors, ne gardent plus que le coffre qui les contenait! Ce ne sont que patènes, croix, chasubles, images d'or et d'argent, saints ciboires, cassolettes, émaux, pierreries, et parmi toutes ces merveilles, un ostensoir offert par la comtesse Kolowrat, dont la valeur vénale est, dit-on, de dix-huit cent mille francs. C'est un petit soleil. Disons bien vite que le portrait de la comtesse Kolowrat orne la sacristie qu'enrichit son ostensoir.

Un boulet est incrusté dans le mur de la chapelle. Encore un présent de Frédéric de Prusse !

On est arrivé au Hradschin par le pont de la Moldau ; on s'en retourne à Prague par le pont de la Moldau. Combien de photographies, combien de gravures n'ont pas donné la portraiture de ce pont fameux que décorent tant de statues ! C'est encore un monument de pierre qui date du moyen âge, et, comme le Rathraus, la Pulver-Thurm, la Teinkirche, la Grosse Ring, le Kœnigsbrücke a son caractère et son histoire. Nous n'entreprendrons pas de la raconter et d'écrire la légende de saint Jean Népomucène après tant d'autres; mais ce que nous pouvons ajouter, c'est que bien des heures peuvent être oubliées à regarder la silhouette de Prague, de cette même place où le corps garrotté du saint fut précipité dans la rivière.

Pour quiconque voit dans les guerres civiles et les guerres de religion autre chose que les luttes impitoyables de l'ambition et le triomphe du fanatisme, — il en est même qui, au point de vue philosophique, voient dans ces terribles bouleversements la manifestation la plus haute de l'esprit humain, un témoignage de sa grandeur idéale, — Prague où tant d'hommes ont combattu et sont morts pour une idée, est l'une des villes, non-seulement de l'Allemagne, mais encore de l'Europe, où le voyageur se rendra le plus volontiers en pèlerinage.

IV

DRESDE.

Août 1863.

Il est de ces villes qu'un seul monument résume tout entières, comme la vie de certains hommes est circonscrite dans un événement, un fait, une action.

Dresde, c'est la galerie de Dresde.

Cependant, la galerie supprimée, il faudrait encore entreprendre le voyage, non pas peut-être pour la ville elle-même, bien qu'elle soit charmante, belle, vaste et bien située, mais pour les environs. On n'en voit nulle part de plus pittoresques.

Mais, par exemple, si l'on veut jouir de ces ravissants paysages dans tout leur charme et ne rien perdre de ce qu'ils réservent de surprises au touriste, il faut bien se garder d'arriver à Dresde par Leipzig. Suivez, au contraire, le chemin de fer qui part de Prague et relie la Bohême à la Saxe. Il aura cet avantage inappréciable de longer le cours de l'Elbe et d'effleurer dans sa course paresseuse la Suisse saxonne, chère à tous les fiancés.

Ici le nom dit la chose.

La Suisse saxonne, c'est le canton de Berne en miniature; il n'y manque que les Alpes et les glaciers. On dirait une Suisse de fantaisie arrangée pour les enfants; tout y est, la vue, les aspects, les horizons, les torrents, les précipices, les forêts, les brouillards, les gorges et les rochers, mais dans un cadre plus étroit, un cadre vu en quelque sorte par le petit bout de la lorgnette, avec moins d'horreurs sublimes, mais presque autant d'auberges. Les guides n'y manquent pas, et au besoin on y fait jouer les torrents, comme à Saint-Cloud les grandes eaux. Trois jours suffisent pour le voyage, et il n'est pas, de Magdebourg à Darmstadt, de Werther marié à quelque Charlotte du voisinage qui n'aille en pèlerinage, au lever de la lune de miel, déjeuner à la Bastei.

Un voyageur fantasque a dit de la Suisse saxonne qu'elle avait été fabriquée à Nuremberg et envoyée à Dresde, proprement emballée et ficelée, pour les plaisirs d'un Électeur. J'aime mieux la légende ironique qui raconte qu'une fée, appelée au baptême d'un petit géant, lui fit présent, au sortir du berceau, d'une Suisse bien propre où il eut toute liberté de se promener sans courir le risque de se rompre le cou. Quand le géant fut tout à fait grand, on oublia la Suisse qu'il avait reçue en cadeau et elle resta aux environs de Dresde.

Je ne sais pas si la Suisse saxonne est bien belle, mais je sais qu'elle est très-jolie, et personne ne s'avisera jamais de regretter le temps qu'on aura employé à la visiter.

La promenade en chemin de fer en peut donner une idée, sinon complète, du moins nette. Aussitôt que le rail touche aux bords de l'Elbe, le spectacle commence; il ne finira plus qu'aux portes de Dresde. C'est un panorama qui se déroule avec des grâces infinies, et qu'on ne se lasse pas de regarder.

Le fleuve est au premier plan, large, calme, majestueux et tout animé par le passage d'une flottille de bateaux à vapeur peints aux couleurs de la Saxe, vert et blanc, qui vont et viennent avec une activité d'hirondelles. Ils s'arrêtent à vingt endroits que signalent de loin des hôtels plantureux dont les façades joyeuses se mirent dans l'eau bleue et dont les jardins s'enfoncent dans les vallées voisines. Partout de légers ponts, des passerelles élégantes, attendent des populations de curieux qui déjeunent ici et soupent ailleurs; ceux-ci montent, ceux-là descendent; tous ont l'air heureux, mais heureux d'un bonheur particulier qu'on ne retrouve qu'en Allemagne, qu'on ne connaît qu'en Allemagne, qui est fort doux, fort aimable, fort tranquille, et dont nous autres Français, race turbulente et moqueuse, nous ne voudrions pas. De jolis batelets badinent sur le dos du fleuve complaisant, portant des groupes de jeunes filles qui se rendent visite ; et partout sur la rive, sous des quinconces de tilleuls, parmi des corbeilles de fleurs, le long des sentiers verts, des familles jouissent en paix de la clarté du jour, du paysage et du repos.

Quelque bruit de musique vous surprend à chaque détour, piano par-ci, orgue de Barbarie par-là, orchestre plus loin, et les touristes qui partent échangent de la main et de la voix des adieux avec ceux qui arrivent. C'est comme une grande idylle, une idylle avec des restaurants et des bateaux à vapeur. Némorin fume, Estelle porte une crinoline, mais quelque chose de champêtre et de patriarcal flotte sur le tout.

Sur la rive droite de l'Elbe s'échelonnent de hautes falaises blanches qui vous disent assez que Dresde est, comme Vienne, en train d'élargir son enceinte. Ces falaises, coupées à pic et qui ont la teinte du lait, sont des déchirures faites à la montagne par la pioche et la scie des constructeurs. On en tire par blocs immenses une belle pierre blanche qui durcit au soleil et dont tous les hôtels de Dresde sont bâtis. Les collines finiront par disparaître. On rase des promontoires. Il y a, çà et là, le long des berges, des avalanches de moellons. L'églogue ne les avait pas prévues.

Derrière ces falaises s'étendent les surprises de la Suisse saxonne; les vallées descendent jusqu'aux bords du fleuve et ouvrent de profondes coupes de verdure où le regard se perd; des forêts tapissent les promontoires et couronnent les faîtes; des châteaux se dressent sur les sommets lointains, et des perspectives qui invitent aux excursions se prolongent dans des horizons bleuâtres.

Le paysage est couronné par la forteresse féodale du Kœnigstein, où longtemps les Électeurs saxons trouvèrent un asile, au temps des troubles et des guerres. Les keapsakes, gouvernés par la fantaisie, ne présentent rien de plus pittoresque.

C'est à Bodenbach que l'on quitte les wagons autrichiens pour entrer dans les wagons du roi de Saxe. La frontière est tout auprès. Le jour où le chemin de fer m'y jeta, je ne sais quelle fête mettait en liesse tout le pays. La gare était pleine de gens qui déjeunaient, le sourire aux lèvres. Le café à la crème, cher à tous les cœurs germains, coulait à flots, on tirait des coups de fusil; des banderoles flottaient au vent, des fanfares se répondaient de la rive droite à la rive gauche de l'Elbe. Mais, impassible et superbe, et pareil à un dieu de la fable, le portier, auquel la police intérieure de toute gare allemande est confiée, dominait le tumulte et venait en aide aux opprimés. Dans ces sortes de réjouissances où tout est bruit et fumée, les opprimés ce sont les voyageurs.

Qu'il me soit permis de payer ici un léger et fugitif tribut de reconnaissance à ce portier obligeant. J'en souhaite de semblables à tous les touristes dans l'embarras. Il faisait tout, il prévoyait tout. Il se chargeait du déjeuner, des bagages et du passeport. Par lui la monnaie autrichienne était convertie en monnaie saxonne. Il indiquait une table vide et une chaise vacante; par lui encore le menu était servi avant d'avoir été commandé. Il ne conseillait pas les truites; elles ne sortaient pas de la bonne rivière; mais il recommandait le saumon; jamais l'Elbe n'en eut de meilleurs. Il était rond comme Falstaff et léger comme Ariel. Ah! l'aimable portier! Le miracle était qu'il ne parlait que l'allemand, le pur allemand de Dresde, et qu'il se faisait entendre.

A Bodenbach commence la Suisse saxonne.

Quelque chose, quand on arrive à Dresde, rappelle Francfort; partout des jardins, partout des hôtels séparés de la chaussée par des grilles. On entre dans une grande ville. L'œil est agréablement émerveillé à la vue des voitures qui attendent le voyageur à sa sortie du wagon. Ce ne sont rien moins que des calèches à deux chevaux, calèches amples et superbes que couronne un cocher de belle taille.

Quand on est un voyageur modeste, dont tout le bagage tiendrait dans une valise, il n'est pas désagréable de faire une entrée magnifique dans une capitale, surtout quand il n'en coûte guère que le prix d'une course en fiacre.

A un certain point de vue, Dresde fait songer à Pise. Tous les monuments, les principaux du moins, sont réunis autour de la même place, la cathédrale, le théâtre, le palais du roi, le Zwinzer, le nouveau musée et le *Hauptwache* ou corps de garde. On a tout sous la main, comme à Pise le Campo-Santo, la Tour penchée, le Baptistère. L'église, la galerie de tableaux, l'Opéra, on peut tout voir en un jour et presque sans changer de place.

Ce jour-là il y avait foire à Dresde, comme il y avait fête à Bodenbach. La foire attirait tout le monde, et les omnibus y couraient tout seuls. C'était la grande affaire. Les jardins du Zwinzer, la belle terrasse de Brülh étaient déserts. Il m'a paru que cette foire ressemblait à toutes les foires que le hasard m'avait permis de voir, celle de Beaucaire exceptée.

Sur un grand terrain où le gazon rare et jaune achevait d'expirer sous le piétinement de la foule, des restaurants par centaines, des brasseries par milliers, des salles de danse sans nombre élevaient leurs murailles de toile éphémères. Deux ou trois lieues de phénomènes vivants et de prodiges empaillés, de saltimbanques, d'acrobates, de musiciens, de ménageries, de mannequins, de jongleurs, de parades en plein vent mêlaient leurs femmes sauvages, leurs nains, leurs géants, leurs hercules, leurs crocodiles, leurs ours, leurs bandits célèbres, leurs pitres, leurs paillasses, leurs défroques et leurs queues rouges. Les orchestres faisaient rage. On valsait sous les tentes. On buvait partout. Dans un espace libre on tirait à l'arc. Une sonnerie de trompettes indiquait les coups heureux. Les gamins, — il y en a en tout pays, — se précipitaient à la poursuite des flèches, mais leur précipitation même était calme. Des familles de bons bourgeois allaient et venaient. Un flot de poussière tourbillonnait au-dessus de la foire.

Si cette foire n'avait pas parlé l'allemand, on aurait pu se croire à Toulouse aussi bien qu'à Dresde. Quittons-la donc bien vite, s'il vous plaît.

Il y a trois choses dans la ville royale de la Saxe qui peuvent être égalées ailleurs, mais qui, ce me semble, ne peuvent être surpassées nulle part : la galerie de peinture, le palais japonais, et le *Grune Gestœlbe*, ou Voûte Verte, qui contient le trésor des Electeurs. Que d'heures, que de jours, que de semaines le voyageur peut oublier en contemplant l'inépuisable collection des chefs-d'œuvre qu'ils renferment! Il y en a pour tous les enthousiasmes, pour toutes les admirations, pour tous les caprices, pour toutes les fantaisies, pour toutes les originalités. Il y a des merveilles, et, si j'osais me permettre un mot que le dictionnaire ne reconnaît pas, il y a aussi des bibelots.

Les princes, dit l'histoire, vivent par leurs grandes actions; ils ne vivent pas moins par leurs folies. Parfois même ces folies portent de bons fruits. Que serait Dresde aujourd'hui sans les prodigalités d'Auguste III, électeur de Saxe et roi de Pologne? Une belle ville, une grande ville, une capitale enfin, et rien de plus. Il se trouve aujourd'hui que les millions dépensés en œuvres d'art rapportent de magnifiques intérêts. Ils ont fait de Dresde un lieu de pèlerinage où, chaque année, des milliers de voyageurs se rendent des quatre points cardinaux, si bien que la curiosité, disons mieux, l'admiration intelligente du monde paye un tribut à la Saxe.

S'il est impossible de traverser Dresde sans visiter la galerie royale de peinture, il est permis de n'en pas parler. Que dire de cette merveilleuse exposition qui n'ait pas été dit, et en excellents termes, par les critiques les plus compétents? C'est une longue suite de chefs-d'œuvre où sont représentés les écoles les plus fameuses et les maîtres les plus illustres. Parmi ces toiles qui lassent l'admiration des générations, il en est quelques-unes qui tiennent à Dresde la place de *la Joconde* et de *la*

Cène à Paris, de *la Vierge à la perle* de Madrid, de la *Transfiguration* et de *la Communion de saint Jérôme* à Rome, du *Mariage de sainte Catherine* à Naples, du *saint Pierre aux liens* à Saint-Pétersbourg, de *l'Enlèvement d'Europe* à Venise, du *Spozalizio* à Milan. Par le nombre et la qualité, le Musée de Dresde n'a rien à envier au Louvre, à la National-Gallery, à l'Ermitage, au Belvédère, au Vatican. Entre toutes ces productions qui touchent aux limites de l'art, il en est quatre qui seraient l'orgueil de tous les musées; nous voulons parler de *la Vierge de Saint-Sixte*, qui fut peinte par Raphaël pour le maître-autel des moines noirs du couvent de San-Sito, à Plaisance; de *la Vierge*, de Hans-Holbein, exécutée pour le bourgmestre Jacob Meyer, de Bâle; de *la Nuit*, du Corrége, peinte pour le maître-autel de la chapelle de San-Prospero, à Reggio, et du *Christ au denier*, du Titien, qui fut peint, selon Vasari, pour Alphonse V, duc de Ferrare, sur le panneau d'une porte d'armoire.

Aux deux extrémités de la galerie, dans des salles isolées, les deux *Vierges* de Raphaël et d'Holbein sont exposées sur de grands chevalets. Pareilles à deux reines, elles ne souffrent rien autour d'elles. Leur éclat suffit à remplir les salles qui leur sont destinées.

L'histoire de cette précieuse collection a son côté pittoresque; on sait des provinces qui ont demandé moins de dépêches et de protocoles pour passer d'un État à un autre État. Certains tableaux n'ont pu être acquis qu'après de longues et difficiles négociations où tout l'art de la plus active diplomatie était mis en œuvre. Déjà, en 1560, l'Électeur Auguste II possédait dans son château un cabinet d'objets d'art, *Kunst Kammer*, qui se composait de sept salles où l'on remarquait des Titien, des Tintoret, des Lucas Granach, des Albert Durer, des Rubens, des Lucas de Leyde et d'autres maîtres. Dès 1722, on rencontre dans un catalogue dressé d'après ce cabinet deux paysages de Claude le Lorrain et la fameuse Vénus du Titien désignée dans l'inventaire sous ce titre : *Philippe II et la signora Laura*. Mais bien qu'en 1742 la galerie des Électeurs présentât un total de 4708 pièces, ce ne fut que sous le règne d'Auguste III que le musée de Dresde s'enrichit de ses toiles les plus justement célèbres, par l'adjonction inespérée de cent tableaux provenant de la collection du duc François d'Este-Modène.

En ce temps-là, le duc François III, allié à la maison royale de France par son mariage avec Charlotte-Aglaé d'Orléans, manquait d'argent. C'est un de ces malheurs qui n'étaient pas rares à cette époque et qu'on a vus se renouveler plus tard. La guerre de succession qui s'engagea à la mort de l'empereur Charles VI et dans laquelle le duc prit parti pour les Espagnols, le ruina. Le roi de Pologne qui bataillait de son côté, mais qui, grâce à son ministre, le tout-puissant comte de Brühl, trouvait toujours quelques grosses sommes d'argent en réserve aussitôt qu'il s'agissait d'une prodigalité, mit des agents en campagne. On n'eût pas dépensé plus de ruses, plus d'astuce, plus de savoir-faire pour la cession d'un marquisat ou d'un duché. Italiens et Saxons luttèrent de patience et d'habileté. Le prix originel, fixé tout d'abord à cent mille sequins, — à peu près un million de francs de notre monnaie, — fut entouré et grossi d'un cortége imposant de cadeaux, de gratifications et d'offrandes qui naissaient les uns des autres.

Enfin, après avoir été déposés provisoirement à Padoue, sur un territoire neutre, les cent tableaux du duc d'Este-Modène furent transportés à Dresde.

Aucune guerre, aucune conquête ne les en a retirés. Un jour on a confisqué le royaume, on n'a jamais confisqué le musée.

La chronique raconte que lorsque le peintre Ventura Corsi, l'un des négociateurs désignés par la cour de Saxe pour conclure le marché, se rendit à Modène et à Ferrare dans le but d'examiner les tableaux, il dut se déguiser pour n'être pas reconnu et peut-être lapidé par les habitants qui soupçonnaient confusément quel projet nourrissait leur duc.

Quant à la *Vierge* d'Holbein, son histoire est un roman. On la voit tour à tour à Bâle chez un bourgmestre, à Amsterdam chez un banquier qui l'achète pour Marie de Médicis d'un certain Michel Le Blar, qui l'avait achetée pour le roi de Suède; puis à Venise, où, Marie de Médicis étant morte, un autre banquier du nom d'Avograd la fait passer par testament aux mains de la famille Delfino.

A Venise, il resta un certain temps dans l'ombre, bien que le duc d'Orléans, alors régent de France, eût eu quelque velléité de l'acheter, lorsque enfin Algarotti, qui l'avait acquis du dernier membre de la famille Delfino, le céda en 1743 à l'Électeur Auguste III.

Cet Électeur, dont l'histoire n'a pas gardé un excellent souvenir, me paraît un homme méconnu. On lui doit la galerie de Dresde et le fameux Maurice de Saxe. C'est bien quelque chose.

Un mot encore à propos de ce musée où l'on regrette de ne pas rester plus longtemps, si longtemps qu'on y reste. Il serait à désirer que toutes les collections dont s'enorgueillissent les capitales eussent des monuments aussi bien entendus et aussi bien distribués pour les loger, et fussent disposées avec la même harmonie et un goût égal.

Maintenant, passons de la rive droite de l'Elbe à la rive gauche, de l'Alsttadt, où est situé le palais royal, à la Neustadt, où s'élève le palais japonais.

L'Augusten-brücke, ou pont d'Auguste, leur sert de trait d'union. C'est dans le palais japonais que sont renfermées dans de longues salles, au rez-de-chaussée, les collections de porcelaines; mais si, aimant les postiches, les chinoiseries et les statuettes, vous n'avez pas le cœur ceint d'un triple airain, n'y entrez pas! C'est là que le démon de la tentation vous attend, et tout à coup il vous semblera que votre conscience capitule avec la pensée du vol. O vous, collectionneurs qui chargez vos étagères de bagatelles, vous tous qui savez qu'il n'y a guère dans ce monde que l'inutile qui soit indispensable et qui nourrissez dans vos âmes d'intarissables ardeurs pour un vase, une tasse, une aiguière, un pot, une chimère, vous me comprendrez!

Il y a là tout un assortiment de porcelaines de Chine et du Japon bleu grand feu devant lesquelles on reste en contemplation : des craquelins qui font rêver, des plats où des fêtes, des combats, des chasses, des processions promènent leurs caprices, des potiches où le rouge de fer éclate, marié au jaune impérial, des tasses et des soucoupes qui ont la transparence du cristal dépoli et la légèreté d'une coquille d'œuf, mille productions enfin où brille la fantaisie du génie oriental, et d'une finesse de travail exquise; quel émail et quelles couleurs! L'imitation s'épuise à les reproduire et n'y peut rien.

Et tout à côté, comme pour achever de faire perdre la tête au malheureux voyageur, une splendide collection de ces œuvres délicates et mignonnes qui ont fait la réputation de la célèbre fabrique de Saxe. Divinités, bergères, galants chasseurs, amours demi-nus, guerriers charmants, héros, marquis, tout est là avec cette inépuisable variété d'attitudes, d'expressions, de couleurs qui font le charme de ces figurines.

Quant à la Voûte Verte, c'est un entassement de merveilles travaillées, ciselées, gravées, fouillées, sculptées, émaillées dans l'or, l'argent, l'onyx, le lapis-lazuli, le cristal de roche, l'ivoire, l'ambre, la malachite, le jaspe, la cornaline, le bronze, la calcédoine, l'albâtre, et tout cela manié, pétri, composé par les ouvriers les plus habiles et les plus inventifs. Ils s'appelaient Albert Durer, Michel-Ange, Schells de Messingen, Noël Landin de Limoges, Raphaël Mengs, Vinglinger, Jean de Bologne, Colin de Malines.

Je ne parle que pour mémoire des pierres précieuses, saphirs, émeraudes, rubis et diamants, montés en colliers, en boutons, en aigrettes, en plaques, en diadèmes, en broches, en ferrets, en agrafes; c'est quelque chose comme tous les magasins de la rue de la Paix entassés dans une salle. Les femmes en sortent rêveuses.

Une visite à Dresde ne serait pas complète si on ne parcourait pas le fameux champ de bataille où

Napoléon vit encore une fois la victoire obéir à son commandement, et où la mort renversa Moreau. Triste mort : un général de la république abattu par un boulet français! Un monument de granit rose assis sur un entassement de marbre, et surmonté d'une épée, d'une couronne de laurier et d'un casque de bronze, marque la place où il fut atteint. Trois arbres l'ombragent. C'est une de ces rares tombes devant lesquelles le cœur se serre et l'âme s'attriste. Qu'elles sont autres les émotions qui vous saisissent quand on salue le monument de Turenne à Salzbach ou de Marceau à Altenkirchen!

Tout à l'entour s'étendent des moissons et des prairies, et des brasseries s'élèvent au bord des chemins où passa la vieille garde. Mais quelle ville d'Allemagne ne rappelle pas la marche de nos régiments, et laquelle n'a pas des souvenirs de guerre? Partout des batailles! Fasse Dieu maintenant que la voix du canon ne réveille plus nos morts endormis dans la plaine et la vallée!

V

SALZBURG.

Août 1863.

Je me souviens que le jour où nous allions de Munich la bavaroise à Salzburg l'autrichienne était un dimanche. Le convoi marchait à petite vitesse et n'avait garde d'oublier aucune station. Nous traversions un pays plat, coupé de bois de sapins et de prairies d'un aspect frais, mais un peu monotone. Sur le parcours du chemin, les employés se tenaient immobiles devant leur poste d'observation, portant le chapeau de cuir noir, la veste ronde de drap rouge hermétiquement fermée, et le pantalon bleu, dans l'attitude roide de soldats au port d'arme. On aurait pu les prendre pour des mannequins. Leur impassibilité, presque granitique, rappelait ces victimes de certaines féeries que le héros de la pièce tâte de tous côtés pour reconnaître s'ils sont vivants ou morts. Tels apparaissent les dieux de l'Égypte taillés dans le porphyre. Autour de Munich, des bandes de citadins qui cherchaient l'ombrage et le repos, s'en allaient à travers champs d'un pas joyeux. Nombreuses et pressées à chaque station, elles se dispersaient dans mille directions, comme des volées d'oiseaux qu'un caprice met en fuite. Leurs longues files, leur allure, leurs costumes aux vives couleurs, un air de parenté qui saisissait le regard, et qui, répandu sur tous les visages, rappelait certaines peintures, entrevues dans les musées, l'aspect du paysage placide et vert, tout enfin nous remettait en mémoire ces vieux tableaux de Memmeling et de Breughel où des compagnies de bourgeois suivent de longs sentiers dans la campagne. Les gares étaient pleines de monde. Les populations envahissaient les quais d'arrivée, mais tranquillement, doucement; c'était l'ordre dans le mouvement d'une foule. Une sorte de gaieté silencieuse régnait partout. Les familles attendaient par groupes, entourées de leurs amis. Les enfants ne faisaient pas de bruit. On causait bas. Chaque homme avait sa pipe.

A mesure qu'on s'approchait du Tyrol, paysages et populations prenaient un caractère plus tranché. Les femmes portaient sur la poitrine et autour du cou des mouchoirs bariolés des plus vives couleurs et dont les bouts flottants retombaient par derrière. Elles étaient coiffées de grands chapeaux de feutre à ganses de velours. Tous les hommes, presque tous au moins, portaient la coiffure tyrolienne avec de larges rubans de soie verte et des plumes de coq de bruyère nouées en cocardes. Ils étaient d'ailleurs en belle toilette des dimanches. La plupart tenaient un gigantesque parapluie à la main. On ne s'explique cet amour traditionnel des paysans pour le parapluie que par le respect séculaire qu'ils professent pour leurs habits de fête. Le parapluie fait alors partie du costume. Cette observation, qui est vraie dans le Tyrol, l'est aussi dans la Sologne et dans la Picardie. Qui reçoit la pluie trop souvent sur son dos ne veut pas la recevoir le dimanche sur son habit.

Cependant les montagnes commencent à dresser leurs cimes autour du chemin; les ruisseaux babillent sur leurs lits de cailloux. Bientôt ce seront des torrents. On aperçoit des scieries, çà et là, et tout au loin, sur les crêtes voisines, des pans de murs en ruine. Les forêts tapissent les vallées. Toujours les mêmes gardiens en vestes rouges et en pantalons bleus, et toujours dans la même attitude. Pour demeures ils ont des chalets. Une solitude qui paraît plus profonde étant plus sauvage les entoure. Ce ne sont partout que des rochers et des bois. Une femme et deux ou trois enfants qui jouent dans l'herbe occupent ces retraites. On se souvient des douaniers qui ont des nids sur les falaises, au bord de l'Océan. Les uns voient passer des locomotives, les autres des voiles blanches; eux seuls restent immobiles dans ce mouvement continuel.

Salzburg est sur la ligne qui va de Paris à Vienne par Munich. Ce serait un crime de lèse-voyage que de ne pas s'y arrêter. A quelques lieues en deçà de Salzburg commence la frontière autrichienne; mais c'est à Salzburg même que l'on demande aux voyageurs leurs passe-ports. Hâtons-nous de dire que la police autrichienne n'est plus ce qu'elle était à l'époque où sa terrible réputation allait de Lisbonne à Moscou. Plus d'interrogatoire, plus de recherches minutieuses; de la politesse et une simple formalité. Une minute après l'arrivée, on vous rend votre passe-port, on vous salue et les portes de l'empire vous sont ouvertes.

Deux sortes de voyageurs se rencontrent à Salzburg: les touristes qui s'y arrêtent avant de rendre visite à l'Untersberg, les malades qui s'y reposent avant de partir pour Gastein. Le progrès des temps est ainsi fait, que le nombre des personnes qui partent pour les fontaines est de plus en plus considérable et s'accroît à mesure que celui des curieux qui cherchent la montagne diminue. Les romantiques cèdent le pas aux valétudinaires.

Il faut bien l'avouer: aussitôt qu'on a mis le pied dans le Tyrol, on n'entend plus parler que des eaux de Gastein et de leur efficacité souveraine. Le même enthousiasme, on le retrouvera à Vienne. Arrivé mort à Gastein, on en sort vivant. Là est la panacée universelle. Lorsque nous passions à

Salzburg, l'empereur d'Autriche et M. de Rothschild étaient à Gastein. On voit que ce ne sont pas tout à fait des inconnus qui fréquentent ces sources. L'analyse chimique, dit-on, n'y a découvert la présence d'aucun sel; si bien que la science les a baptisées du nom de sources magnétiques. Par exemple, le moins qu'elles puissent faire, quand on les prend sans en avoir besoin, c'est d'amener une congestion cérébrale. Les sanguins n'ont qu'à s'en souvenir.

Quant aux légendes de l'Untersberg, quelle lutte voulez-vous qu'elles soutiennent contre les eaux de Gastein? A celles-ci l'utilité, aux légendes la poésie; la poésie est vaincue. Et cependant c'est au cœur même de ces montagnes de marbre, dans une caverne, que se tient immobile et majestueuse l'ombre auguste de Frédéric Barberousse. Elle est assise et attend, les deux mains sur une table de pierre dont sa barbe fait trois fois le tour. Mais où est le fils de la Germanie, prince ou étudiant, qui viendra tirer de son sommeil le fantôme du grand empereur et lui dira : Debout, Frédéric! l'heure a sonné, l'Allemagne s'agite; elle veut être sauvée, sauve-la !

Qui ne se rappelle les vers du poète?

. . . Un jour blême éclairait les ténèbres.
Soudain, sous une voûte, au fond du souterrain,

Il vit dans l'ombre, assis sur un fauteuil d'airain,
Les pieds enveloppés dans les plis de sa robe,
Ayant le sceptre à droite, à gauche ayant le globe,
Un vieillard effrayant, immobile, incliné,
Ceint du glaive, vêtu de pourpre et couronné.
Sur une table faite avec un bloc de lave,
Cet homme s'accoudait. . . . . . .
. . . .
Il dormait d'un sommeil farouche et surprenant.
Sa barbe, d'or jadis, de neige maintenant,
Faisait trois fois le tour de la table de pierre ;
Ses longs cils blancs fermaient sa pesante paupière ;
Un cœur percé saignait sur son écu vermeil.
Par moments, inquiet, à travers son sommeil,
Il portait vaguement la main à son épée.
. . . .

Cette épée qui ceignait le flanc de Frédéric Barberousse, d'autres mains la cherchent à présent. Quelqu'un la trouvera-t-il ?

Dans ces mêmes vallées où tant d'âmes errantes tourbillonnaient jadis avec la tempête, des centaines d'ouvriers taillent aujourd'hui des billes pour les écoliers.

Chaque partie de la vieille Allemagne a de ces montagnes romantiques peuplées de héros et de fées par la légende ; la Forêt-Noire à l'ouest, l'Untersberg au midi, le Harz au nord.

On a dit de Salzburg que c'était Édimbourg dans le Tyrol. C'est un peu vrai. Au point de vue du pittoresque, la ville autrichienne n'a rien à redouter d'aucune comparaison. Tout y est arrangé pour le plaisir et la surprise des yeux. Des montagnes découpent l'horizon et dessinent leurs crêtes chargées de neige sur le bleu profond du ciel, la plaine est large, des châteaux s'y font voir dans des massifs de bois, une rivière la sillonne, çà et là des collines se dressent et se nouent aux Alpes prochaines par une longue suite d'escarpements et de déclivités. Sur une hauteur voisine un château-fort est construit. Ses remparts, çà et là démantelés, ses tours à demi rompues, ses poternes ouvertes sur des abîmes, les bouquets d'arbres qu'il porte aux angles des bastions pareils à des aigrettes, tout ajoute à l'effet de la décoration. De ces sommets, où les courtines se relient aux promenades, le regard découvre des espaces infinis. L'harmonie des lignes s'y marie à l'harmonie des couleurs. On arrive à ces hauteurs par un long escalier qui tourne au milieu des jardins et des bosquets. Des maisons sont partout accrochées au flanc de la montagne, mais parfois de grands éboulements entraînent jardins et maisons. La montagne s'écaille. Personne ne songe à déserter ce qu'il en reste. On s'habitue à ces éboulements comme aux avalanches. Sur un promontoire, un bourgeois de Salzburg s'est arrangé une maison de plaisance dans une tour qui a été une poudrière.

Le château-fort est une immense construction toute parsemée d'escaliers, de rampes, de cours, de préaux, de terrasses, de tours, de ponts-levis, de courtines, de plates-formes, de chemins couverts reliés par des voûtes sombres à des passages tortueux. Des portes bardées de fer et taillées dans des ais de chêne s'ouvrent sur des prisons aériennes sous lesquelles s'enfoncent des puits pleins de ténèbres. Aux plafonds muets de ces prisons s'attachent des poulies, contre les murailles se tordent des crochets; des pierres énormes reposent dans des éviers garnis d'anneaux de fer. Une trappe à bascule joue dans les rainures du plancher; ouverte, on aperçoit un trou noir dont l'abîme descend au fond des oubliettes. Des hirondelles ont bâti leurs nids dans les fenêtres qui ont éclairé tant de supplices. Sur l'un des côtés d'une cour irrégulière s'élève une église; des figures de saints et de guerriers grossièrement taillées dans des blocs de granit rouge en décorent la sombre façade. Une treille tapisse le mur d'une caserne bâtie en équerre; des planchettes suspendues le long des fenêtres servent d'appui à des végétations fleuries qui donnent à ces vieilles murailles de la jeunesse et de la gaieté. Une jeune fille blonde lave du linge sur la margelle d'un puits; elle chante à demi-voix, tandis qu'un petit garçon étend sur des cordes les pièces blanches qu'il tire d'un baquet. Des soldats fument à l'ombre dans un coin; d'autres, vêtus du pantalon hongrois, s'accoudent au parapet et suivent le vol des nuages;

l'un d'eux lit à l'angle d'un mur, les pieds dans l'espace. Un instant il pose le volume sur la pierre, je regarde et je lis le nom de Werther. Un grenadier qui lit Werther !

Un escalier en spirale conduit aux appartements des archevêques, qui autrefois résidaient dans ce nid d'aigle. A cette époque lointaine, les archevêques de Salzburg étaient quelque peu batailleurs. Les appartements ont été remis à neuf en 1811. Les seuls meubles qu'on y découvre sont un poêle magnifique en faïence qui porte la date de 1301, et des boucliers pris sur les Turcs. Il faut y ajouter, pour rester dans la vérité, quelques bancs et une collection d'armes dont se servaient les paysans pendant les assauts qu'ils livraient assez fréquemment au château-fort de leurs archevêques.

Le Mœnchsberg, au sommet duquel est bâti le Hohen-Salzburg, est un véritable musée au double point de vue de l'archéologie et du pittoresque. Il est tout rempli des souvenirs de saint Ruper et de saint Maximus. Là est le cimetière de Saint-Pierre, assombri par la chapelle de Sainte-Marguerite ; là est le tombeau de saint Vitalis dans la chapelle de Sainte-Catherine ; là est la vieille chapelle de Sainte-Croix. Le plus petit coin de terre a été utilisé pour une tombe ; les constructions mordent sur le roc ; quand l'espace manque, elles l'entaillent, le creusent et s'y ménagent des retraites où l'on découvre des autels et des cellules. Gravissez ce sentier qui monte derrière la chapelle de Sainte-Croix, tout en haut, percée dans la montagne, vous trouverez la chapelle de Saint-Maximus. C'est une grotte, ou, pour parler plus exactement, la réunion de plusieurs grottes; ces grandes reliques du catholicisme racontent les violences des Hérules et le martyre de saint Maximus et de ses compagnons qu'ils précipitèrent de leur asile dans la vallée.

Dans une cavité prise sur le Mœnchsberg, des trophées de fleurs artificielles, des bouquets, des guirlandes, des festons, des vases, des figures de plâtre, cent ornements où la piété du souvenir se fait plus voir que le goût, signalent le tombeau, on pourrait dire la chapelle où reposent le père, la mère et la sœur de Mozart.

Chacun sait que Mozart est né à Salzburg. Une plaque de marbre indique sa maison, dans Getreide-Gasse, près du pont, en face de l'hôtel des *Trois-Alliés*. Mais, par un phénomène qu'expliquent les tendances de l'esprit moderne, Wolfang Mozart a cessé d'être Autrichien pour devenir Allemand. La Germanie tout entière l'a adopté. On le vénère à Weimar comme on le chante à Munich, comme on l'admire à Francfort. Ce grand amour pour Mozart est le frère de ce grand enthousiasme qui, naguère, remplissait l'Allemagne du nom de Schiller. Ce qu'on ne peut pas avoir en politique, en législation, en cocarde, on l'a en poésie. Les fêtes en l'honneur de Mozart, les monuments à la mémoire de Schiller sont un élan vers l'unité. Le courant se précipite du côté où il trouve le moins de résistance. Les peuples applaudissent, les princes regardent, le flot monte, mais chacun sait que les chants, les drapeaux, les bouquets, ne sont pas les seules armes avec quoi se fonde l'unité.

Parmi les tombes qui remplissent le cimetière, on vous en fera remarquer sept d'égale grandeur et disposées sur une même ligne, le long d'une chapelle, la chapelle de Sainte-Marguerite, je crois. Elles n'ont rien à l'extérieur qui les signale à l'attention du passant; mais un cicérone obligeant vous dira que ces tombes modestes et fraternelles renferment les corps de sept femmes qui furent, tour à tour, les compagnes de l'architecte à qui l'on doit la chapelle. Tant de veuvages aux dépens de sept jeunes femmes excitèrent l'étonnement de ses contemporains : on fit des recherches, une enquête, comme on dirait en style parlementaire, et on découvrit ainsi que l'architecte, après un temps dont sa fantaisie mesurait l'étendue, se débarrassait de ses femmes en les chatouillant. Il ne les assassinait pas ; oh non! il les faisait rire ; seulement elles en mouraient. On ne lui laissa pas le temps d'en égayer une huitième.

Au premier aspect, Salzburg produit l'effet d'une ville qui serait peuplée de bergères et de moines.

L'association de l'idylle et du cantique paraît plaisante. Ce ne sont que grandes et vigoureuses filles portant des vases sur la tête, ou remplissant des brocs aux fontaines, et longues files de franciscains, bénédictins, capucins qui s'en vont silencieusement en promenade, les pieds dans des sandales, les mains passées dans les manches de leurs robes de bure. On s'aperçoit cependant que si nombreuses que soient les fontaines et si larges que se montrent les monastères, il y a d'autres habitants encore à Salzburg. Il y avait surtout, à l'époque où je la visitai, un régiment de hussards hongrois qui fit mon admiration. Il était en marche sur la place de la Résidence quand je le rencontrai. Ah! l'aimable et joli régiment !

Les hussards étaient de taille moyenne, lestes, avec des membres grêles où l'on sentait cependant la force et l'énergie. Beaucoup d'entre eux avaient le teint basané, les yeux petits et noirs comme si leurs pères fussent arrivés la veille seulement des steppes de l'Orient. Ils montaient des chevaux qui étaient la grâce et la vivacité mêmes. Des tresses de rubans rouges ornaient leurs crinières. Les clairons sonnaient. Le régiment piaffait. Pour un caprice, il eût chargé l'espace. Rien qu'à voir ces hommes passer le sabre au poing, on comprenait qu'ils appartenaient à une race amoureuse de la guerre.

Les hussards qui tiennent garnison à Salzburg ont, pour loger leurs chevaux, les écuries de l'archevêque. Les archevêques de Salzburg, qui avaient de si magnifiques demeures pour leurs chevaux, me paraissent un peu cousins de ce fameux évêque de Saverne dont l'hospitalité fastueuse ne reculait devant aucune folie. On n'a plus d'archevêques aujourd'hui, des archevêques de ce tempérament, bien entendu ; on a des banquiers. Il semble seulement que le temps des folies soit passé. Les écuries des archevêques sont encore une des curiosités de Salzburg, et cela rappelle les fameuses écuries de Chantilly. Un grand nombre de chevaux mangent dans des auges de marbre ; pour les manœuvres, ils ont une vaste cour sur laquelle s'ouvre un triple rang de loges percées dans le roc. On dirait un amphithéâtre. Les bâtiments l'entourent de trois côtés ; la montagne ferme le quatrième.

Au demeurant, on ne fait pas une promenade dans la ville sans se heurter contre un souvenir des princes-archevêques de Salzburg. Ils avaient la plaine et la montagne, la vallée et la forêt, la forteresse et le château, et au besoin ils allaient en guerre. Ces fontaines qui remplissent les places publiques de leurs murmures, c'est par leur ordre qu'on en a taillé les marbres ravis à l'Untersberg ; cette cathédrale de marbre encore, on la leur doit ; cette voûte qui perce la masse du Mœnchsberg et qui met la ville en communication avec la plaine, ils l'ont fait ouvrir.

A l'époque où les chemins de fer n'avaient pas encore semé tant de tunnels à travers les montagnes, la Neuthor, avec son souterrain de 128 mètres de long taillé dans le roc, passait pour une merveille. Aujourd'hui il n'a d'importance que par son utilité. Deux pyramides prises dans la masse du rocher tiennent l'ouverture tournée du côté de la campagne. Un médaillon de l'archevêque Sigismond orne la face du tunnel qui regarde la ville.

Tout auprès s'élèvent les bâtiments de l'École d'Équitation d'été (*Sommer Reitschule*). Le mince fronton de la porte d'entrée a pour supports deux cariatides qui se tordent en efforts désespérés. Tant de contorsions pour soutenir si peu de pierre, cela me semble tout au moins exagéré.

Quand on a traversé le pont de bois qui met en communication les deux parties de Salzburg, on retrouve sur la rive droite de la Salza la griffe des princes-archevêques. Cette fois c'est un palais et un jardin tout peuplé de faunes et de naïades dont les nudités éclatent sous des rideaux de verdure. Dans ce palais de Mirabel un roi est né. Que dis-je un roi! Il ne l'est déjà plus. Othon de Grèce, qui fut Othon de Bavière, y pourra retourner peut-être et y méditer sur la fragilité des trônes que tant de périls entourent aujourd'hui, soit qu'on les possède par la grâce de Dieu, soit qu'on les ait par la volonté des protocoles!

Un souvenir de Mozart vous attend encore de ce côté de Salzburg. Il apparaît sous la forme d'une tombe et on le trouve dans le cloître de Saint-Sébastien. La plaque funéraire porte le nom de Constance de Nissen, qui fut la femme de Mozart.

Un train express met chaque jour Salzburg en communication directe avec Vienne. A présent que les voyageurs rebondissent de ville en ville comme une pierre qui fait des ricochets sur l'eau, on se hâte de profiter de l'occasion, et, la locomotive aidant, on traverse à vol d'oiseau les contrées qu'arrose le Danube. On découvre à l'horizon des silhouettes de clochers et de tourelles; des profils d'abbayes et de châteaux se dessinent çà et là; par intervalles on aperçoit le fleuve autrichien, dont bientôt un jet de la vapeur vous écarte, et l'on pénètre au cœur de cet empire que tant de secousses ont précipité vers une ruine toujours évitée à la dernière heure, que mille assauts ont ébranlé, que mille périls pressent encore, après avoir été mille fois conjurés, et qui, toujours menacé, semble plus fort que la fortune, la guerre et les révolutions.

VI

VIENNE.

Août 1863.

Figurez-vous la rue Vivienne, et tout autour Batignolles, Montmartre et Belleville, voilà Vienne. Seulement cette artère, active, bruyante, populeuse et toute remplie de boutiques parées avec un goût charmant, se subdivise en plusieurs rues qui changent de noms.

Le tout ensemble, avec un mélange de places où court tout à la fois une multitude de gens pressés et un torrent d'omnibus, n'a pas tout à fait la grandeur d'un arrondissement de Paris. La ville neuve, faite de faubourgs qui se prolongent dans la campagne, entoure la vieille ville et lui fait une ceinture qui n'aura bientôt plus de limites.

Vienne est peut-être la seule ville de l'Allemagne qui, par certains côtés, rappelle Paris. Si le hasard vous fait tomber à l'hôtel de l'Archiduc-Charles par une belle après-midi d'un jour d'été, le bruit, l'animation, le retentissement des voitures courant à toute vitesse sur le pavé, la grâce et l'élégance des femmes, la fraîcheur de leur toilette, l'éclat des magasins, une sorte de gaieté répandue partout, peuvent un instant faire croire que l'on n'a pas quitté la Chaussée-d'Antin. Ce ne sont plus les monotones alignements de Carlsrhue, les longues et solennelles perspectives de Munich. Un je ne sais quoi qui passe avec le vent vous fait comprendre qu'on n'est pas trop éloigné des pays charmants du Midi ; il y a de la joie dans l'air et des sourires sur les visages.

Dieu me garde de faire de la politique ! mais lorsqu'on pense à la distance qui sépare moralement l'habitant de Vienne des Prussiens de Magdebourg, des Saxons de Dresde et des Bavarois de Nuremberg, on a bien de la peine à croire que l'éloquence des harangues populaires et l'adresse des Notes diplomatiques, parviennent un jour à réaliser la chimère de l'unité fédérale. Je ne sais qu'une révolution pour avoir la force de fondre en un seul bloc tous ces peuples séparés par l'abîme des caractères, des habitudes et des traditions. Quand on demande à l'industrie une cloche d'un métal sonore, l'ouvrier jette dans la fournaise le cuivre et l'étain, et il en sort un bronze indestructible. Le métal a reçu le baptême du feu. Ainsi des peuples.

La première impression qui saisit le voyageur dans une promenade au travers de Vienne est encore un souvenir de Paris. Ce ne sont partout que nuages de poussière, effondrements et constructions : toute une ville semble sortir de terre avec ses larges rues, ses promenades et ses places publiques. Aux temps jadis, et ces temps jadis duraient encore hier, des remparts flanqués de bastions séparaient la ville de ses faubourgs. Ces larges assises de pierre, ces glacis, ces fossés rappelaient tout ensemble les Turcs de Soliman et les Polonais de Sobieski. Mais il n'est pas de souvenir historique, si respectable qu'il soit, qui tienne contre les impérieuses nécessités de la vie moderne. Un jour un esprit hardi émit cette pensée qu'il serait peut-être utile de renverser ces remparts fameux pour donner un peu d'air à la ville qui étouffait. Tout aussitôt la bonne ville de Vienne se partagea en deux camps, l'un représentant le passé, l'autre l'avenir. Ceux-ci tenaient pour les remparts, ceux-là opinaient pour les rues. Les vieux boulevards qui avaient repoussé tant d'assauts ne pouvaient-ils pas être utiles une fois encore dans l'avenir? Fallait-il, d'un autre côté, se résigner à manquer d'espace toute sa vie par la crainte de guerres chimériques? On ne pouvait plus raisonner en 1862 comme en 1683. L'industrie était la reine et non plus la guerre; il y eut un grand conflit d'opinions; enfin, après force brochures et force polémique, les modernes l'emportèrent; un rescrit impérial ordonna la démolition des remparts, et la pioche se mit à l'œuvre. Quelque chose de l'activité qui règne à Paris présida à cette destruction. Les ouvriers d'aujourd'hui allaient plus vite en besogne que les bombardiers et les janissaires d'autrefois.

Les Viennois, par exemple, n'étaient pas encore habitués aux miracles de la spéculation. Les plus hardis ne croyaient pas à l'avenir de ces terrains vagues nivelés par la pelle. Les bons bourgeois qui tenaient à leurs vieilles rues franchiraient-ils l'espace qui autrefois les séparait des faubourgs? Le doute subsista quelque temps, mais le problème fut bientôt résolu. Un téméraire s'avisa d'acheter un premier lot de terrain au grand étonnement des têtes prudentes, et sur ce sol, qui avait porté une courtine ou quelque demi-lune, il fit bâtir un hôtel. L'hôtel trouva des locataires; l'impulsion était donnée et les acheteurs se présentèrent à la file. Heureux furent ceux qui arrivèrent les premiers; ils doublèrent, triplèrent, quadruplèrent leurs capitaux. Tout le monde voulut un morceau de ces remparts ébréchés, et l'on vit se renouveler à Vienne les prodiges de l'avenue de l'Impératrice et les engouements du boulevard Malesherbes.

Les hôtels qu'on élève sur les courtines et les redans semblent être bâtis pour durer jusqu'à la consommation des siècles et pour servir de logement à des familles de princes en voyage. Ils ont l'étendue d'une caserne et l'apparence d'un palais.

La brique, le fer, la pierre entrent seuls dans leur construction; ils montent par enchantement jusqu'au sixième étage. Des sculptures, des statues, des bustes, des bas-reliefs en ronde-bosse ornent leurs façades. Des régiments s'y engloutiraient, musique en tête et bannières déployées. Les plus fines marquises y trouveraient des boudoirs charmants pour leur indolence. On enfouit des millions dans ces vastes et somptueuses demeures. Il y a, tout en face d'un jardin nouveau, au centre de ces jeunes quartiers, un hôtel qui sera une auberge et qui pourrait servir de résidence à l'héritier d'un trône.

Dans ces faubourgs naissants que rien ne sépare plus du cœur de Vienne, tout se fait avec cette activité dont Paris a donné l'exemple. Les becs de gaz et les égouts, les trottoirs et le pavé, tout marche ensemble et tout marche vite. Si M. le baron Haussmann rendait visite aux Viennois il pourrait leur dire : « Messieurs, je suis content de vous! »

Ceci n'est pas moins qu'une transformation. L'air, la lumière, l'espace vont avoir leurs franches coudées dans Vienne et lui prêter une physionomie nouvelle; si les grandes administrations publiques, les ministères, la cour, les théâtres doivent toujours rester au cœur même de l'antique cité, le commerce, l'industrie et ces flots de voyageurs versés à toute heure par les chemins de fer auront enfin la place qui leur manquait. Mais on ne fait pas des heureux par centaines sans faire aussi quelques mécontents. Les propriétaires qui avaient leurs maisons autour de Saint-Étienne ont murmuré, les concierges ont failli courir aux armes. Tous étaient atteints dans leurs priviléges, ceux-là dans leurs loyers, ceux-ci dans les impôts qu'ils prélevaient sur leurs locataires.

Le croirait-on! A Vienne, ville de plaisir et de gaieté, les habitants qui se permettaient de rentrer au logis après la dixième heure payaient tribut au portier. Jamais nulle part la morale ne trouva défenseurs plus zélés. Malheur aux célibataires qui poussaient l'oubli des convenances jusqu'à veiller au clair de lune! l'impôt croissait en raison du carré des distances qui séparent le crépuscule de l'aurore. Mais il est des accommodements avec la vertu, même avec la vertu des concierges de Vienne. On pouvait prendre des abonnements. Quelques médisants assurent que propriétaires et portiers partageaient le produit des taxes.

Ces temps fortunés touchent à leur fin. Grâce aux maisons nouvelles qui surgissent de toutes parts, les propriétaires ne seront plus semblables à des burgraves dont il fallait à tout prix subir la tyrannie. La plèbe des locataires va connaître les bienfaits de la concurrence. Le tribut imposé par la morale, unie à la rapacité, tombera du même coup.

Parmi les voyageurs qui traversent une ville, les uns courent aux monuments, d'autres, ceux qui se piquent d'érudition, s'enfoncent au plus profond des bibliothèques et des galeries, curieux surtout de livres et de médailles. Il en est qui vont droit devant eux et ne prennent conseil que de leurs jambes. Ceux-là estiment que les hommes et leurs compagnes valent bien un peu de bronze, même fruste, et quelques feuilles de papier. A Vienne, la promenade récompensera ces amis de l'humanité.

J'en suis fâché pour les Parisiennes, mais il me paraît qu'elles ont beaucoup de rivales, et des plus charmantes, dans les rues de la capitale de l'Autriche. Et ces Allemandes, qui touchent à l'Orient par la Hongrie, trottent menu d'un air qu'on ne désavouerait pas sur le boulevard. Je ne sais quel fantaisiste se plaignait de ne pouvoir se promener dans le voisinage de Leopoldplatz sans avoir des torticolis. C'était à chaque pas admirations nouvelles, et sa tête, qui en subissait le contre-coup, était lasse de tourner à tous les vents. Sans pousser l'enthousiasme jusqu'à cet excès, on ne peut s'empêcher de rendre hommage à la grâce et à la beauté des Viennoises. Les physiologistes affirment qu'elles doivent cette richesse du sang au mélange des races, et Dieu sait si la grande famille humaine a des représentants dans cette grande ville! Hongrois, Tyroliens, Dalmates, Moldaves, Polonais, Transylvains, Croates, Valaques et Bulgares, Vénitiens et Bosniaques, Lombards et Illyriens y affluent des quatre coins de l'empire et des contrées voisines, et cela fait de Vienne une tour de Babel où toutes les origines sont confondues au grand profit des filles de Japhet.

Mais une chose distingue les Viennoises de leurs sœurs de Paris. On sait que dans les rues qui rayonnent autour de nos boulevards on n'aperçoit le bout du pied d'une Parisienne que vers midi, et encore parlons-nous de celles que le démon de l'activité tourmente. A Vienne, les plus élégantes personnes, pareilles aux alouettes, trottent partout dès le matin. Et il ne s'agit point ici de ce matin du faubourg Saint-Honoré qui commence à quatre heures du soir. Dès la première pointe de l'aurore, les Viennoises sont chaussées et attifées, parées à ravir et prêtes au combat comme des amazones qui vont en guerre. A les voir si lestes, si fraîchement tirées à quatre épingles et si pimpantes, on pourrait croire qu'une bonne fée les a fait sortir d'une boîte tout exprès pour le plaisir des yeux. Le linge est éclatant de blancheur, la bottine est de chez la bonne faiseuse, le chapeau était hier encore dans un carton. Tout cela plaît au regard et le réjouit. On comprend du premier coup d'œil que l'on n'est pas au pays des quakers.

Dans une ville où les filles d'Ève s'éveillent de si

bonne heure, il est clair que personne ne se lève bien tard. Dès huit heures, Vienne est en plein aux affaires. Les boutiques ont fait leur toilette, un grand tourbillon de roues ébranle le pavé, les cafés sont tout remplis d'une foule de consommateurs qui déjeunent consciencieusement, tout en feuilletant les journaux. La vie est en travail, et ce mouvement commencé, il ne s'arrêtera plus qu'à la nuit. Mais, par exemple, la rapidité et la ponctualité que mettent les Viennois à disparaître vers neuf ou dix heures pourrait faire croire à la résurrection du couvre-feu.

Il y avait une foule tout à l'heure, il n'y a plus personne à présent. Les voitures sont à l'écurie, les magasins ont cadenassé leurs portes, les bourgeois sont rentrés chez eux. Quant aux théâtres, ils se croiraient perdus de réputation si, passé la neuvième heure, ils n'avaient pas soufflé sur leur gaz.

Et cependant on joue *la Juive* et *les Huguenots* à l'Opéra de Vienne, ni plus ni moins qu'à Paris. La première fois que je vis ce titre éclatant : *la Juive*, sur l'affiche du théâtre impérial de la Porte de Carinthie, je me demandai par quel miracle on faisait marcher du même pas une courte soirée et l'œuvre magistrale d'Halévy. La représentation me donna la clef de ce mystère. On n'apercevait plus trace de ballet, et pour rendre l'action plus vive, on avait supprimé, çà et là, une demi-douzaine de morceaux, et entre autres, je m'en souviens, l'air de Rachel : *O surprise nouvelle....* A neuf heures et demie Rachel était brûlée.

A ces suppressions près, *la Juive* était supérieurement interprétée. La chanteuse chargée du rôle de Rachel avait de l'énergie et de la beauté, une voix ample, un regard intrépide. Quant aux chœurs ils sont tels qu'on en voudrait avoir de pareils à Paris. On sait que les chœurs constituent une des grandes supériorités musicales de l'Allemagne. Une chose m'a frappé. Le chef d'orchestre n'a pas, à Vienne comme à Paris, les premiers violons rangés autour de lui. Sa garde est composée de violoncelles ; les violons sont à l'une des extrémités de l'orchestre.

Un de ces hommes qui prennent de la vie la fleur et le parfum, — un philosophe peut-être, — a dit que les trois plus charmantes choses de la création sont une femme au bal, un cheval au galop et une frégate à la voile. De celles-ci, on n'en verra bientôt plus, l'hélice les a détrônées ; — mais tant qu'il y aura des femmes, il y aura des bals, et les chevaux ne passeront pas, malgré la vapeur. Or, les chevaux, à Vienne, sont des créatures d'élite. Ce sont pour la plupart des chevaux hongrois. Ces animaux semblent avoir été créés par un rayon de soleil un jour de printemps. Ils ont la grâce, la gaieté, l'élégance, l'œil vif et doux, la jambe fine, l'encolure coquette. Ils ne marchent pas, ils dansent; ils ne courent pas, ils glissent. C'est un bond, un élan, un souffle. Attelés, on pourrait croire qu'ils ont le char de Phébus tout étincelant derrière leur croupe; sellés, il semble qu'ils portent Persée ou le divin Achille. Les chevaux hongrois expliquent les hussards. C'est grâce à eux que l'Autriche a cette cavalerie ailée qui n'a pas de rivale dans le monde.

Dès la première journée que le voyageur passe dans Vienne, il reconnaît que la place où Saint-Étienne dresse en l'air sa grande tour et ses vastes toits tapissés d'écailles est le cœur même de la vieille cité. Tout part de Stephanienplatz et tout y arrive. Là stationnent ces escadrons d'omnibus multiformes qui sillonnent la ville et les faubourgs dans tous les sens, ceux-là bâtis comme nos anciennes diligences avec rotondes et coupés, ceux-ci découverts comme des chars à bancs ou des américaines, d'autres festonnés et enjolivés, avec des peintures sur les flancs. Le conducteur est absent, le cocher remplit toutes les fonctions; il conduit l'attelage et perçoit la recette. Au besoin les passagers pourraient s'en aller sans payer. Mais cette confiance que l'automédon des omnibus viennois accorde à sa clientèle est encore un trait du caractère national. Je ne sais pas si de pareilles entreprises ne feraient pas faillite à Paris.

Si les omnibus sont nombreux à Vienne, et si pour dix kreutzers ils vous transportent de la place de Saint-Étienne à Schœnbrunn, leur paresse égale leur multitude. Ils ne trottent pas, ils se traînent ; ils ne marchent pas, ils rampent. L'attelage sommeille à perpétuité. C'est peut-être pour rétablir l'équilibre ; les voitures de place, coupés ou calèches, allant comme l'hirondelle, les omnibus vont comme des bœufs. Ils économisent par l'indolence ce que leurs jeunes sœurs consomment par la rapidité.

L'immense cathédrale de Saint-Étienne est un de ces monuments qui, par leur caractère, restent gravés dans le souvenir. J'ai vu cette grande masse noire, énorme et lourde, pour la première fois, un soir, à la clarté d'un ciel où de sombres nuages emportés par le vent faisaient croire que la lune affolée dansait dans l'espace. Elle me parut gigantesque. La lumière du jour ne diminua pas cette impression première. L'église a quelque chose de farouche avec sa façade piquée de bas-reliefs étranges encastrés dans la muraille ; à l'extérieur, c'est une carapace massive, indestructible, étoilée par intervalles de rosaces et de vitraux, hérissée de gargouilles ; à l'intérieur, c'est un monde. L'œil se perd sous les voûtes aux profondes perspectives et dans l'ombre des robustes arceaux. Il y a toute une architecture de chapiteaux bizarres, de colonnes formidables, d'ogives et de rinceaux, de chapelles accouplées à des piliers monstrueux, de tombeaux magnifiques, de boiseries qui sont des merveilles. La lumière est avare dans la nef; elle tombe des étroites fenêtres tamisée par les verreries; des lampes brillent éternellement dans cette obscurité. Les pas sonnent sous les voûtes. A toute heure du jour la prière habite cette cathédrale. Nulle part, pas même en Espagne, encore moins en Italie, je n'ai vu cette ferveur et cette foi. Sans cesse des femmes agenouillées sur le parvis, d'autres qui méditent dans les coins sombres. Rien ne les dérange; et le velours et le satin dans tout leur éclat s'y rencontrent avec la bure déchirée. Parmi les fidèles, les hommes sont nombreux.

Il y a contre un pilier, près du chœur, une image de la Vierge tenant l'Enfant Jésus, dans le style byzantin. L'image est dans un cadre d'un assez médiocre dessin et sur fond d'or. Quelques bouquets de fleurs artificielles l'accompagnent. Un verre placé sur le cadre protége la Vierge et l'Enfant contre l'ardeur et l'empressement des fidèles. Il y en avait toujours quelqu'un devant cette peinture, et la buée ne s'effaçait pas du cristal à toute minute effleuré par des baisers que des centaines de lèvres pieuses y déposaient. J'ai vu des pauvresses s'incliner sur l'image et de grandes dames les y suivre. Mêmes baisers, mêmes soupirs. Que d'autres aient le triste courage de rire de ces dévotions. Savent-ils combien de consolations cette image, que tant de lèvres altérées sollicitent, a versées dans des âmes souffrantes et blessées? Que d'allégements et que d'espérances? Quelle chose la remplacera?

Des bannières chargées de l'image des saints et de la Vierge, et que je n'ai vues qu'un jour devant le tombeau de l'empereur Maximilien, attiraient les mêmes dévotions. On en baisait les franges à genoux, et, parmi ceux qui s'inclinaient, il y avait des Maggyars vêtus de la large culotte de toile blanche et des grenadiers chaussés de brodequins lacés. La clarté de midi ne leur faisait pas peur.

Ce tombeau de l'empereur Maximilien est une merveille. Il y a là toute une profusion de figures taillées en plein dans le marbre rouge, moines et animaux fantastiques, dans des attitudes diverses d'une énergie et d'une vérité qui saisissent. C'est une procession autour du monument; les angles en sont couronnés, et ils s'enroulent encore le long du soubassement. La pierre vit et respire.

On a dit de certaines femmes qu'elles avaient des ports de reine. Ne peut-on pas dire de certaines villes qu'elles ont des airs de capitales? L'étendue n'y fait rien. Ainsi de Vienne; elle a grand air. Ce n'est pas la grandeur des rues, elles sont étroites pour la plupart, ni le nombre et la magnificence des monuments qui le lui donnent; c'est l'aspect général. Toutes ces rues qui couvrent un espace peu étendu ont plus d'hôtels que de maisons; les maisons elles-mêmes ont une tournure aristocratique. Des suisses gros et gras, en livrée superbe, s'y promènent devant la porte; les façades sont timbrées d'écussons énormes sculptés dans la pierre. Ce ne sont partout que demeures de palatins et de princes de l'empire.

Allons toujours. Nous traversons des places au milieu desquelles s'élèvent des monuments d'un goût prétentieux où des chœurs de chérubins joufflus volent parmi des nuages de pierre jusqu'au sommet d'une pyramide que couronne une statue de la Vierge. Ordinairement ces édifices, où le rococo du dix-huitième siècle s'épanouit, sont des fontaines. L'eau s'y verse par de menus robinets. Voici le palais impérial, groupe de bâtiments percés, çà et là, de guichets comme le Louvre, ouvrant ses cours et ses portiques aux passants et aux omnibus.

Je me souviens à ce propos que les canons rangés devant les Procuraties, à Venise, et sur le Corso, à Milan, autrefois, ont été la cause innocente de bien des lamentations épanchées en prose et en vers. Des canons dans la ville de Saint-Marc! Des canons au pied du Dôme! Eh bien! ces mêmes canons, assis sur les mêmes affûts aux rayures noires et jaunes, je les ai revus dans le palais de l'empereur, au centre de Vienne. Ce n'est point, comme on le voit, affaire de tyrannie, et cela ne rappelle pas le chapeau de Gessler; c'est affaire de tradition militaire. Pas de caserne en Autriche qui n'ait ses canons. Le pays n'y fait rien. Le Tyrol, où la fidélité à la maison de Hapsbourg a la solidité du roc, les connaît comme la Vénétie. Je ne dis pas qu'au besoin ces canons ne sauraient servir, mais il en est de leur présence comme des fusils qu'on voit aux râteliers de nos casernes, en plein boulevard.

Toujours allant, nous rencontrerons l'Arsenal et le Musée, où l'on admire une collection de pierres gravées qui passe pour l'une des plus belles de l'Europe, le palais du prince Esterhazy et le Belvédère, où est la galerie impériale de peinture, et qui fut la résidence du prince Eugène, cet implacable ennemi de la France.

Il me semble que la galerie du Belvédère n'a pas, dans l'estime des artistes, la réputation qu'elle mérite. Il y a là des Rembrandt d'une rare beauté et des Van Dyck du premier ordre. J'en passe, et des meilleurs, comme dit le poëte.

Le Belvédère — c'est un de ces édifices blanchis au lait de chaux qui donneraient des ophthalmies si on les regardait longtemps — est ouvert tous les jours, chose rare à Vienne. Une légère offrande vous en ouvre les portes. L'enceinte franchie, on est chez soi. Ici encore éclatent ces habitudes patriarcales qui sont de tradition à la cour de Vienne. Personne pour vous surveiller, personne pour vous accompagner. Et que de petits cadres cependant accrochés aux murs et signés par Miéris, Van Ostade, Terburg, Breughel ou Metzu ! Un amour trop excessif de l'art ne pourrait-il pas faire qu'on en détachât quelqu'un? Le musée de Dresde en sait quelque chose.

Chaque ville a certains côtés par lesquels elle fait voir qu'on n'est plus en France. Un soir, à la tombée de la nuit, dans le faubourg de Mariahilf, je me trouvai tout à coup en présence d'une longue file d'enfants qui marchaient deux par deux, sous la conduite de quelques prêtres. Ils sortaient de l'école, et le trottoir en était couvert. On aurait dit une petite armée. On entendait un frémissement de petits pieds courant sur le pavé, mêlé au murmure de mille petites voix. Quelque chose d'attendrissant se dégageait de cette multitude en marche. Parmi ces écoliers qui n'avaient de leur âge que la douceur et le rire, un grand nombre trottaient pieds nus ; à côté des vêtements de bon drap solide, taillés avec une nuance d'élégance, on voyait de pauvres vestes rapiécées, des pantalons flétris, de petits sarraux protégeant mal une chemise de vieille toile ; l'aisance auprès de la misère. Mais tous ces enfants portaient en bandoulière les mêmes livres, et tous s'en allaient la main dans la main, ou bras dessus bras dessous, marchant du même pas et tout joyeux. Sainte égalité chrétienne, ne sont-ce pas là tes œuvres, et quelles doctrines vaudront jamais les leçons de ta charité !

Je ne sais pas si les théories de l'émancipation des femmes ont pénétré dans Vienne, mais je n'ai pas pu voir sans étonnement et sans tristesse, perchées sur les toits des maisons en construction, grimpées sur des pans de murs, gâchant le plâtre, broyant la chaux, poussant la brouette, des filles d'Ève mêlées partout aux ouvriers. En Autriche, les femmes sont maçonnes, terrassières, manœuvres, charpentières et ont leur part des travaux les plus durs.

Les conséquences de ces habitudes qui entraînent le mélange des sexes dans les conditions les plus familières, on peut les comprendre. Sans effleurer la question morale au point de vue physique elles sont déplorables. Les hôpitaux en savent quelque chose. A trente ans, ces pauvres êtres sont moins des créatures destinées à être le lien et la protection du foyer que des malades atteints par la vieillesse et les infirmités.

Ainsi, aux deux extrémités de l'échelle sociale, des plaies égales. L'excessif travail entraîne la souffrance et la décrépitude. L'oisiveté absolue engendre un implacable ennui. L'un s'attaque à la chair, l'autre à l'esprit. Lequel est le pire ?

Le jour viendra-t-il où il y aura moins de travail en bas et plus d'occupation en haut? Mais là est justement le problème.

On sait ce que c'est que Schœnbrunn, un palais qui a l'apparence bourgeoise d'une auberge, avec des volets verts; un peuple de statues en couvre les jardins. Un omnibus vous y conduit pour sept ou huit sous, en trois quarts d'heure. Quant au Prater, s'il était à Paris on en ferait un bois de Boulogne charmant; faute d'un peu d'argent, la poussière le dévore. L'argent viendra peut-être plus tard; tant de choses sont venues déjà, qu'on peut l'espérer! Et, à ce propos, je me rappelle ce mot d'un Viennois qui ne laissa pas de me surprendre un peu.

« Ah! Monsieur, disait-il, que la campagne de 1859 nous a été propice! »

Et comme je le regardais, cherchant l'explication de ce contentement:

« Vous ne me comprenez pas, reprit-il; si nous avions été vainqueurs, nous serions restés dans les vieux errements qui ont failli perdre l'empire. Vaincus, mais vaincus honorablement, nous avons dépouillé le vieil homme, et maintenant nous connaissons ces biens qu'on appelle le travail, la libre discussion, la confiance, l'ordre, l'économie, et, par-dessus tout, la liberté qui les a enfantés. »

Je serrai la main du Viennois, et je me dis qu'il

y avait peut-être beaucoup à attendre d'un peuple qui savait si bien profiter des grandes leçons que lui inflige l'histoire. Celui-là n'est pas encore effacé de la carte du monde.

VII

LE SEMMERING.

Juillet 1863.

Une ville ne se compose pas seulement de rues et de places publiques; il y a encore les environs, et c'est bien quelque chose aux yeux des voyageurs pour qui les monuments ne sont pas tout. Après les œuvres de l'homme, et malgré les progrès dont il est de mode aujourd'hui de parler un peu partout, il faut laisser un petit coin aux œuvres de Dieu.

Quand on a, comme Vienne, une campagne traversée par un fleuve qui s'appelle le Danube, il est impossible qu'en divers endroits le paysage ne soit pas charmant. Une excursion de quelques heures conduira le touriste dans un site où, n'en déplaise aux Parisiens, les souvenirs de Ville-d'Avray et de Montmorency courent quelque risque d'être effacés. L'endroit s'appelle Bade. Le nom est ambitieux; la montagne et la vallée justifient cette ambition. C'est un morceau de la Forêt-Noire, que la complaisance d'un dieu en voyage a fait tomber à quelques lieues d'une capitale.

La Sudbahn, qui, de Vienne, court jusqu'aux frontières du Piémont et perce une moitié de la Hongrie, est pour les Viennois ce que le chemin de fer de Versailles ou de Saint-Germain est pour les Parisiens. Quand les chaleurs tropicales de l'été ont remplacé les rigueurs norvégiennes de l'hiver, car c'est là une des conditions de l'existence climatique de Vienne, de la porte de Carinthie à la Rothenthurmthor, c'est une émigration. L'aristocratie va prendre le frais à l'ombre des sapins. Tout est à souhait dans cette charmante vallée, qui porte le nom de Bade. Un torrent s'y promène comme s'il descendait des Alpes; il y a des ombrages séculaires dans les ravins, çà et là des pans de roches qui dressent leurs têtes chenues ou chargées de broussailles, comme si on les avait empruntés aux Pyrénées, des forêts profondes dont les longues flèches noires hérissent la montagne, des voûtes creusées dans le roc vif et qui rappellent le paysage jadis fameux de la Tête-Noire, et, sur des promontoires qui s'avancent entre deux plis de l'escarpement, des ruines qui laissent crouler leurs murailles et s'effondrer leurs tours. Tout cela n'est pas dans de grandes proportions, tout cela ne fatigue pas l'imagination par de trop formidables masses; la montagne peut être franchie, le torrent traversé, mais les perspectives sont nouvelles à chaque coude du chemin, le paysage est frais, avec quelque chose de sauvage et de coquet tout à la fois, la vallée se tord en mille détours qui en multiplient l'aspect et la variété; tout cela est joli, charmant, pittoresque, et tout cela aurait un succès fou aux environs de Paris.

L'un des princes de la maison d'Autriche, le fils du grand-archiduc Charles, a sa résidence dans la vallée de Bade. La ruine lui appartient; nos villages, et je parle des plus aimables et des mieux parés, Enghien, Bougival, Chatou, donneraient mal l'idée de la grâce et de la coquetterie de ce petit coin de terre qu'on dirait arrangé tout exprès pour arrêter et séduire une princesse en voyage. Cela rappelle malgré soi ces villages de plaisance dont Potemkin semait la route que la fameuse Catherine suivait pour rendre visite à son empire. Partout une profusion de fleurs, des chalets abrités sous des berceaux d'arbustes odoriférants, des vérandahs qui versent la fraîcheur, des cottages auxquels des buissons de chèvrefeuille font un rempart flottant, des sentiers qui se perdent sous des massifs d'arbres, et, au milieu de ce luxe de parfums et de couleurs, un caprice charmant et une variété extraordinaire dans les constructions. Des touristes ont dit de la vallée de Bade qu'elle ressemblait à la décoration d'un opéra-comique ; tant mieux pour les opéras-comiques : cela prouve tout au moins qu'ils savent se loger ! Que de modèles nos architectes trouveraient là pour les maussades villages des environs de Paris ! Il est vrai qu'à Bade je n'ai pas vu de paysans. C'est un hameau peuplé de millionnaires ; je ne sais pas qui l'habite en hiver.

Il y a à Bade — son nom l'indique assez — un établissement de bains considérable. Il est très-fréquenté. La musique y est en permanence. Si elle ne rentre pas dans le traitement, tout au moins elle l'égaye.

Mais la chose qui mériterait à elle seule qu'on fît le voyage de Paris à Vienne, — une bagatelle, deux nuits et un jour, en tout trente-six heures, — c'est le Semmering. Ceci n'est rien moins qu'un assemblage de merveilles ; la nature et l'homme y ont combiné leurs efforts les plus heureux pour en faire la surprise de tous les instants.

Le Semmering est le nom de la plus haute cime d'une chaîne de montagnes que traverse le chemin de fer qui va de Vienne à Venise. Il paraissait impossible que des wagons et des locomotives pussent jamais passer par là ; elles s'y promènent à la grande lumière du soleil et au clair de lune : où l'aigle vole, la vapeur monte.

Si l'on veut jouir du paysage dans toute sa splendeur, il faut avoir soin de tourner le dos à la locomotive et de s'asseoir dans l'angle du wagon, à droite. On n'aura pas à craindre la fatigue du vent, et le panorama sans fin des vallées ouvrira ses longues perspectives sous vos yeux à chaque tour de roue. C'est un éblouissement.

Qu'on se figure un entassement de montagnes que la neige n'abandonne pas toujours au mois de juin, et dont les cimes dentelées profilent leurs arêtes sur l'horizon par groupes inégaux. Parmi ces hauteurs inondées de lumière ou voilées par le brouillard, s'étendent, mêlant leur verdure, des forêts sans limites dont le manteau noir se perd dans l'ombre des ravins. Quelles rumeurs sous ces voûtes profondes quand le vent en secoue le feuillage plaintif! Sous vos pieds, tout au loin, suspendus au flanc d'une montagne ou tordus dans les sinuosités d'un vallon, des torrents qui frissonnent et brillent, pareils à des lames d'argent. La distance est telle parfois que l'eau, malgré sa course folle, semble immobile; parfois aussi, au détour d'une pente, on la surprend toute bouillonnante et sortant du granit avec des rugissements de bête fauve. Des villages apparaissent au milieu des solitudes les plus âpres, le son de la cloche vous poursuit, promené dans l'espace par de longs échos, et vous découvrez, çà et là, des pans de moissons qui vous font souvenir des épis mûrs dont la plaine est dépouillée depuis longtemps. Cependant ne vous lassez pas de regarder. Les étonnements vous saisissent à chaque élan de la machine. C'est une succession de paysages où l'on reconnaît tour à tour les sites frais qu'aimait Ruysdaël et les effondrements de rochers que cherchait le pinceau de Salvator Rosa. Sur des caps dont la tête s'avance entre des abîmes, quelque vieille tour féodale achève de s'écrouler; des pans de murailles formidables couronnent plus loin un promontoire qui commande un défilé; tout auprès, un château, tout neuf et tout blanc, abrite ses terrasses ambitieuses derrière un rideau de chênes. La fumée d'une auberge monte du milieu des bois; là-bas dans la vallée, ces toits rouges, ces longues constructions régulières, un bruit incertain de roues battues par l'eau vous indiquent que la vie industrielle anime ces retraites. Quelquefois on surprend le bûcheron aux prises avec les forêts séculaires, la hache attaque les sombres futaies, et quelques-uns de ces grands arbres, dont la chute faisait pleurer le vieux Bas-de-cuir, tombent avec le retentissement du tonnerre.

Cependant la locomotive monte toujours. Cette force aveugle, conduite par une pensée intelligente, rampe sur le flanc de la montagne, suspendue à des hauteurs qui donnent le vertige. Un mince parapet la sépare du vide. D'un côté des parois de granit, un précipice de l'autre; de gigantesques viaducs à double étage franchissent la vallée et portent le convoi vers d'autres sommets. Le chemin de fer les atteint par de longues rampes qui entaillent la montagne de leurs infatigables circuits : rien n'a pu l'arrêter, ni le torrent, ni le roc vif, ni l'abîme. Combien de tunnels qui s'ouvrent dans l'épaisseur des massifs! On les traverse coup sur coup. Quelques-uns rappellent fantastiquement la rue de Rivoli. Des arcades percées dans le roc à intervalles égaux y font pénétrer l'air et la lumière, et permettent au regard de plonger par éclairs dans les profondeurs du vide dont elles séparent le voyageur. Aux places que la pioche et la mine ont creusées, des avalanches de débris informes descendent dans la vallée. De loin, et aperçues de flanc, ces ouvertures béantes ont des apparences de tanières. Il y a un passage près de Semmering, où les zigzags du chemin sont tels qu'on peut compter tout ensemble trois convois ; ils suivent la même route et semblent courir en sens inverse à la rencontre les uns des autres ; l'un fuit tout en haut, tandis que son voisin se précipite tout en bas ; certains viaducs se présentent au loin dans le sens horizontal ; les yeux en embrassent le superbe développement ; on les admire, projetant leur ombre colossale dans la vallée, et on se demande quelle route passe sur ces arcades aux cent piliers. La rampe fait un coude, et voilà que le convoi court vers le viaduc et l'atteint. Ces illusions d'optique sont de tous les moments. Il semble que la main de l'homme ait voulu se jouer avec toutes les surprises et toutes les difficultés ; et tandis que la vapeur blanche s'échappe à travers les futaies, un banc de nuages glisse au flanc de la montagne et dérobe dans sa fuite paresseuse tout un pan de vallées. Le convoi roule dans les nuées.

Ce passage aérien des Alpes noriques, un des chefs-d'œuvre du travail contemporain et par quoi l'industrie lutte d'audace avec les prodiges de l'antiquité romaine et du moyen âge, vous conduit par rampes successives de la vallée de la Leitha à la vallée de la Muhr. Mais de la station de Gloggnitz à celle de Murzzuschlag qui la termine, que de montagnes et que d'escarpements ! Voici tour à tour le Silberberg, la Pakenwands, le Schnitsberg, le Grillenberg et vingt autres que les chasseurs tyroliens parcouraient seuls autrefois.

Le paysage a partout ce caractère de grandeur et de mélancolie que l'on remarque dans les contrées montagneuses. Il vous pénètre et on ne se lasse pas d'en admirer les aspects poétiques et sauvages. Ce caractère particulier se dessine avec plus d'ampleur et de vivacité aussitôt qu'on a dépassé la station de Gloggnitz. Six stations la séparent de celle de Murzzuschlag. Elles sont bâties solidement en grosses pierres grises, carrées et robustes, comme il convient à des maisons qui sont appelées à repousser les rudes assauts du vent et des tempêtes. Dès que le convoi s'arrête, des petites filles accourent de toutes parts et présentent aux voyageurs (c'était alors le mois de juillet) des verres d'une eau limpide et fraîche ou des bouquets de fleurs alpestres et de fraises qu'elles portent au bout de légers rameaux. Leurs voix traînantes murmurent les mêmes syllabes sur un mode mélancolique dont rien ne saurait rendre la plaintive monotonie. Est-ce une illusion? mais il me semble que la tristesse de ces hauteurs, qui ne connaissent qu'un court printemps, a son écho dans ces doux et tranquilles accents. *Semmerings Kirschen, Semmerings Blühmen!* répètent lentement toutes ces voix qui semblent emprunter le même ton à une seule bouche. On passe, le bruit s'éteint, et à la station prochaine il recommence avec la même régularité et dans les mêmes conditions. Fleurs passagères, pauvres fruits d'un jour, les petites mains qui vous tiennent savent-elles qu'il y a des pays où le soleil est plus clément et le travail moins dur?

Je me suis souvent demandé, à la vue de ces populations perdues dans un coin du monde et tout à coup traversées par des tourbillons de flamme et de fumée, quelles pensées doivent les saisir en apercevant, comme dans un rêve, le messager flamboyant qui leur apporte des nouvelles de pays lointains dont elles soupçonnent à peine l'existence et qu'elles ne connaîtront peut-être jamais. Ce monstre de fer qui passe, ce bruit, cet éclair ne portent-ils pas avec eux comme un reflet et un écho de grandes villes pleines de merveilles, et, sa course achevée, ne laisse-t-il pas dans ces esprits timides et obscurs, tout à coup réveillés par son apparition, quelque germe d'une fièvre que rien n'éteindra plus? Le silence, qui est le compagnon fidèle du voyageur pendant les longs pèlerinages, les réflexions auxquelles il vous convie tout naturellement, vous conduisent à penser que les peuples livrés à ces tempêtes marchent vers un inconnu dont aucune intelligence n'a la conscience et le sentiment.

Qui peut mesurer l'énergie de ces deux forces fondues l'une dans l'autre et agissant dans le même sens, la vapeur et la démocratie?

Mais nous voilà bien loin du Semmering et de cet océan de montagnes dont il est le point culminant. La face des hauteurs qui regarde Vienne est la plus ardue; l'ascension achevée, on descend vers le midi par une pente adoucie qui se prolonge jusqu'à Nedresima, où le chemin envoie une de ses branches les plus courtes sur Trieste et court, par la droite, vers l'Italie. Venise est au bout du chemin, et après Venise, Vérone, Milan, Turin! Longtemps avant d'apercevoir la mer, on la sent; il y a dans l'air quelque chose qui vous en indique le voisinage; le sol est aride, le paysage plat; puis enfin, aux dernières lueurs du crépuscule, derrière un pan de bruyères sablonneuses, une nappe d'eau apparaît tout à coup, pareille à de l'étain fondu : c'est l'Adriatique. Alors, et malgré soi, on regarde du côté de l'horizon, et dans l'ombre qui s'épaissit on cherche au loin le profil de Venise. Il faudra que la nuit s'achève avant que le viaduc jeté sur la lagune ouvre ses arcades à la lumière blondissante du matin.

A l'époque où commença la construction du chemin, la montagne fut tout à coup envahie par des populations de travailleurs qui, dans leurs émigrations successives, rappelaient ces anciennes tribus dont les flots descendirent un jour vers le midi. Il y avait là dix peuples réunis, des Hongrois, des Croates, des Valaques, des Italiens, des Serbes, des Dalmates. On avait tant de tunnels à creuser, tant de ponts à construire, tant de viaducs à bâtir, que les ingénieurs cherchaient des bras au delà de toutes les frontières. On estime à plus de quarante mille le nombre des ouvriers qui remuaient la terre. La nuit, de grands campements couvraient les plateaux ; c'étaient comme des villes éphémères de toile et de feuillage qui se promenaient de montagne en montagne. Pour maintenir l'ordre parmi ces races qui parlaient dix langues, il fallut des bataillons de gendarmerie, et ce travail gigantesque ne dura pas moins de six ans!

Trois trains express par semaine, en été, deux en

hiver seulement, mettent en communication Vienne et l'Italie. Le reste du temps appartient aux trains omnibus. Et encore faut-il ajouter que ces trains express, qui partent le matin de Vienne, arrêtent leur course rapide à Nedresima. Aussitôt qu'ils touchent à la frontière de la Vénétie, ils redeviennent omnibus. Le caractère français, qui est tout pétri d'impatience, s'accommoderait mal de ces lenteurs; on s'y plie plus aisément en Allemagne, où l'on ne croit pas encore que le but de la vie soit une constante agitation. Quel ouragan de cris ne serait-ce pas chez nous si les habitants de deux grandes villes, telles, par exemple, que Lyon et Paris, en étaient réduits à trois trains express par semaine! Ce serait à croire que l'univers va crouler. Il est vrai que chez nous on veut avoir tout et quelque chose encore avec. Lors même qu'on n'a rien à faire, on est pressé.

Il ne faudrait pas croire sur ce que j'en ai dit, que l'eau claire du Semmering, les fleurs et les cerises présentées par des enfants soient la seule réfection offerte aux voyageurs pendant la longue route qui sépare Vienne de Nedresima; si poétique qu'on soit en Allemagne, on y apprécie cependant les bienfaits d'une nourriture plus substantielle. Un certain nombre de stations, Gloggnitz, Reichnaw, Murzzuschlag, Gratz, Marburg, par exemple, offrent un riche assortiment de comestibles solides et variés, entre lesquels la soupe et le quartier de chevreuil sont en permanence. Il s'agit seulement d'avaler sans choisir. Si le temps manque à l'appétit, on trouve aux stations intermédiaires, et sur des tables dressées sur les quais des gares, d'honnêtes et larges assiettes chargées de charcuterie, avec force brocs pleins d'une bière écumante et brune. Il y a toujours grande presse autour de ces tables.

Si mélangés que soient les peuples soumis au régime de la vapeur, il y a toujours certains détails par lesquels la différence des mœurs se fait voir. Ainsi, par exemple, un écriteau signale dans les convois français le compartiment où l'on fume : dans les convois allemands, c'est au contraire le compartiment où l'on ne fume pas que l'écriteau indique aux voyageurs.

Le passage du Semmering fut livré à l'exploitation au mois de mai 1854. Les travaux avaient été commencés en 1848 et poussés avec une rare activité. Que d'obstacles de toute sorte à combattre ! Cependant, dès le 12 avril 1854, l'empereur François-Joseph Ier put franchir le col et visiter la voie ferrée de Murzzuschlag à Gloggnitz.

Mais le plus difficile n'avait pas été de percer les tunnels, si dur que fût le roc, ou d'élever les viaducs, si large que fût la vallée. Le rail posé, la grande affaire fut de trouver une locomotive en état de le parcourir. Les anciennes machines qui se présentèrent les premières à l'assaut de la montagne s'arrêtèrent en chemin. La vapeur étonnée semblait vaincue. On ouvrit un concours, et les ingénieurs se mirent à l'œuvre. Une machine puissante fut construite et réussit à peu près. On parvenait presque à gravir les pentes; mais on n'était pas encore bien sûr de les descendre régulièrement. Et le grand problème, la difficulté capitale, était dans la descente. Un ingénieur dont le nom m'échappe améliora le modèle sorti du concours, et le problème fut résolu. Dans cette lutte de la force inerte contre l'intelligence, la montagne n'eut pas le dernier mot. A présent le passage du Semmering n'est plus qu'un jeu pour les mécaniciens, et c'est à toute vapeur que les convois en abordent les formidables escarpements.

Une anecdote donnera une idée de la puissance qu'il fallait renfermer dans les flancs d'une machine appelée à maintenir les wagons sur les déclivités du chemin. On raconte qu'à l'époque où la voie ferrée était en construction, des wagons de ballast, en station sur un plan incliné, se mirent à glisser sur le rail, soit qu'ils eussent été mal assujettis, soit que le vent en eût tout à coup ébranlé la masse. Précipités par leur propre poids, et attirés par la pente, ces chariots prirent bientôt une allure rapide. Au bout de quelques minutes et de quelques kilomètres, ce n'était plus un convoi, c'était la foudre.

Les plus terribles malheurs étaient à redouter. On fit jouer le télégraphe électrique pour avertir les nombreux ateliers qui travaillaient sur les points menacés. Prévenus à temps, les ouvriers s'empressèrent d'élever des obstacles au devant de ce tonnerre qui roulait dans l'éloignement. Mais tout d'abord poutres et madriers furent chassés de la voie, ou brisés et mis en poudre, et les wagons descendaient toujours avec une vitesse de plus en plus rapide. Enfin, à l'entrée d'un tunnel, les ouvriers accumulèrent tant de matériaux, qu'une barricade formidable en ferma l'ouverture. C'était comme un rempart improvisé où les quartiers de roche et les troncs d'arbres mariaient leurs forces de résistance. Entraînés avec une vitesse vertigineuse, les wagons arrivent et heurtent l'obstacle. Rompus par le choc, ils sont précipités hors des rails et roulent dans l'abîme, comme autrefois les Titans de la fable. La voie déblayée, on descendit au fond du ravin pour voir ce qui restait de ce convoi. Les plus gros débris du bois avaient la taille d'une allumette; les détritus de fer n'étaient pas plus forts qu'une épingle. La masse entière, essieux, roues, plates-formes, chaînes et crampons, tout était concassé et pulvérisé comme une matière soumise au travail de la meule.

Maintenant les convois vont et viennent sur ces mêmes pentes avec l'assurance et la régularité d'un train voyageant sur le pont d'Asnières. La science a fait un effort, et du même coup la crainte et l'accident ont été supprimés. Aujourd'hui, pour l'ingénieur, le passage du Semmering a l'attrait d'un problème vaincu; pour le touriste, c'est un spectacle dans un wagon.

VIII

VENISE.

Août 1863.

Il ne faudrait pas que le nom effrayât trop le lecteur; je n'ai pas la prétention de découvrir Venise; trop de gens l'ont fait avant moi, mais il m'a semblé qu'on pouvait encore, après tant de livres, d'articles, d'aquarelles et de descriptions, raconter en termes simples quelle impression l'aspect de cette ville fameuse laisse à un voyageur de bonne foi. Qu'on se rassure d'ailleurs; je ne parlerai ni des tableaux, ni des monuments, ni des œuvres d'art de toutes sortes qui remplissent la cité des doges. Et pourquoi le ferais-je? Il faudrait un volume pour en venir à bout, et encore n'y suffirait-il pas!

Qui ne connaît, sans même les avoir jamais vus,

l'escalier des Géants, le pont des Soupirs, Saint-Marc, le palais des Doges ou le Rialto? Donc saluons-les de la main, s'il vous plaît, et passons.

L'influence de ces trois syllabes magiques — Venise — est si grande, que, même avant de découvrir la ville où tant de souvenirs se pressent et vous assiégent, mêlés à tant de merveilles, on en est comme étouffé. On approche, on arrive, on entre, et l'émotion qui déjà vous gagnait dès les premières arcades de la voie ferrée jetée sur la lagune vous envahit tout entier et vous domine. Elle ne vous quittera plus. Quelques villes ont ce privilége : elles attirent, elles captivent et on ne les oublie pas aussitôt qu'on les a vues.

Ce privilége poétique, ce sont parfois celles qui ont eu le plus à souffrir des passions et de la méchanceté des hommes qui le possèdent. Ne faut-il pas que toute couronne et toute immortalité se payent? Qui songerait à visiter le champ de bataille de Waterloo si le cri de la vieille garde expirante n'y retentissait pas éternellement?

On a dit de Venise que c'était une ville qu'il fallait voir à l'aurore de la vingt-cinquième année, et à deux. C'est vrai; cependant on peut encore la visiter avec un vif attrait, lors même que le printemps est déjà loin et qu'on est seul. Si l'agrément qui se dégage de la jeunesse aux prises avec les souvenirs les plus poétiques du monde n'existe plus, on s'en console par le plaisir philosophique qui naît de l'observation.

Quel voyageur, tandis que la rame du gondolier bat l'eau silencieuse des lagunes, ne s'est pas demandé d'où provenait le charme qui enveloppe Venise d'une atmosphère pénétrante ? Il me semble qu'on peut en trouver le secret dans l'harmonie. D'autres villes, en grand nombre, ont des monuments fameux, des collections où, dans un ordre admirable, sont entassées les œuvres les plus belles de l'esprit humain, des souvenirs de guerre et d'amour, des paysages illustrés par le passage d'hommes célèbres, tout ce qui sollicite l'attention et commande l'étude. Beaucoup cependant ne laissent dans la mémoire qu'une image confuse que le temps efface ou diminue. C'est que nulle n'a, au même degré que Venise, cette alliance mystérieuse des formes et de la couleur avec l'histoire et la tradition qui constitue l'harmonie. Ici le ciel, l'eau, la pierre, la clarté, tout concourt à l'effet général : le mouvement et le canal, le soleil et l'horizon, l'église et le palais, sont comme les instruments d'un orchestre mystérieux conduit par une main savante. Leur valeur s'augmente de l'éclat des noms que rappellent ces marbres roses sortant des ondes par longues assises, et l'on comprend que là seulement devaient respirer ces magnifiques et fiers seigneurs vêtus de satin et de velours, qui portaient si bravement l'épée et furent si longtemps les maîtres de la mer.

Chaque chose, à Venise, est à sa place et telle que les siècles l'ont voulu. Ni le temps, ni les événements, ni les siéges n'ont rien changé, et quand l'aube rose enveloppe la ville de ses lueurs fraîches et limpides, on peut croire, sans faire un grand effort d'imagination, que Desdemone est à sa fenêtre, Mocenigo dans sa gondole, et que le doge dans sa pourpre entre au conseil des Dix où l'attendent les Tiepolo, les Malipieri et les Bragadini.

Le clairon d'une patrouille autrichienne fait envoler le rêve; mais au coin du canal voisin on le retrouve dans sa trompeuse et romanesque fantaisie.

Il faut que la vitalité poétique de Venise soit bien forte pour avoir résisté à l'infatigable assaut des opéras, des contes et des romances qui l'ont menacée. Les ariettes et les gouaches ont presque tué la Suisse et ses bergères; les barcarolles et les sépias n'ont pas tué Venise: c'est un miracle.

Quand la gondole noire vous perd dans ce dédale de canaux assombris par des palais, une sorte d'envahissement intérieur se fait par le silence et la poésie qui se dégagent des pierres. Le souvenir des choses contemporaines s'évanouit à chaque balancement du bateau, on perd le sentiment de la vie réelle et on navigue en plein songe. Les yeux s'étonnent de ne pas rencontrer sur les degrés de marbre qui baignent leurs pieds dans l'eau verte, sur les ponts silencieux et sous l'ombre des voûtes, les mêmes scènes que l'histoire rappelle et qu'on a vues dans cent tableaux, applaudies sur vingt théâtres. Il semble alors que c'est un vol que l'on fait à la vérité.

Mais j'ai grand'peur que cette vitalité poétique, Venise ne la paye d'un deuil irréparable. Elle est trop dans le passé pour mettre un pied dans l'avenir. On comprend au besoin que Naples la paresseuse, ou Palerme l'indolente deviennent industrielles et laborieuses, mais Venise est trop loin des conditions de la vie moderne pour s'y laisser gagner jamais. Il n'y a pas de place pour le coton dans ces étroits canaux, et la démocratie n'a que faire de palais tout gorgés de chefs-d'œuvre !

Une promenade dans Venise produit l'effet d'un rêve qu'on ferait tout éveillé, en plein midi. Qu'on se figure un immense décor d'opéra étalé, sous l'éblouissante clarté du ciel, en face de la mer. On peut croire à chaque pas que le coup de sifflet d'un machiniste va faire disparaître cet entassement de marbres, cette débauche de peintures. On marche, non, on navigue en pleine féerie ; ce sont moins des rues et des canaux qu'on traverse, des églises qu'on entrevoit, que des aquarelles et des tableaux arrangés tout exprès pour l'étonnement et le plaisir du voyagueur. Tout concourt à rendre excessive cette illusion : la voile du pêcheur qui a des tons d'ocre et de bitume, l'arbre penché sur un pan de mur de briques rouges, illuminé à l'angle d'un carrefour, l'arche éclatante d'un pont jeté sur l'eau verte, la fuite d'une gondole noire sous une voûte sombre, des vases de faïence qui brillent, vêtus d'émail et couronnés de fleurs, sur une terrasse ouverte entre deux cours, un matelot endormi dans sa cape sur des degrés de marbre blanc, la vue d'un campanile se profilant dans un coin du ciel, un pan d'azur vif encadré par les fines arêtes de quelques palais noyés dans l'ombre, un clocher qui apparaît tout à coup au milieu d'un joyeux tourbillon de colombes battant de l'aile, une femme drapée dans son voile qui s'efface sous un porche, le miroitement de l'eau muette où l'on devine des silhouettes d'archivoltes, de tympans, de colonnettes et de mascarons, et, par-dessus toutes ces surprises, pour en augmenter l'effet, le silence, un silence profond, continu, éternel, qui vous berce et vous entraîne dans le pays des hallucinations.

Quelquefois un aviron léger bat le flot qui murmure contre les assises d'un palais ; un cri éclate à l'angle d'un canal, un cri lui répond.... *Apremi! Castaï!* On regarde, une gondole silencieuse passe en rasant un promontoire de marbre et le rêve reprend son vol. Que de fois plus tard ces cris doux et sonores n'éclatent-ils pas dans le souvenir!

Il est trois heures de l'après-midi, un dimanche, par un temps clair. La lumière blonde de l'Adriatique enveloppe Venise. C'est l'instant où le grand canal attend les promeneurs dispersés dans une flotte de gondoles. Qui n'a vu les toiles du Canaletto? Obéissons donc au vœu de l'habitude, et partons. Voici le grand canal, dont la courbe lumineuse s'enfonce dans la ville entre deux haies de palais. Mais quel silence partout! C'est moins le silence que la mort. Depuis la façade blanche de la Salute jusqu'au palais Balbi, et de la Cador jusqu'au Rialto, point de rames poussant l'esquif à la proue de fer; l'eau tranquille étend sa nappe glauque aussi loin que l'œil peut aller. Où sont les flottes joyeuses? Où est la foule parée pour les fêtes? Où sont les rires, les chansons, la musique? Personne ici, personne là, personne plus loin encore. Le grand canal historique, le grand canal des légendes, est désert. De la Venise d'autrefois il ne reste plus que le soleil.

Cependant çà et là, et comme égarées, apparaissent quelques gondoles qui nagent tristement. Leurs passagers regardent de tous côtés. Ce sont des voyageurs qui passent et cherchent la fête et le bruit. Quelques visages se distinguent aux balcons du palais Bernardo, aux fenêtres élégantes des palais

Justiniani et Zucchelli. Ce sont encore des étrangers. Ces palais, hélas! sont à présent des auberges, et leur population nomade s'étonne du silence où s'endort Venise. Parfois un profil de femme apparaît derrière une persienne entr'ouverte, ou se montre à l'angle d'une balustrade ; une mince spirale de fumée bleue s'échappe d'une cigarette et monte à travers les lauriers-roses, un flot de mousseline glisse nonchalamment sur une terrasse parmi les orangers, et l'on devine qu'une Vénitienne est encore là.

Nagez toujours, balancés par le mouvement rapide et doux de l'aviron, et tour à tour vous verrez le palais Doria, et le palais Foscari, et le palais Mocenigo, où vécut lord Byron, et le palais Contarini, et le palais Tiepolo, et le palais Grimani, et le palais Barbarigo, et le palais Lorédan.... et combien d'autres encore dont les noms font comme une trouée dans la mémoire et l'illuminent. Parmi tous ces palais dont les maîtres tenaient en échec le Turc et l'Allemand, le pape et le Français, il en est un devant lequel se dressent de grandes poutres enfoncées dans l'eau et cerclées d'azur aux fleurs de lis d'or : ce fut le palais Cavalli. Saluez en passant. C'est là que passe chaque année l'héritier solitaire d'une maison qui fut la maison royale de France et la première du monde. On dirait que Venise s'impose par une loi mystérieuse aux exilés de la vie. Le deuil appelle le deuil.

Mais voici que sept heures sonnent. Entrons dans la place Saint-Marc. La musique militaire retentit. Les pigeons volent par essaims, ces pigeons de la république qu'on pourrait croire blancs sur la foi des romances et qui sont noirs de père en fils; la foule obstrue les abords du café Florian; il n'y a plus assez de chaises, il n'y a plus assez de tables. Les glaces circulent, et parfois l'habit blanc d'un officier autrichien se mêle à la multitude des vêtements noirs. Prenez-y garde cependant; dans ce concert de voix qui chuchotent vous n'entendrez presque jamais les syllabes douces et paresseuses du dialecte vénitien. Il y a là des étrangers, beaucoup d'étrangers, des artistes, quelques curieux. Les patriciens n'y sont pas. C'est assez que la musique autrichienne joue pour qu'ils désertent la place Saint-Marc. Attendez un peu. La neuvième heure vient de sonner. Ophicléides et cornets à piston sont partis, plus de valses, plus de symphonies. Voici que l'aristocratie arrive et s'installe par groupes autour du café Florian, laissant le café Quatri à l'Autriche. Maintenant la nuit peut prolonger son ombre et son silence; les Vénitiens ne songeront pas à regagner leur demeure. L'uniforme blanc a disparu; ils sont chez eux.

Il y a bien certainement, et à un haut degré,

l'horreur de la domination étrangère dans cette taquinerie dont aucun Parisien n'aurait le courage et la patience; mais il y a autre chose encore : il y a un comité qui ne veut pas que les Vénitiens s'amusent.

Cela peut paraître extravagant, et cela est. Il n'y a pas que les tyrannies qui aient leur despotisme; les révolutions aussi ont leurs maîtres absolus, à qui l'on obéit ni plus ni moins que s'ils s'appelaient Louis XIV ou Charles-Quint. Ce point pittoresque et mystérieux de la vie publique à Venise est un côté délicat de la question; c'est par là que les mœurs italiennes se séparent radicalement des mœurs françaises. Il y a plus que les Alpes entre les deux pays, il y a un abîme.

L'heure n'étant pas venue de combattre la domination autrichienne les armes à la main, l'ordre est partout donné de la combattre par l'abstention. La ville étant en deuil, cela n'a point paru suffisant, un reste de vie l'animait encore. C'était trop; il a fallu que toute apparence de souffle s'éteignît, que tout mouvement, que toute respiration, que tout bruit disparût. On avait un captif, on a voulu un cadavre. *On*, c'est le comité.

Et avec ce sentiment instinctif de conspiration qui est un des caractères du génie italien, l'arrêt prononcé, il n'est personne qui ne s'y soit soumis. Or, le comité qui gouverne Venise est invisible et tout-puissant. Nul n'en connaît les membres, et le gouvernement autrichien moins que personne. On voit l'action, on ne saisit pas la main. Les agents circulent dans ce dédale de canaux comme les fantômes de la ballade dans les forêts allemandes; point d'ombre, point de trace, point de bruit. Ils font un signe, ils murmurent une syllabe, tous les fronts se courbent.

Le propre des pouvoirs mystérieux est de tendre à l'infini leurs ressorts et d'élargir continuellement leur cercle d'action. Leur principe est que l'immobilité les tue. S'ils ne marchent pas, c'est qu'ils reculent. On s'amusait encore à Venise il y a peu d'années; il paraît même que par intervalles on s'y amusait beaucoup; ajoutons que, dans un intérêt facile à comprendre, les Autrichiens aidaient de tout leur pouvoir à ces tendances qui inclinaient vers les vieilles mœurs. Un matin le comité a supprimé le plaisir par décret.

Comme autrefois Aristide était banni de la république, parce que la plèbe était lasse de l'entendre appeler le juste, on a banni le rire de Venise, parce que le rire pouvait faire croire qu'on y supportait la perte de la liberté sans désespoir. Maintenant on ne s'amuse plus nulle part. Et ne croyez pas que l'autorité du comité s'étende seulement aux choses de la vie publique et qu'il se contente d'écarter les gondoles et les chansons du grand canal, la foule et la conversation de la place Saint-Marc : non, sa main s'étend sur le salon, se glisse dans le boudoir, s'impose sur la terrasse et règne dans le jardin.

Un jour la comtesse B..., succombant sous le poids d'un ennui éternel, a-t-elle la fantaisie de réunir dans son palais quelques amies pour danser l'espace d'une nuit, voici que les bougies étincellent dans les vieux lustres, les toiles éclatantes du Titien et de Véronèse palpitent dans la lumière, les jeunes Vénitiennes accourent dans leurs plus frais atours; comme autrefois, la vie circule sous les lambris chargés de dorures, et la brise frissonne parmi les jasmins d'Espagne et les orangers. Mais aux premiers accords du piano, une bombe éclate sous les fenêtres ou sur les balcons. C'est la voix tonnante du comité. Le bal est proscrit. La foule des danseuses s'échappe épouvantée, les bougies s'éteignent subitement, la valse meurt à son premier élan, et la comtesse B.... condamne sa porte.

Le marquis G.... veut-il fêter un anniversaire ou se réjouir entre ses compagnons de jeunesse? voilà que le jardin s'illumine et se pare d'étoiles radieuses agitées par le vent du soir; une escadrille de gondoles s'arrête autour des degrés de marbre; une barque chargée de musiciens la suit; on accorde les instruments sonores; un chœur de voix essaye un chant joyeux; de nouveau le grand canal va connaître les nuits heureuses; déjà cinquante gondoles chargées de curieux s'échappent des palais voisins ; les avirons s'enfoncent dans l'eau doucement ; la flotte étincelante va quitter la rive et promener ses symphonies dans la ville.... Soudain un bruit terrible retentit sous la balustrade, répandant la flamme et la fumée. C'est encore la voix du comité qui parle par la bouche d'une bombe. Les gondoles s'enfuient, les instruments se taisent, les chœurs se dispersent, et le marquis G..., qui comprend l'avertissement, ferme son palais.

Comme le bal était proscrit, le concert est exilé.

Si la première bombe ne suffit pas, s'il y a récidive, deux bombes mêlent leurs détonations sous les fenêtres du délinquant. Ce deuxième avertissement est sans appel.

Ces bombes, hâtons-nous de le dire, n'ont jamais fait de mal à personne. Ce sont moins des projectiles que des pétards. L'épouvante suffit sans la mort. Quant au bras qui a jeté la bombe, il n'est pas d'exemple qu'on l'ait jamais découvert.

O Gaulois! mes compatriotes, Parisiens de Tortoni et de l'Opéra, que diriez-vous d'un pouvoir occulte qui vous interdirait les folies du bal masqué et les réunions bruyantes des champs de courses? Combien de barricades ne feriez-vous pas si l'on touchait à la jupe d'une danseuse, à la casaque d'un jockey! Et à quoi ne renonceriez-vous pas plutôt que de faire le sacrifice d'un plaisir!

Il y a plus, et l'omnipotence du comité ne s'arrête pas là. Il n'est personne en Europe qui ne connaisse de réputation le théâtre de Venise. La Fenice a eu sa place marquée entre la Scala de Milan, la Pergola de Florence, San-Carlo de Naples. Eh bien! la Fenice, qui avait une troupe fameuse il y a peu d'années encore, la Fenice, où l'aristocratie intelligente et la foule enthousiaste battaient des mains, elle a ses portes mieux fermées que si le ciment du maçon et les clous du serrurier en eussent condamné les doubles battants.

Le comité a dit : « Vous ne les ouvrirez plus ! » Et, aussi longtemps que les Autrichiens occuperont Venise, elles ne seront plus ouvertes !

Une réunion des propriétaires de la salle a eu lieu dernièrement. Ils étaient au nombre de trente-sept. On a délibéré sur la convenance d'appeler une compagnie et un orchestre à la Fenice. Combien d'intérêts qui plaidaient en faveur de cette mesure! Mais l'ombre du comité s'étendait dans la salle des délibérations. A la majorité de trente-deux voix, il a été décidé que le théâtre resterait vide et muet.

Après le bal, après le concert et la promenade sur l'eau, la musique a été bannie dans le pays de Rossini et de Verdi.

Non, tous les sectaires ne sont pas encore morts !

A l'époque où le hasard me fit rendre visite à Venise, le grand amusement, je pourrais dire la seule, l'unique distraction de la ville était un pauvre joueur d'harmonica qui donnait de tristes concerts en plein vent, dans quelque jardin d'hôtellerie. Tous les dilettanti y couraient; peut-être faudrait-il écrire tous les ennuyés; il y avait foule.

Le jour où un ami complaisant me conduisit à cette fête, l'harmonica faisait du bruit dans un maigre jardin où les curieux mangeaient des coquillages et des fritures de poissons. Un restaurant de Belleville ou de Montmartre ne voudrait pas de ces ombrages décharnés et de ces bosquets mélancoliques. Les gens du peuple y coudoyaient les patriciens. Quelques lampions fumaient dans les coins. On entendait le grésillement des casseroles et des grils dans les cuisines. Une atmosphère âcre remplissait le jardin et vous prenait à la gorge. On applaudissait beaucoup.

Et c'est à Venise que pour la première fois *Tancredi* fut donné!

Quand on voit de telles ruines et de telles misères, on pense malgré soi à ces superbes sénateurs qui faisaient connaître à Candie, à Chypre, à la Grèce, à la Crimée le nom de Venise, et promenaient leurs splendeurs au travers du monde ébloui. Ils ont vu le carnaval de Venise, et leurs fils voient des joueurs d'harmonica!

Cependant une autre distraction allait être offerte à Venise. On parlait beaucoup d'une représentation promise par Bosco le prestidigitateur, et on s'en réjouissait. Bosco avait eu l'habile précaution de mettre sur ses affiches et sur les billets ces trois mots : *Bosco di Turino*. Turino ! quel mot magique !

Turin ! c'est-à-dire l'espoir, le coin de l'horizon d'où la délivrance doit venir ! Turin, le phare et le drapeau ! Avec ces deux syllabes Bosco était sûr de faire accourir Venise tout entière.

Toute promenade à Venise commence et finit à la place Saint-Marc. Là est le cœur de l'antique cité des doges, et sur cette place il y a l'église fameuse, l'église unique; il y a Saint-Marc. Je n'entreprendrai pas d'en parler, après le livre admirable de Théophile Gautier; il a tout dit; mais il y a dans Saint-Marc certains côtés par lesquels se révèlent, dans leurs apparences les plus familières, la vie et les mœurs intimes de Venise.

Entrons-y à l'heure des offices. Dans cette église où tout est dorures et surprises, marbres, émaux, statues, mosaïques, porphyres, lumière et merveilles, la foule va, vient, se presse, ondule, s'agenouille et prie. Point de chaises, mais des chefs-d'œuvre partout, des chefs-d'œuvre à remplir un musée. Les femmes du peuple et les héritières des plus grands noms se coudoient; la cape de bure frotte sa laine au cachemire, le satin étend ses plis soyeux sur l'indienne. On se souvient alors de notre orgueilleuse Madeleine et de Saint-Thomas d'Aquin, où tout est étiqueté et numéroté. Que Paris est loin ! Mais si l'attention peut se distraire de cette bacchanale de ciselures exquises et d'incrustations éclatantes qui se jouent dans des effets d'ombre et de clarté, d'autres spectacles nous attendent. Chaque groupe a son attitude. Une famille est prosternée dans la pénombre d'une chapelle, l'enfant qui chancelle auprès du vieillard qui tremble ; un matelot incline son front sur le marbre et frappe sa poitrine sous la lumière d'un cierge, tandis qu'adossé à un pilier, un peintre promène ses regards curieux dans la profondeur des nefs, un crayon à la main. Des touristes vont et viennent ; on entre et l'on sort. Le son aigre de la clochette se mêle à des chuchotements de voix. Il y a, dans l'église immense, comme un doux frémissement d'ailes ; l'œil en est saisi plus que l'oreille ; ce sont les éventails qu'on agite par milliers. Que de mains complaisantes occupées à ce passe-temps ! Les belles nonchalantes qui cherchent la fraîcheur n'évitent ni ne provoquent le regard. Celles-ci ont le chapeau moderne, celles-là le voile d'autrefois. Où va leur pensée qui suit le battement irrégulier de l'écaille et de la soie ? à Dieu ou au diable ? Une jeune fille s'accoude à une pierre en saillie ; une autre s'est assise sur la balustrade d'une chapelle. Une tombe encastrée dans un mur sert de siége à tout un groupe qui babille à l'écart. Une veuve pique un cierge dans une fiche de fer et l'allume devant une image. Des pauvresses tendent la main sous les porches. Des enfants s'accroupissent dans les coins. Encore un effort et ils se livreraient à quelque jeu. Un chien paresseux erre lentement sur le parvis, regarde et circule, fouettant l'air de sa queue. Un épagneul sort; c'est qu'il a trop frais; un caniche entre, parce qu'il a trop chaud. Dans une chapelle, sur le fût d'une colonne, un gros chat dort comme un chanoine dans sa robe fourrée. Un son le réveille, il ouvre à demi les yeux, frotte son museau de sa patte veloutée et se rendort; le sacristain qui passe évite de le réveiller. Des soldats font le signe de la croix autour d'un autel. La curiosité a ses coudées franches dans l'église; la piété ne s'en offusque pas.

Dans cette foule d'êtres humains qui, le dimanche remplit Saint-Marc, les femmes sont en majorité. Je n'ose pas dire que j'aie vainement cherché ces types d'une beauté royale qui peuplent les toiles des vieux maîtres. Il peut se faire qu'il en existe, et beaucoup. Un hasard malicieux a voulu que je ne les aie pas rencontrés. Quant à ces créatures mignonnes dont parle Carlo Gozzi, ces Vénitiennes blondes et potelées, les ponts et les ruelles ne m'en ont point fait voir. Mais partout des teints mats d'un ton superbe et des yeux noirs, — du velours lumineux, a dit un poëte.

Par contre, je ne sais nulle part un cortége plus

effroyable de vieilles femmes. Bon Dieu! si elles n'étaient que vieilles! Mais pourquoi cet horrible amalgame des plus hideux produits de la laideur et de la caducité? Et il n'est pas de coin, pas de porche ou de pont, de ruelle ou d'église qui n'en recèle quelqu'une! C'est un chœur de sorcières dispersées dans la ville par un coup de vent. On les regarde épouvanté, et on pense malgré soi à la bruyère où passa Macbeth. Quelles vieilles! Elles sont toutes plus édentées et plus en ruine les unes que les autres; elles sont crochues, fétides, ratatinées. Plus de chair et plus de formes. Le sourire est parti, les cheveux sont tombés. Il reste un je ne sais quoi vêtu de loques qui fut une femme.

Et l'on est à vingt pas du balcon de Desdemone! Rien n'est plus difficile, on le sait, qu'une promenade à pied au travers de Venise; il faut un long séjour pour se familiariser avec ces labyrinthes d'îlots unis par des arches de briques et de marbre, mais rien aussi de plus pittoresque. On y surprend le peuple de Venise dans le déshabillé de sa vie intime : le marchand de friture auprès du changeur, le vannier à côté de la modiste, le travail sur la dalle; partout l'oreille est caressée par la musicale paresse de ce langage doux et enfantin qui escamote les consonnes et mouille les voyelles; et l'on y fait au hasard des découvertes de points de vue, de perspectives et d'intérieurs qui expliquent l'enthousiasme des peintres pour Venise. Chemin faisant, on a la surprise des monuments, un jour San-Mosé, où nichent et s'endorment les pigeons de la république, et le lendemain Santi-Giovanni e Paolo, où sont les mausolées des doges; les amateurs de curiosités donneront en passant un coup d'œil aux magasins de Zen et de Richetti; mais qu'ils s'arment d'une triple cuirasse s'ils ne veulent pas en sortir les mains vides! Quant à ceux que les histoires funèbres intéressent, ils pourront s'enfoncer dans les Puits ou grimper jusqu'aux Plombs et s'y repaître de légendes.

Un Parisien de beaucoup d'esprit haussait les épaules quand on lui parlait en frissonnant de ces fameuses prisons rendues célèbres par les aventures de Casanova de Seingalt. Il affirmait que plusieurs centaines d'appartements pareils sont loués, rue Taitbout, ou sur les boulevards, au prix moyen de quatre à cinq mille francs par an. Et n'en a pas qui veut! ajoutait-il. Il y a cette seule différence que le plomb de la vieille république est remplacé, à Paris, par le zinc.

Mais si les Plombs de Venise sont en vile prose des chambres sous les toits, les Puits méritent leur réputation, bien qu'ils ne soient pas au-dessous, comme on l'a dit, mais seulement au niveau des eaux dormantes du canal. Leur aspect est funèbre. L'air pénètre mal dans ces cachots numérotés comme des chambres d'auberge. La lumière n'y descend jamais. Dans l'un fut Marino Faliero, dans un autre le général Carmagnola. On assure que dans le n° 2 on ne peut pas vivre plus de trente-six heures; la mort vient par asphyxie. L'un des gardiens de ce triste enfer a cette fantaisie singulière de défendre envers et contre tous la réputation du conseil des Dix. On ne voyait, dit-il, que des moutons dans ce conseil, et des agneaux dans le conseil des Trois. Quant aux récits qu'on raconte des tortures et des exécutions, ce ne sont que méchants bruits qu'ont fait courir ces coquins de Français, ces bandits, ces brigands, à l'époque maudite où la république tomba devant les armes du général Bonaparte. Lorsque ce guide loquace tient un visiteur entre sa lanterne et la muraille, sur ce chapitre il ne tarit pas. Si d'aventure il s'aperçoit qu'il a affaire à un Français, il murmure quelques mots d'excuse et continue. D'ailleurs, c'est de l'histoire, dit-il.

Sans adopter entièrement cette version, et bien que tout ne soit pas calomnie dans les anecdotes prêtées au gouvernement despotique des Trois, j'incline volontiers à croire que l'imagination des hommes portée vers l'excessif et le terrible, a tout doucement exagéré ce qui déjà était farouche et violent.

On ne saurait traverser Venise sans rendre visite

aux îles qui l'environnent et faire une promenade jusqu'au Lido. Le Lido a pour lui son nom et sa plage; mais il n'est plus ce qu'il était au temps où lord Byron poussait au galop son cheval sur le sable. Partout des courtines et des bastions, partout des canons montrant leurs gueules noircies par les embrasures des forts.

Il est difficile de croire que les beaux jours du Bucentaure renaîtront jamais pour Venise. C'est l'aristocratie qui les avait faits, et l'aristocratie s'en va. Les Vénitiens peuvent légitimement aspirer à des conditions meilleures que celles qu'ils subissent aujourd'hui; ils ont des droits à ces biens auxquels prétendent aujourd'hui tous les peuples, la liberté, l'indépendance; mais si prospère que soit l'avenir, quoi qu'il arrive, ils ne seront plus les Vénitiens de Dandolo et de Foscari. Il y a des temps qu'on ne recommence pas. Des voies nouvelles, des voies inconnues sont ouvertes à la démocratie qui déborde de toutes parts. Malheur aux nations que la délicatesse de leur organisme, la puissance et l'éclat de leurs souvenirs enchaînent dans la poésie du passé! Illustrées par toutes les magnificences du luxe et de la fantaisie, maîtresses dans l'art de travailler le marbre, de ciseler l'or et l'argent, d'immortaliser des lambeaux de toile, habiles à régner par les choses qui relèvent du goût et de l'imagination, leur royaume n'est plus de ce monde.

On a pu rebâtir Paris; on ne rebâtira pas Venise.

Ajoutons que, si on le pouvait, ce serait un grand malheur.

Il est certaines villes presque fantastiques, Grenade et le Caire, par exemple, Venise surtout, que les gouvernements, s'ils ne prodiguaient pas les millions en engins de guerre, devraient s'entendre pour acheter et mettre en dehors des éventualités des guerres prochaines; ce serait en quelque sorte une expropriation pour cause d'utilité artistique. On en ferait d'immenses musées qui seraient mis sous la protection de tous. Palais, édifices publics, églises, tableaux, statues, tout ce qui tient à la ville, tout ce qui en fait partie, tout ce qui la pare, tout ce qui en rappelle l'histoire, serait conservé et restauré aux frais d'un budget européen. Les générations légueraient intacts aux générations futures ces monuments d'un autre âge, et tels, dans leur magnificence, que les siècles dans leur continuel entassement n'en feront plus de pareils.

Les royaumes auraient ainsi leurs manuscrits de pierre, et les artistes, les savants, les archéologues de tous les temps y viendraient lire l'histoire du passé dans ses plus éclatantes et ses plus idéales manifestations.

IX

VÉRONE.

Août 1863.

Que les touristes qui ne voyagent que pour arriver s'y résignent : s'ils traversent l'Italie, ils devront faire bonne provision de patience, et s'habituer, malgré les chemins de fer, à courir lentement, et peut-être, devrait-on dire, non pas malgré, mais à cause des chemins de fer.

Ces honnêtes chemins, qui ne veulent de mal à personne, ont supprimé les trains express. Ils volent au pas. Les méchantes langues assurent que cette prudence n'a point pour cause l'amour de l'humanité, mais, en bonne prose, un sentiment excessif d'économie. La rapidité, qu'on n'obtient qu'à grand renfort de vapeur, consomme beaucoup de charbon et use effroyablement le matériel ; c'est une grande dame qui dépense sans compter. On a rogné son budget, et les chemins de fer qui promènent leur fumée au travers des peupliers de la Lombardie ne connaissent que les trains omnibus.

Ne nous en plaignons pas. Si cette allure patriarcale irrite les gens qui pleurent de n'être point traités comme des colis qu'on lance de Marseille à Calais à toute vitesse, elle permet de voir le pays. C'est bien quelque chose.

Quand on quitte Venise, il faut en sortir par la route qu'on a suivie pour y entrer, à moins cependant qu'on ne veuille s'échapper par la mer. Une dernière fois on navigue en gondole, on gagne nonchalamment la station du chemin de fer, assise au bas d'un canal, on voit la lumière rose du matin danser sur la lagune, un coup de sifflet part, le wagon court sur le long viaduc qui s'accroche à la terre ferme.... Adieu, Venise !

Les amateurs de statistique vous feront remarquer complaisamment que ce viaduc, jeté sur la mer, n'a pas moins de 3603 mètres de long, qui est porté par 222 arches distribuées en six sections de 37 arches chacune, séparées par des terres-plains, *piazzeti*; qu'il n'a pas fallu moins de 80 000 pilotis pour en asseoir les fondations; que, commencé en 1841, il n'a été achevé que le 27 octobre 1845, et qu'il a coûté 5 millions 600 000 livres d'Autriche.

On remercie la statistique et on regarde. La ligne du chemin de fer s'enfonce dans une plaine basse, enjambe des canaux et circule, sans se hâter, à travers un rideau de treilles qui le conduisent jusqu'aux bords de la Brenta.

C'était là qu'autrefois les patriciens de Venise bâtissaient leurs résidences d'été. Les Foscari y avaient leurs villas, les Mocenigo leurs cottages. Qui peut savoir si Desdemone n'y rêva pas dans une chaumière? Villas, cottages et chaumières étaient des palais. Leurs marbres et leurs terrasses y sont bien encore, mais la vie où est-elle? On assure cependant que leurs propriétaires les habitent quelquefois; c'est le mouvement qui s'est en allé.

Il est difficile de parcourir certains pays italiens sans être frappé, et en quelque sorte épouvanté, de la discordance qui existe entre la grandeur des souvenirs et le silence des choses. Le passé écrase le présent. La poésie fait cause commune avec l'histoire pour produire cette opposition. Il y a des noms qui, tout à coup prononcés, s'emparent de l'esprit et l'ébranlent; c'est comme la flamme d'un éclair, ou le retentissement d'un coup de canon. Cependant la campagne est muette, la ville morte. Sur les routes, quelques paysans qui, d'un pied paresseux, foulent la poussière; aux portes des villes, l'habit blanc des soldats autrichiens qui parlent une langue étrangère.

Derrière ce pli de terrain, là-bas, à quelques lieues de Padoue, dont la locomotive a côtoyé les bastions, à Arqua, c'était la maison qu'habita Pétrarque; plus loin, entre Vicence et Vérone, ces deux châteaux qui tombent en ruine au sommet de deux collines, ils ont appartenu, dit-on, aux Montaigu et aux Capulet.

Qu'importe que la maison du poëte abrite, entre ses pauvres murailles, une famille de paysans, et qu'un peu de puérilité se mêle aux reliques qu'il a laissées et qu'on expose, en tendant la main aux touristes curieux, son siége, son encrier et jusqu'à sa chatte blanche empaillée, vieille chatte dont la peau sans cesse renouvelée s'en va par lambeaux aux mains des fanatiques qui se souviennent de Laure! Qu'importe encore que les pierres croulantes, que la légende a baptisées, n'aient jamais appartenu aux familles qui remplirent Vérone du bruit de leurs querelles! Ici le souvenir est tout, la chose rien. Trois syllabes sont tombées des lèvres, Pétrarque, Montaigu, et le paysage est éclairé.

Que sont les Charmettes? Une maison des champs, délabrée, assise sur la rive d'un ruisseau, entre un bouquet d'arbres et un coteau; il en est mille plus superbes et mieux situées qui ouvrent leurs portes de Genève à Chambéry; mais Jean-Jacques a rencontré Mme de Warens aux Charmettes, et aussi longtemps qu'un homme pensera, sentira, aimera, on se souviendra des Charmettes.

Cette impression s'augmente encore lorsqu'on pénètre au cœur des villes. Partout des palais fastueux: à Milan les Visconti, les Scaliger à Vérone, et partout, au travers de ces monuments fameux tout remplis des merveilles d'un art qui a produit sa moisson, des familles dont la renommée éclate dans l'histoire. Que de hauts faits et que de chefs-d'œuvre ! que de tragédies et que d'épopées impérissables ! Une jeune fille se montre un soir d'été à son balcon, et voilà une ville immortalisée entre toutes.

Que fera l'avenir pour répondre aux grandeurs du passé ?

On pense alors malgré soi à cette chevaleresque jument du bon paladin Roland, qui avait tout ensemble les plus merveilleuses qualités, la vitesse, le fond, la douceur, le courage, la sobriété, mais qui avait malheureusement le petit défaut d'être morte. La terre, le ciel, les eaux, le climat, les cités, l'abondance des champs, la richesse et la gloire des traditions, tout est là.... Est-ce la liberté qui sera la fée bienfaisante dont la baguette rendra la vie à ce vieux corps inanimé ?

Chemin faisant, le voyageur traverse des localités qui ont leur importance dans l'histoire des faits militaires. Il n'est pas bien sûr que chacun de ces arbres chargés de fruits ne cache dans ses racines les ossements d'un soldat. Combien de cadavres sous ces tapis de moissons! Combien de morts qui dorment parmi les vignes, et je ne parle pas seulement des vaillants conscrits de la République qui tombaient en combattant Mélas et Wurmser, Alvinzi et Souwaroff ; mais aussi loin que le souvenir s'enfonce dans le passé, ce ne sont que batailles livrées parmi tous ces paysages. La flèche et le boulet, la hache et la baïonnette y ont fait leur œuvre de destruction. Des générations d'hommes s'y sont rencontrées et heurtées : le Vénète et le Romain, le Gaulois, le Lombard, le Hun, le Français, l'Allemand s'y sont rués pendant des siècles, et chacun de ces peuples y a laissé sa part de sang. Qu'on s'étonne après de la fertilité de certaines contrées !

Il y a, dans tous les pays qu'on parcourt et dans les stations où l'on s'arrête (et le chemin de fer s'arrête aussi souvent qu'il le peut) un air de bonhomie qui frappe tout d'abord ; par cela encore, l'Italien se détache du Français, et cela tout à son avantage. Cette bonhomie se fait voir dans les moindres choses ; la redingote et la veste fraternisent, non pas en paroles, mais en actions ; le plus bel habit noir ne dédaigne pas la manche de toile bise et lui frappe dans la main volontiers ; la robe d'indienne et la robe de soie causent familièrement ; le beau chapeau de feutre tout luisant s'accommode de saluer l'humble couvre-chef de paille cousue. On monte lestement en troisième classe, un peu pêle-mêle, le prêtre avec le soldat, la bourgeoise avec la paysanne, l'avocat avec l'artisan. On cause et l'on allume son cigare au cigare du voisin sans trop regarder au vêtement qu'il porte : tout cela sans apprêt, sans façon, en bonnes gens qui n'attachent aucune importance aux choses extérieures ; ils sont du même pays, ils parlent la même langue, cela leur suffit.

Il y a dans ces mœurs bénévoles plus de libéralisme pratique qu'on n'en rencontre dans certains pays où l'on fait grand fracas de théories démocratiques. En France, par exemple, nous y mettons plus de façons, et, après une demi-douzaine de révolutions qui ont bouleversé la société de fond en comble, on est plus gourmé, plus prétentieux et plus gonflé de vanité que si chacun portait sur son épaule un arbre généalogique. C'est peut-être une question de climat. Il est à remarquer que, dans les pays où l'on vit sur la place publique, en plein soleil, les habitudes ont une rondeur et des familiarités qu'on ne trouve point ailleurs. Quoi qu'il en soit, cette bonhomie est un des grands charmes de la vie italienne.

La sobriété, qui est une vertu méridionale, se fait voir dans les rafraîchissements offerts aux voyageurs ; les fruits dorés de la Lombardie, les grappes vermeilles, les sorbets, le jus de la groseille et du limon tiennent lieu de rosbeafs et de jambons. C'est une caresse pour la bouche bien plus qu'une nourriture.

Cependant, on a traversé Vicence, on touche à Montebello ; quelque voyageur, qui se pique d'érudition, saisira au vol ce nom sonore et rappellera les prouesses du général Lannes, culbutant les Autrichiens dans la journée du 9 juin 1800. Le savant érudit n'oublie qu'un détail, mais il a son importance, c'est que la ville aux environs de laquelle les armées de la République rencontrèrent les armées impériales d'Autriche est située dans le Piémont, à une ou deux lieues de Voghera.

C'est par la porte Vescoso que le voyageur qui arrive de Venise entre dans Vérone.

Si Venise est un tombeau dans une lagune, on peut dire de Vérone que c'est un sépulcre dans une plaine. La géographie affirme bien que Vérone compte 60 000 habitants, auxquels il faut ajouter 15 000 hommes de garnison en moyenne. La géographie a certainement raison, mais on ne s'en douterait pas en parcourant les rues de la vieille cité lombarde. Personne dans la strada Vicentine, personne à la via Pallone, personne à la Stradone, personne au Corso, qui traverse la ville de part en part, de l'église Santa-Anastasia à la porte Stuppa, personne enfin où que l'on aille si ce n'est, çà et là, quelques marchands de fruits qui poussent leurs charrettes chargées de pêches, et de rares passants qui vont et viennent en ménageant leurs pas. On rencontre des voitures par intervalles, mais on les compte. Des chiens errent paresseusement, cherchant un peu d'ombre pour y dormir; devant la porte de quelques cafés d'un style primitif protégés contre les ardeurs du soleil par un débris de tente, des citadins nonchalants boivent des limonades. Les boutiques rappellent par leur arrangement extérieur ces noires échoppes où, dans l'intérieur de la France, de modestes trafiquants débitent l'indienne et la cotonnade; de grandes pièces d'étoffes pendent devant la porte et assombrissent le jour. Un clair-obscur prudent protége la marchandise contre le regard indiscret des clients. Nulle part n'est donnée au luxe; le confort est à peine soupçonné.

La vie et le mouvement ne se réveillent qu'aux abords de la place des Herbes et de la place dei Signori, sœurs jumelles qu'un pan de maison sépare. Là éclate et se révèle tout à coup la Vérone du moyen âge. A l'heure du marché, lorsque des centaines de paysans encombrent la place des Herbes étalant le long des portiques les produits de la campagne, au milieu du bruit, du mouvement de cette foule, du grincement des chars traînés par des bœufs, du murmure des voix et de ce cadre de vieilles murailles historiques entre lesquelles s'élève la tour de Can-Signorio et que ferme le palais des Maffei, on pourrait se croire au temps où ces mêmes pavés appartenaient au Forum de la république. L'illusion n'est plus permise quand on aperçoit sous les arcades l'uniforme blanc des Autrichiens.

Les artistes ont un grand goût pour cette place; il n'en est aucun qui n'y retourne après l'avoir visitée. Elle a des perspectives charmantes, des effets d'ombre et de lumière qui plaisent au regard, des oppositions de couleur dont la vivacité est en harmonie avec l'azur du ciel ; et sur les façades de quelques vieux palais des fresques dont le dessin se marie avec le ton gris de la pierre.

Ils n'ont pas moins d'amour, ces mêmes artistes, pour la place des Seigneurs. C'est là qu'était la demeure des Scaliger ; et, bien que l'administration municipale y ait établi son siége, les statues des grands hommes, les colonnes aux chapiteaux noirs et toute cette architecture sombre et massive qui se développe autour de la place laissent leur empreinte dans le souvenir.

Les hasards de la promenade vous mèneront au palais Giusti que visita le président Des Brosses. Les cyprès qui firent son admiration y sont encore. Je crois bien qu'on n'en voit de pareils qu'en Italie.

Serait-ce que le deuil de ces arbres se plaît par une loi mystérieuse au sein de cette terre où tout est deuil et décombres? Le palais Giusti, qui dans les temps anciens était la résidence d'une puissante et riche famille, est aujourd'hui le siége d'une administration de chemin de fer. Des arcades en plein cintre d'une grande tournure relient une cour intérieure à de vastes jardins qui s'étagent jusqu'au sommet d'un coteau. A l'heure où j'y pénétrai, le soleil était dans tout son éclat ; les âcres senteurs des tamarins, des lauriers-roses, des cyprès, des pins et des plates-bandes où se mêlaient confusément le romarin, le buis, la lavande, le thym et la verveine, flottaient au milieu d'une lumière blonde qui, tamisée par le feuillage, dessinait sur l'herbe mille dessins charmants. La feuille était immobile, le rameau ne tremblait pas ; l'oiseau se tapissait au plus obscur de l'ombre ; seules, quelques abeilles égayées par la chaleur bourdonnaient dans l'éclat du jour. Le silence de ces beaux lieux répondait au silence de la ville. Le guide s'avança dans des avenues rayées par l'ombre courte et pointue des cyprès, et, par d'autres sentiers plus étroits, semés, çà et là, de pierres tombées des murailles, atteignit le sommet d'une colline que couronne une tour d'où la vue s'étend sur Vérone et la campagne.

Quel étranger n'a pas fait cette ascension qui rentre dans le programme d'une visite à Vérone ! Toute la ville est sous ses pieds, traversée par la grande courbe de l'Adige. De l'océan de toits qui couvrent les deux rives, le regard a bientôt saisi la ligne des fortifications, qui fait de Vérone une des places de guerre les mieux défendues de l'Europe. Mais si fort qu'elle fût autrefois, elle l'est encore plus maintenant ; la courte et sanglante guerre de 1859 a porté ses fruits ; les ingénieurs ont pu mesurer le péril des pièces à longue portée, et la conséquence de cette étude a été de chercher plus au loin des points d'appui nouveaux pour une défense plus redoutable. A des distances fantastiques, tout là-bas dans le cercle confus que trace l'horizon, ces angles blanchâtres qu'on distingue dans la verdure tendre de la campagne, ce sont des bastions et des lunettes. La prévoyance militaire a mis à profit tous les accidents de terrain; les boulets coniques, si rapide que soit leur vol, ne peuvent plus maintenant battre le corps de la place. Vérone aujourd'hui peut servir d'abri à tout un formidable corps d'armée.

De cette hauteur, d'où le regard embrasse tout un grand morceau de la Lombardie, on peut voir cette route de Mantoue, sur laquelle les soldats de Solferino distinguèrent, un soir de bataille, la poudre soulevée par l'escorte d'un empereur d'Autriche.

Les jardins du palais Giusti sont partout, comme c'est la coutume en Italie, parsemés de statues qui représentent des dieux et des déesses, des nymphes et des faunes dans cent attitudes diverses. Dans ce pays où, à côté du peuple qui va et vient, vit, immobile sur ses socles de marbre, tout un peuple de divinités et de héros, les yeux s'habituent à ces formes superbes dont la moindre dépouille ferait chez nous l'ornement d'une ville de province. Mais pour battre en retraite, j'avais compté sans l'amabilité du suisse préposé à la garde du palais. Je le vis s'avancer d'un air doux, armé d'un marteau de bois. *Venite, signor,* me dit-il d'une voix câline; et il se dirigea vers une statue de déesse, Flore ou Pomone, je ne sais laquelle, assise à l'ombre d'un grand arbre, et d'une main caressante il frappa d'un léger coup la jambe nue de la divinité. Le marbre rendit un son éclatant et fort dont les vibrations rappelaient celles d'un vase d'argent. C'était la sonorité du métal frappé par un timbre. *Questo, è marmo bronzino*, me dit-il en jetant un regard d'orgueil et de complaisance sur la statue, que le lichen tachetait par place.

Il ajouta que les sculpteurs modernes avaient perdu le secret des carrières d'où l'on tirait ce marbre, qu'il n'y avait point d'autres statues de cette espèce dans la ville, que la divinité qu'il caressait de la main était un spécimen précieux d'une matière dont l'antiquité avait eu seule le bénéfice, et, clignant de l'œil, il m'assura qu'un Anglais, riche comme tous les Anglais, avait offert, étant de passage à Vérone, la somme de cinq cent mille francs de la statue dont la pierre retentissante avait sonné sous son marteau.

La politesse veut toujours qu'on fasse semblant de croire à ces merveilleux récits où la générosité des Anglais en voyage est à l'état légendaire. Mais je laisse la responsabilité de cette histoire à mon cicerone.

Il est bien difficile, quand on traverse Vérone, de ne pas rendre visite à ce qu'on appelle le tombeau de Juliette. Quelle jeune fille, nourrie dans l'amour des keepsakes, quelle femme, pour peu qu'elle se pique de poésie et de sentiment, ne désire payer un tribut de soupirs à ce monument légendaire de la jeunesse et de l'amour! O puissance de quelques vers! Des rimes enflammées tombent de la bouche d'un poëte, et voilà qu'au travers des siècles, l'histoire d'une jeune fille qui n'a peut-être jamais vécu va toucher les âmes attendries de cinquante générations! L'histoire a la galère de Cléopatre poursuivie par Antoine, peu soucieux de l'empire du monde; la poésie a le tombeau de Juliette où vient expirer Roméo. Lequel de ces deux récits vivra le plus longtemps dans la mémoire des hommes?

Le tombeau de Juliette (hélas! ce pourrait bien être une auge rustique) est situé dans un petit jardin sur le bord de l'Adige, non loin de la place Brà. Des femmes trop exaltées l'ont mouillé de leurs larmes, et il n'y a pas longtemps peut-être que des paysans y lavaient leurs légumes. A une époque où le souvenir de cette catastrophe poétique prit tout à coup un grand essor, la mode se répandit parmi certaines femmes de porter des colliers et des bracelets taillés dans la pierre du tombeau de Juliette. On portait de petits sarcophages pendus autour du cou, et je crois bien que si la mode eût continué, quatre ou cinq sarcophages plus grands que celui de Juliette n'eussent pas suffi à la consommation qu'on faisait de ces petits cailloux. Si toutes les belles sentimentales, qui se paraient de ces reliques touchées par le jeune corps de Juliette, eussent en même temps hérité de son cœur, combien n'eussent-elles pas rejeté vite ces chers bijoux doués d'une vertu si fatale!

Il me semble qu'on rencontre plus fréquemment dans les rues de Vérone que dans les canaux de Venise de ces types de femmes blondes et superbes qui servirent de modèle à Paul Véronèse et au Titien. Il y a des visages et des profils, des cous orgueilleux et des fronts magnifiques qui rappellent par éclairs les figures entrevues dans la rayonnante beauté d'un tableau. Vues dans la pénombre d'une église, elles font qu'on se souvient de la Joconde.

On me permettra de ne pas m'arrêter une minute devant ce merveilleux tombeau de Scaliger que le burin et la photographie ont illustré, et de passer en courant devant les églises et cette cathédrale où la formidable statue de Roland porte encore à son flanc la Durandal que chanta l'Arioste. L'herbe croît autour du dôme; partout le pavé est silencieux, les portes restent closes sur les maisons muettes; quelques pauvres femmes glissent le long du mur, portant les provisions du jour; sous le porche d'un palais s'enfonce un moine, les mains passées dans les manches d'une robe de bure. A l'heure des offices, quelques Véronaises se dispersent dans les églises où leurs pas légers soulèvent à peine les échos assoupis. Dans l'immense place Brà, des bœufs fauves ruminent accouplés au timon d'une charrette, et de rares passants augmentent par leur présence l'étendue morne de cette solitude; on n'entend pas d'autre bruit que le marteau d'un forgeron ou le pas cadencé d'une patrouille autrichienne; et là-bas, fermant la place à l'une de ses extrémités, les hautes murailles des Arènes, dont chaque voûte est transformée en boutique, profilent leurs arêtes dans un ciel implacable.

Que de loques au milieu de ces vieilles pierres ! Que d'humbles et sordides métiers dans ce monument qui vit l'orgueil de Rome ! Est-ce une erreur, ou le résultat d'une surprise émoussée par le souvenir des Arènes de Nîmes et d'Arles ? mais il m'a semblé que celles de Vérone étaient moins grandes que leur réputation. Les monuments gagnent à un peu de ruine, et pour le pittoresque et la beauté, les Arènes de la cité lombarde sont trop bien conservées.

Quand vient le soir, le tambour bat aux portes de la ville, le clairon sonne dans les bastions, de longues files de soldats rentrent dans des casernes monumentales, le peuple s'efface, les cafés s'éteignent, et aux premières ombres de la nuit, quelque chose de cette tristesse qui couvre Venise s'étend sur Vérone et l'endort.

X

MILAN.

Août 1863.

Quand on arrive à Milan, après avoir traversé Vérone, c'est la vie qui succède à la mort. On a vu une garnison, on voit un peuple. Tout à l'heure c'était une caserne, à présent c'est une ville.

Rien de plus saisissant et de plus subit que cette opposition qui tout à coup fait passer le voyageur de l'ombre à la lumière : il semble que l'on sorte du tombeau. Ce ne sont plus seulement les souvenirs de l'histoire qui vous assaillent, ni les grandeurs éclatantes du passé qui s'imposent à l'esprit; on vit, on se meut dans le présent, on respire avec un peuple, on sent qu'autour de soi l'impatience, l'espoir, le désir, l'orgueil, l'amour de la patrie, la fièvre de la liberté s'agitent. Toutes les passions sont en éveil. Un grand mouvement vous emporte. Le bruit du tambour retentit encore, mais un flot de curieux animés par un élan de fierté en accompagne la marche. L'œil des hommes et le sourire des enfants caressent les canons qui passent. On parle, on discute, on gesticule ; autant d'orateurs que de citoyens; quelque chose de cette existence qui faisait du Forum antique le cœur des cités romaines emplit le Corso.

Le Corso est à Milan ce que la rue de Tolède est à Naples, la place Saint-Marc à Venise, la Puerta del Sol à Madrid, le boulevard des Italiens à Paris, Regent street à Londres, la grande artère où l'on se réunit, où l'on se promène, où l'on cherche et où l'on apporte les nouvelles, l'endroit consacré où l'on ne fait rien et où l'on fait tout. A toute heure une certaine foule l'encombre, et il en sort comme un grand murmure. Les étrangers y courent comme les citadins y stationnent. Si occupée que soit une ville italienne, il y a toujours, on le sait, une bonne part de temps donnée au *far niente*. Les mœurs, le climat, la tradition le veulent. Cette part, le Corso la prend à Milan.

Il ne faudrait pas croire, sur cette description, que le Corso soit une rue large comme notre rue de la Paix. De telles rues n'existent guère en Italie, où la ligne droite ne tyrannise pas les architectes, si ce n'est à Turin, et où l'on cherche l'ombre. Le Corso, qui commence au Dôme sous le nom de Corso Vittorio Emmanuele, — avant la délivrance il s'appelait Corso Francesco, — et qui se termine à la porte Orientale sous celui de Corso di porta Orientale, a, par ses dimensions, à peu près l'importance de la rue Laffitte ou de la rue Richelieu. Là s'ouvrent le café de l'Europe, où tous les politiques et les oisifs se donnent rendez-vous, et l'hôtel de la Ville, où descendent les voyageurs de distinction, banquiers, diplomates et danseuses. Le même salon, qui vit un matin le général Giulay, y vit un soir le général Mac-Mahon.

Je ne sais pas au monde d'hôtel plus gourmé. Les murailles elles-mêmes y portent des cravates blanches et l'on pourrait croire que le service y est fait par des ambassadeurs que la disgrâce de leurs souverains a précipités dans le malheur.

On ne dit pas une chose neuve et hardie en affirmant que les Italiens du Nord ne sont pas semblables aux Italiens du Midi, et que ceux de Florence sont tout à fait différents de ceux de Gênes ou de Turin. Ce caractère propre, ce caractère municipal, les Italiens de Milan l'ont à un haut degré. Ils ont dans le langage, dans l'action, dans les idées, une saveur et un goût de terroir qui ne permettent pas de les confondre avec ceux de Venise ou de Naples, avec ceux de Rome surtout. L'élément actif y domine, quelque chose de fort et de viril s'en dégage qui fait voir que la ville lombarde est aux portes de l'ennemi, dans le voisinage des Autrichiens, et qu'elle est appelée à recevoir le premier choc des guerres tenues en réserve par l'avenir. Elle se prépare à cette épreuve par plus de fougue dans la vie politique.

Dans la grande question des capitales qui fut quelque temps débattue, le nom de Milan a été prononcé. Rome écartée, si Rome pouvait être écartée, Milan aurait des droits au couronnement. Elle a l'étendue, la magnificence, la richesse de son territoire, l'antiquité de son origine, la vitalité singulière de son peuple. Elle est, de plus, non loin du Mincio, que le sang d'une lutte suprême doit rougir, et, comme une sentinelle vaillante, elle montre le chemin des batailles à l'Italie. Mais un courant avec lequel les gouvernements ont à compter pousse l'Italie vers Rome. La question de la capitale reste ajournée.

En attendant il n'est pas de jour et pas de conversation où elle ne soit discutée à Milan avec toute l'ardeur d'un patriotisme que mille souvenirs d'oppression irritent encore, et le nom de Rome sort de toutes les bouches.

J'en demande bien pardon au lecteur, mais c'est le spectacle de Milan, où la fièvre est en permanence, qui pousse à ces réflexions. On y sent dès le premier jour qu'un peuple y est en ébullition. Le voisinage de Mantoue et de Vérone l'exaspère. Il entend le cri des sentinelles autrichiennes, il voit passer à la frontière, une frontière italienne, des régiments vêtus de blanc; il se souvient de l'aigle noire à deux têtes et il aspire au jour où il tentera d'en briser les serres. Venise n'est-elle pas à l'horizon? et aussi longtemps que les soldats de l'Allemagne tiendront le quadrilatère, enfoncé comme un coin dans la Lombardie, Milan sait qu'il n'y aura ni repos ni sécurité pour l'Italie.

Il faut que les chancelleries de toutes les cours en prennent leur parti : tôt ou tard, l'incendie éclatera. Mille circonstances soulevées par la diplomatie peuvent en ajourner l'explosion ; rien que le sabre n'en détruira les éléments. Ou l'Italie cessera d'être l'Italie et retombera en poussière, ou Venise lui sera rendue. Là-dessus point d'illusion possible. On peut, par l'effort constant de la prudence, accumuler les jours, les mois, les ans, la question restera la même et sera telle demain qu'elle est aujourd'hui. Cela dit, on comprend pourquoi l'Italie ne désarme pas.

Ajoutons qu'à moins d'abdiquer, elle ne peut pas désarmer.

Milan, et avec Milan, j'imagine, Parme, Crémone, Pavie, Modène, se préparent moralement à la lutte. Pas une pensée qui n'en prévoie le moment. On sait avec quelle joie quotidienne les enfants de Paris suivent sur les boulevards la marche des bataillons et règlent leurs pas sur la batterie des tambours. La même chose se produit à Milan, mais avec un caractère plus marqué de spontanéité et de ferveur. Une sorte de joie naïve accompagne ces manifestations populaires ; le peuple, qui défile à côté des régiments, regarde les soldats, regarde les étrangers et se regarde lui-même. Il est tout orgueilleux d'avoir des drapeaux à lui, des fusils à lui, des canons à lui. C'est le bonheur d'un adolescent à ses premières armes. Il apprend à s'en servir. Pas un escadron, pas un bataillon de bersagliers, pas une batterie d'artillerie qui ne soient suivis, salués, acclamés. Là est l'espoir, la sécurité de l'avenir. Ces revues, ces parades militaires, qui sont chez nous des fêtes pour les yeux, des spectacles pour les oisifs, à Milan sont des manifestations, presque des explosions du sentiment national. L'opinion publique y trouve une occasion de se faire jour, d'éclater. Quand il passe, le général Cialdini est suivi par tous les yeux. Ainsi du général Menabrea, du général la Marmora. On se les montre. On voit en eux les héros des guerres futures. On les aime, on les respecte plus encore pour ce qu'ils feront que pour ce qu'ils ont fait.

L'Italie a fait voir dans la vie politique quelle était sa patience; la sagesse ne lui a pas fait défaut un seul jour. Il lui reste à prouver qu'elle n'a pas moins de virilité. Une nation n'est véritablement majeure que lorsqu'elle a reçu le baptême du feu. Tout fait croire que l'Italie sortira triomphante de cette épreuve.

La route qui sépare Vérone de Milan est toute pleine de souvenirs militaires. La grande et courte guerre de 1859 a laissé des traces partout. Quel voyageur n'a pas cherché à l'horizon la tour de Solferino et visité d'un pas fiévreux les champs tourmentés où tant de milliers d'hommes sont tombés? Là sont les villages pris et repris, là les hauteurs abordées à la baïonnette, là ces vignes et ces moissons que la réserve autrichienne, foudroyée par l'artillerie à boulets coniques, ne put franchir. Là-bas est San Martino, où les troupes piémontaises heurtèrent le général Benedeck; plus loin les retranchements de Peschiera, où maintenant le génie allemand, instruit par l'expérience, a élevé des fortifications nouvelles aux lieux mêmes où l'armée de Victor-Emmanuel établit ses batteries de siége, après la victoire du 24 juin. Ce clocher dans la campagne est celui de Villafranca. Pour peu que vous ayez quelque curiosité, on vous fera voir la table sur laquelle le comte de Cavour, d'un geste violent, écrasa sa plume en apprenant que l'armistice était conclu et que l'œuvre si patiemment élaborée était arrêtée dans son vol. On avait la Lombardie, on n'avait pas le quadrilatère. Adieu, Venise!

Ici les noms parlent; ils ont une éloquence qui trouble le cœur ou l'enivre. Plus avant, aux portes mêmes de Milan, ce bourg perdu dans les vignes et les mûriers, c'est Marignan, qui a vu les zouaves après avoir vu François Ier. Que d'ossements parmi ces arbres! que de corps ensevelis sous ces murailles!

Un jour j'ai traversé le cimetière du village, il en était plein, et tout humide et rouge encore d'un sang fraîchement versé.

L'heure de la délivrance avait sonné, et la mort, comme le veut la loi mystérieuse qui gouverne l'humanité, en marquait les premières étapes.

La Lombardie était certainement l'une des provinces de la Péninsule qui avait conservé au plus haut degré la pensée de la patrie italienne. Elle la devait sans doute à la présence des étrangers. Elle était italienne sous les Français comme sous les Autrichiens. Certains petits faits donnent souvent la mesure d'une situation et jettent sur les caractères une lumière plus vive que ne peuvent en apporter de longues dissertations. Je me souviens qu'un de mes amis demandait un jour à la jeune femme d'un proscrit (il y a quelques années de cela, et cela paraît bien loin !) de quelle province elle était : *Sono della Lombardia desolata!* répondit l'exilée. Je suis de la Lombardie désolée ! Dans sa froide et littérale traduction, ce n'est rien. Avec l'accent et la prononciation sonore de la langue que parlait le Dante, cela vous pénétrait jusqu'au cœur. On y sentait le deuil de toutes les servitudes et le poids de tous les malheurs.

Aujourd'hui la Lombardie désolée est la Lombardie heureuse et libre.

Soit qu'on entre par la porte Orientale, soit qu'on y pénètre par la place d'Armes, voisine de l'arc du

Simplon, Milan a tous les caractères d'une grande cité. Les portes franchies, on court vers le Dôme, cette montagne de marbre blanc travaillée à jour.

On a beaucoup critiqué ce monument au point de vue de l'art. On a dit qu'il n'avait ni harmonie, ni caractère, ni proportions; qu'il n'avait pour lui que sa masse. Tout est possible, et je ne prétends pas critiquer la critique, ni m'insurger contre les maîtres du goût. Mais, tel qu'il est, le Dôme de Milan, avec son peuple de statues blanches perdues dans l'azur, produit et produira toujours un grand effet. Pour ma part, je ne puis le regarder sans ravissement. Ce bloc de neige solide et montant vers le ciel a quelque chose de fantastique. Au clair de lune, le spectacle qu'il présente tient de la magie. Il n'a sérieusement contre lui que l'étroite dimension de la place où il est enfermé. L'espace lui manque. C'est un géant dans une boîte.

Le cœur de Milan est à la place des Marchands. Là revit dans toute son originalité primitive la vieille cité des Visconti et des Sforce. Là est la *Loggia degli Osii*, là est la tour de l'Horloge, là la Bourse des négociants, qui fut le collége des Jurisconsultes, là l'édifice de la Ragione, dont les portiques datent de 1232.

Un jour, et ce jour est peut-être proche, Milan sera mordu par la fièvre des démolitions et des alignements. L'industrie et le commerce sont des despotes auxquels il faut de l'espace. Puisse Milan respecter alors la place des Marchands et ne pas sacrifier ses monuments, ses souvenirs, les témoins de son histoire, au coton et au comfort!

Entre toutes les choses qui attirent les étrangers dans la ville fameuse du rite ambroisien, il en est une qui a conservé sa réputation et vers laquelle les plus indifférents courent plus vite encore que les plus enthousiastes. Ne faut-il pas, même et surtout quand on n'en a pas le sentiment, laisser croire qu'on adore les arts?

Cette chose est la *Cène* de Léonard de Vinci.

Elle est située, comme on sait, dans le réfectoire du couvent de Santa-Maria-delle-Grazie. Mais de la merveilleuse peinture de ce maître, et malgré des restaurations successives, il ne reste rien ou presque rien. L'admiration, à peu de détails près où l'on retrouve la griffe du lion, est ici une affaire de foi.

Que voulez-vous que devienne une fresque étalée sur la muraille d'une salle qui a été un magasin à fourrages après avoir été une écurie, qui vit des dragons après des regrattiers, qui, sa porte condamnée, fut privée d'air et de lumière pendant de longues années, que l'inondation visita, et qui subit toutes les misères après avoir enduré tous les outrages? Le couvent est aujourd'hui une caserne; la fresque est à présent une ruine.

Le mieux qui en reste est une gravure signée de Raphaël Morghan et que l'artiste a mis six ans à buriner, comme Léonard de Vinci avait mis six ans à peintre le chef-d'œuvre qui lui fut demandé par Louis le More.

Pourquoi faut-il que François 1er n'ait pas exécuté la pensée qu'il avait eue, de déraciner le mur sur lequel le pinceau du grand artiste s'était promené et de l'emporter en France?

On ne doit pas cependant pour un chef-d'œuvre mort oublier un chef-d'œuvre vivant et négliger Raphaël après avoir payé un tribut d'hommage à Léonard de Vinci. Le musée de Milan, parmi d'autres toiles signées des noms les plus illustres, conserve un tableau de Raphaël, *le Mariage de la Vierge*, connu sous le nom de *Spozalizio*, qui a sa place marquée entre les plus belles productions de ce génie.

Mais laissons là les merveilles de l'art. Aussitôt qu'on se risque, en Italie, à parler statues, bas-reliefs, tableaux et monuments, on n'en finirait pas. Il y en a pour l'étonnement du monde et l'épuisement des générations. Promenons-nous plutôt. Quelle que soit l'heure, le Corso est plein. Vers le soir, les belles dames vont en beaux équipages respirer le frais sur le boulevard extérieur qui relie la porte Orientale à la porte Neuve.

On ne peut s'empêcher de sourire à la vue des cigares sans nombre dont les étincelles s'allument devant les cafés, et on se rappelle les temps détestés où le patriotisme italien défendait le commerce des cigares que vendait la régie autrichienne. Alors on ne fumait plus, et le fisc de Vienne perdait ce qui ne s'en allait pas en fumée.

Que voilà encore une résignation qui étonne les Parisiens! Quoi! pas un pauvre petit cigare! Et combien l'on sait de jeunes Gaulois habitués aux paresses du café Tortoni qui diraient volontiers :

Que faire en sa patrie, à moins que l'on n'y fume?

Mais en Italie, la consigne donnée était obéie, et par l'abstinence du cigare les Milanais protestaient encore contre la domination étrangère.

Au Corso et sur la promenade, à la Scala aussi, vous verrez ces belles Lombardes que le vainqueur de Marignan aimait d'un cœur si joyeux. Elles ont plus de splendeur que de délicatesse, plus de majesté que de grâce. Elles sont en quelque sorte sculpturales. Mais n'oubliez pas, en les regardant, que ces héritières des grandes familles lombardes ont, pendant de longues années, maintenu leurs fils, leurs frères, leurs époux, leurs fiancés dans la fièvre de l'opposition et la haine de l'étranger.

En Italie, les femmes, et c'est leur éternel honneur, ont beaucoup fait pour l'émancipation de la patrie. En Italie comme en Pologne, leurs sourires n'appartenaient qu'à ceux qui ne se consolaient pas. L'aristocratie menait le reste, et ces mêmes femmes qui envoyaient leurs calèches doublées de soie au-devant des blessés de Melegnano, fermaient leurs loges héréditaires et leurs salons quand arrivait un archiduc.

Si les nobles étrangers ou les serviteurs de la mode descendent à l'hôtel de la Ville, les gourmets déjeunent à Cova. Là, dans de frais jardins, on déguste le plus excellent café à la crème qui soit au monde. Après le plaisir des yeux, on peut bien faire quelque chose pour le plaisir des lèvres.

Une institution particulière à laquelle les Milanais tiennent d'une manière toute spéciale, comme les Anglais aux courses d'Epsom, c'est le *carnavalone*.

Le *carnavalone* est quelque chose comme une concession faite à la folie publique, une annexe au carnaval, trois jours conquis sur le carême, un privilége enfin. Et il faut voir si on en use!

Ce plaisir, ou cette fatigue, comme on voudra, il ne m'a pas été donné d'en jouir; mais on en fait un récit pompeux, et un Milanais n'en parle jamais sans avoir des éclairs dans les yeux. Toute la jeunesse des villes voisines accourt à Milan pendant la durée du *carnavalone*, et ce sont alors des fêtes et des mascarades qui n'ont plus ni fin ni trêve. Le fils du roi Victor-Emmanuel, le prince Humbert, en a pris sa part l'an dernier. On peut être réservé aux honneurs du trône et s'égayer en attendant.

A Rome, le silence comprime tout; il semble que la ville éternelle soit écrasée par la majesté de ses souvenirs. Le bruit de Naples peut fatiguer; il s'efforce de paraître gai et ne réussit pas toujours à l'être. A Turin, quelque chose du flegme britannique s'est fait jour; on y sent un peuple né pour la politique et le gouvernement; mais sa gravité et sa sagesse ne sont pas propices au rire et portent le poids de l'Italie. Milan, plus voisine de la frontière menaçante, a un mouvement qui lui est propre. La vie, dans ce qu'elle a de plus actif et de plus impatient, y fermente. C'est dire assez que Milan est de l'opposition. Délivrée, elle aspire à délivrer. Cette fougue sied aux villes que des chaînes meurtrissaient encore hier. Elles en savent la dureté et souffrent pour les autres des anneaux qui ne les oppriment plus. Tandis que Turin se prépare, Milan crie donc : En avant! Turin est le frein, Milan est l'aiguillon. Les deux capitales ont leur utilité. C'est le bien des peuples libres de savoir tour à tour obéir à la voix qui les presse, comme à la voix qui les comprime. Ils n'ont pas d'autres maîtres que leur cœur et leur cerveau.

FIN.

TABLE

Un mois en Italie... 1
    Gênes... 1
    Rome.. 31
    Naples.. 78

Cercle artistique d'Anvers............................. 126

Les courses d'Epsom..................................... 146

Exposition de Londres................................... 164

Course au clocher.. 213
    Francfort.. 213
    Carlsbad... 228
    Prague... 267
    Dresde... 285
    Salzbourg... 301
    Vienne... 316
    Le Semmering....................................... 335
    Venise... 350
    Vérone... 373
    Milan.. 389

7930. — IMPRIMERIE GÉNÉRALE DE CH. LAHURE
Rue de Fleurus, 9, à Paris

Librairie de L. HACHETTE et Cie, boulevard Saint-Germain, n° 77, à Paris.

BIBLIOTHÈQUE VARIÉE, FORMAT IN-18 JÉSUS, A 3 FR. 50 C. LE VOL.

About (Edm.). La Grèce contemporaine. 1 vol. — Le Progrès. 1 vol. — Madelon. 1 vol. — Le salon de 1864. 1 vol. — Théâtre impossible. 1 vol.
Ackermann. Contes et poésies. 1 vol.
Anthologie grecque, trad. en français. 2 vol.
Aristophane. Œuvres complètes, tr. par Poyard. 1 v.
Arnould (Edm.). Sonnets et poèmes. 1 vol.
Balzac (H. de). Théâtre. 1 vol.
Barrau. Histoire de la Révolution française. 1 vol.
Bautain (l'abbé). La belle saison à la campagne. 1 v. — La chrétienne de nos jours. 2 vol. — Le chrétien de nos jours. 2 vol.
Bayard. Théâtre. 12 vol.
Bellemare (A.). Abd-el-Kader. 1 vol.
Belloy (de). Le Chevalier d'Aï. 1 vol. — Légendes fleuries. 1 vol.
Bersot (E.). Mesmer ou le magnétisme animal. 1 v.
Beulé. Phidias, drame antique. 1 vol.
Busquet. Poème des heures. 1 vol.
Byron. Œuvres complètes, trad. de Laroche. 4 vol.
Colmand de la Fayette (Ch.). Le poème des champs. 1 vol.
Cammas (H.) et **Lefèvre** (A.). La vallée du Nil. 1 v.
Cervantès. Don Quichotte. 2 vol.
Caro (E.). Études morales. 1 v. — L'idée de Dieu. 1 v.
Castellane (de). Souvenirs de la vie militaire. 1 v.
Charpentier. Les écrivains latins de l'empire. 1 v.
Chateaubriand. Le génie du christianisme. 1 vol. — Les martyrs. 1 vol. — Atala, René, les Natchez. 1 v.
Cherbuliez (V.). Le comte Kostia. 1 vol. — Paul Méré. 1 vol.
Chevalier (M.). Le Mexique ancien et moderne. 1 vol.
Chodzko. Contes slaves. 1 vol.
Crépet (J.). Le trésor épistolaire de la France. 2 v.
Dante. La Divine comédie, trad. par Fiorentino. 1 vol.
Dargaud (J.). Marie Stuart. 1 vol. — Voyage aux Alpes. 1 vol. — Voyage en Danemark. 1 vol.
Daumas (E.). Mœurs et coutumes de l'Algérie. 1 v.
Deschanel (Em.). Physiologie des écrivains. 1 vol.
Diodore de Sicile. Œuvres. 3 vol.
Enault (L.). La Terre-Sainte. 1 vol. — Constantinople et la Turquie. 1 vol.
Ferry (Gabr.). Le coureur des bois. 2 vol. — Costal l'Indien. 1 vol.
Figuier (Louis). L'alchimie et les alchimistes. 1 vol. — Histoire du merveilleux. 4 vol. — Les applications nouvelles de la science. 1 vol. — L'année scientifique, 8 années (1856-1863). 8 vol.
Fléchier. Les grands jours d'Auvergne. 1 vol.
Forgues. La révolte des Cipayes. 1 vol.
Fromentin (Eug.). Dominique. 1 vol.
Gignet (P.). Le Livre de Job. 1 vol.
Gotthelf (J.). Nouvelles bernoises. 1 vol.
Guizot (F.). Un projet de mariage royal. 1 vol.
Hérodote. Œuvres complètes. 9 vol.
Heuzé. L'année agricole, 4 années (1860-1863). 4 v.
Homère. Œuvres complètes, trad. de Giguet. 1 vol.
Houssaye (A.). Poésies. 1 vol. — Philosophes et comédiennes. 1 vol. — Le violon de Franjolé. 1 vol. — Histoire du 41e fauteuil. 1 vol. — Voyages humoristiques. 1 vol. — Les filles d'Ève. 1 vol.
Hugo (Victor). Notre-Dame de Paris. 2 vol. — Bug-Jargal, Le dernier jour d'un condamné. 1 vol. — Odes et ballades. 1 vol. — Les voix intérieures, Les rayons et les ombres. 1 vol. — Légende des siècles. 1 vol. — Orientales, Feuilles d'automne, Chants du crépuscule. 1 vol. — Théâtre. 4 vol. — Les contemplations. 2 vol. — Le Rhin. 3 vol. — Mélanges. 2 vol. — Discours. 1 vol. — Les enfants. 1 vol.
Jacques. Contes et causeries. 1 vol.
Jouffroy. Cours de droit naturel. 2 vol. — Cours d'esthétique. 1 vol. — Mélanges. 2 vol.
Jurien de la Gravière (l'amiral). Souvenirs d'un amiral. 2 vol. — Voyage en Chine. 2 vol.
La Landelle (G. de). Le tableau de la mer (la vie navale). 1 vol.
Lamartine (A. de). Méditations poétiques. 2 vol. — Harmonies poétiques. 1 vol. — Recueillements poétiques. 1 vol. — Jocelyn. 1 vol. — La chute d'un ange. 1 vol. — Voyage en Orient. 2 vol. — Les Girondins. 6 v. — Histoire de la Restauration. 8 v. — Lectures pour tous. 1 vol.

Lanoye (F. de). Le Niger. 1 vol. — L'Inde contemporaine. 1 vol.
Laugel. Études scientifiques. 1 vol.
La Vallée (J.). Zurga le chasseur. 1 vol.
Libert. Histoire de la chevalerie en France. 1 vol.
Loiseleur. Les crimes et les peines. 1 vol.
Lucien. Œuvres complètes, tr. par M. Talbot. 2 v.
Macaulay (lord). Œuvres diverses. 2 vol.
Malherbe. Poésies. 1 vol.
Mariner. En Alsace : L'avare et son trésor. 1 v. — En Amérique et en Europe. 1 v. — Garibla. 1 v. — Un été au bord de la Baltique. 1 vol. — Les Fiancés du Spitzberg. 1 vol. — Lettres sur le Nord. 1 vol. — Hélène et Susanne. 1 vol.
Mas (Sinibaldo de). La Chine et les puissances chrétiennes. 2 vol.
Michelet. L'amour. 1 vol. — La femme. 1 vol. — La mer. 1 v. — L'insecte. 1 v. — L'oiseau. 1 v.
Moges (le marquis de). Souvenirs d'une ambassade en Chine et au Japon. 1 vol.
Molènes (P. de). Caprices d'un régulier. 1 vol.
Monnier. L'Italie est-elle la terre des morts ? 1 v.
Mortemart (baron de). La vie élégante. 1 vol.
Nisard (Ch.). Curiosités de l'étymologie française. 1 v.
Nodier (Ch.). Sept châteaux du roi de Bohême. 1 vol.
Nourrisson. Les Pères de l'Église latine. 1 vol.
Orany (comtesse d'). L'ombre du bonheur. 1 vol.
Ossian. Poèmes gaéliques. 1 vol.
Patin. Études sur les tragiques grecs. 4 vol.
Perrot (Ch.). Le presbytère de Plouguern. 1 vol.
Perrens (F. T.). Jérôme Savonarole. 1 vol.
Pfeiffer (Mme Ida). Voyage d'une femme autour du monde. 1 vol. — Mon second voyage autour du monde. 1 vol. — Voyage à Madagascar. 1 vol.
Plaute. Comédies. 2 vol.
Pouchkine. Poèmes dramatiques. 1 vol.
Quatrefages (de). Unité de l'espèce humaine. 1 v.
Raymond (X.). Les marines de la France et de l'Angleterre. 1 vol.
Rendu (V.). L'intelligence des bêtes. 1 vol.
Roland (Mme). Mémoires. 2 vol.
Russell de Killough (le comte). 16000 lieues à travers l'Asie et l'Océanie. 2 vol.
Saintine (X.-B.). Piccola. 1 vol. — Seul. 1 vol. — Le chemin des écoliers. 1 vol. — La mythologie du Rhin. 1 vol.
Sand (George). Elle et lui. 1 vol.
Satiriques latins (les). 1 vol.
Scudo. Critique et littérature musicales. 2 vol. — Le Chevalier Sarti, roman musical. 1 vol. — L'année musicale, 3 années (1859-1861). 3 vol.
Sénèque. Œuvres complètes. 2 vol.
Sévigné (Mme de). Lettres. 4 vol., sont en vente.
Simon (Jules). Le devoir. 1 vol. — La religion naturelle. 1 vol. — La liberté. 2 vol. — La liberté de conscience. 1 vol. — L'ouvrière. 1 vol.
Tacite. Œuvres complètes, trad. de Burnouf. 1 v.
Taine (H.). Voyage aux Pyrénées. 1 vol. — Essai sur Tite Live. 1 vol. — Essais de critique et d'histoire. 1 vol. — La Fontaine et ses fables. 1 vol. — Les philosophes français du XIXe siècle. 1 vol.
Théry. Conseils aux mères. 2 vol.
Thucydide. Guerre du Péloponèse, trad. par M. Betant. 1 vol.
Töpffer (Rod.). Le presbytère. 1 vol. — Nouvelles genevoises. 1 vol. — Rosa et Gertrude. 1 vol. — Réflexions et menus propos. 1 vol.
Ulliac-Trémadeure (Mlle). La maîtresse de maison. 1 vol.
Vapereau (Gust.). L'année littéraire, 6 années (1858-1862). 6 vol.
Viardot (L.). Les musées d'Allemagne. 1 vol. — Les musées d'Angleterre, de Belgique, etc. 1 vol. — Les musées d'Espagne. 1 vol. — Les musées de France. 1 vol. — Les musées d'Italie. 1 vol.
Vigneaux. Souvenirs d'un prisonnier de guerre au Mexique. 1 vol.
Vivien de St-Martin. L'année géogr. (1862). 1 v.
Wey (Francis). Dick Moon en France. 1 vol.
Widal (Aug.). Études sur Homère. 1 vol.
Xénophon. Œuvres complètes. 2 vol.
Zeller. L'année historique, 4 années (1859-1862). 4 v.
Zschokke (H.). Contes suisses. 1 vol.

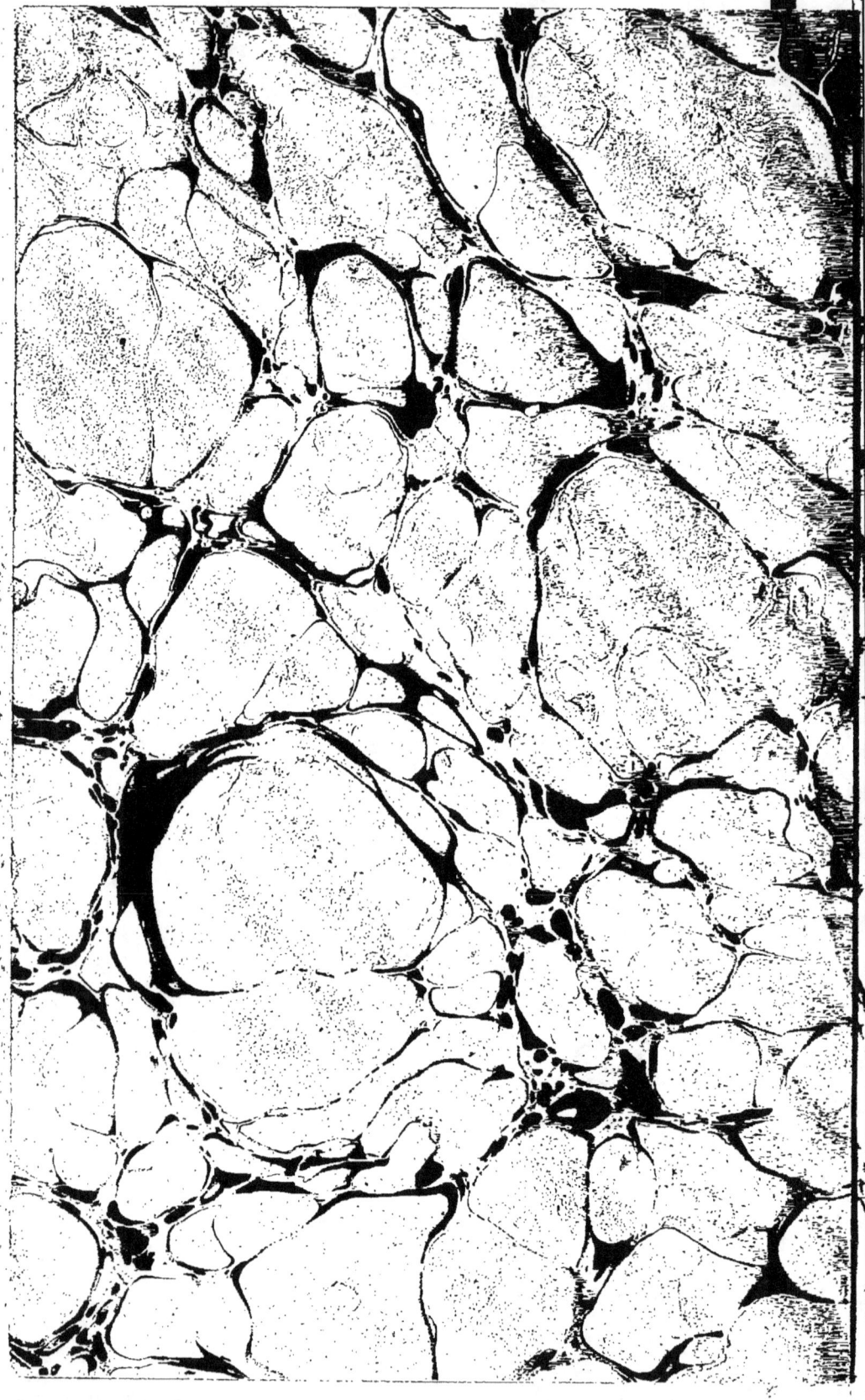

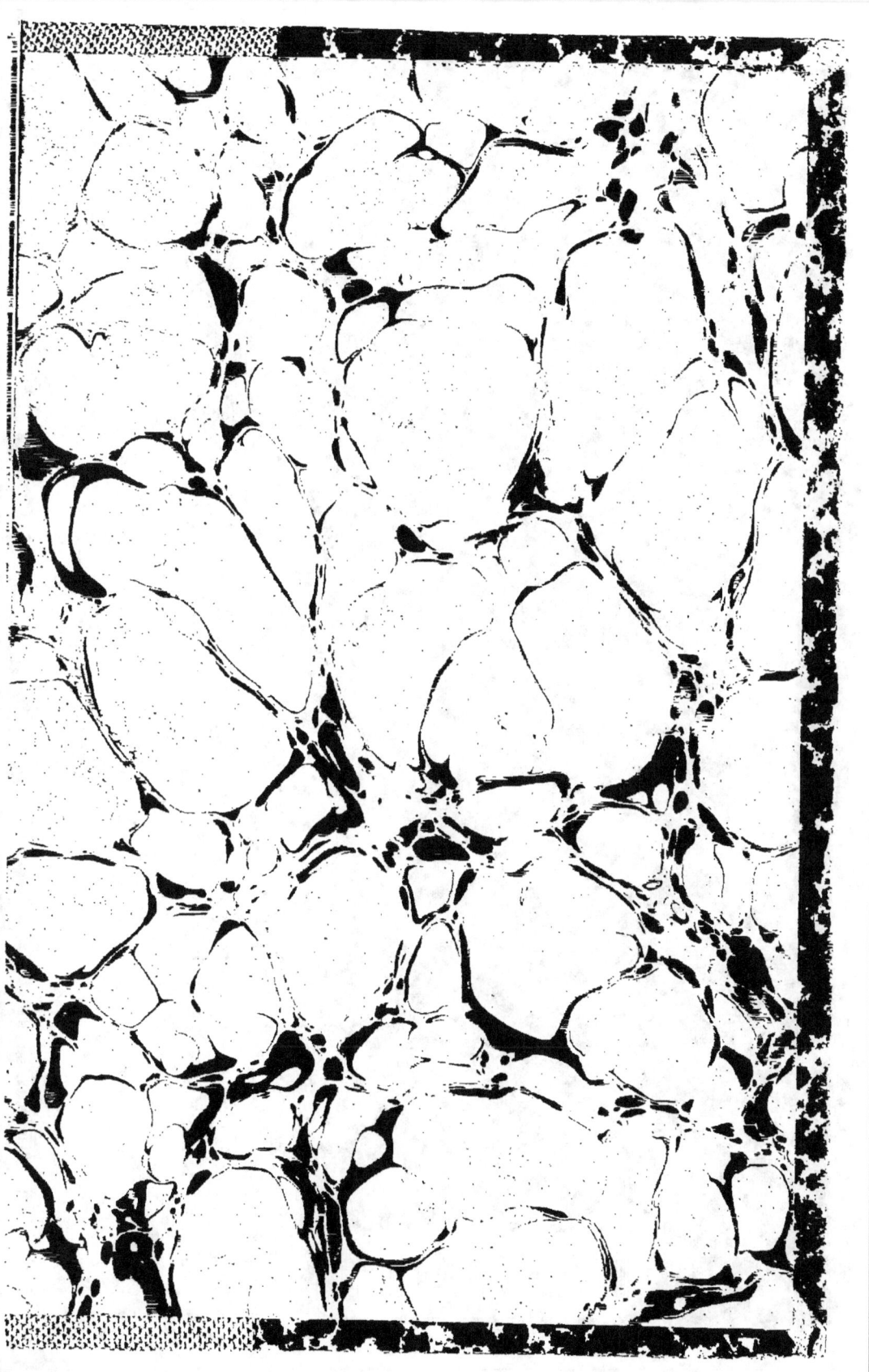

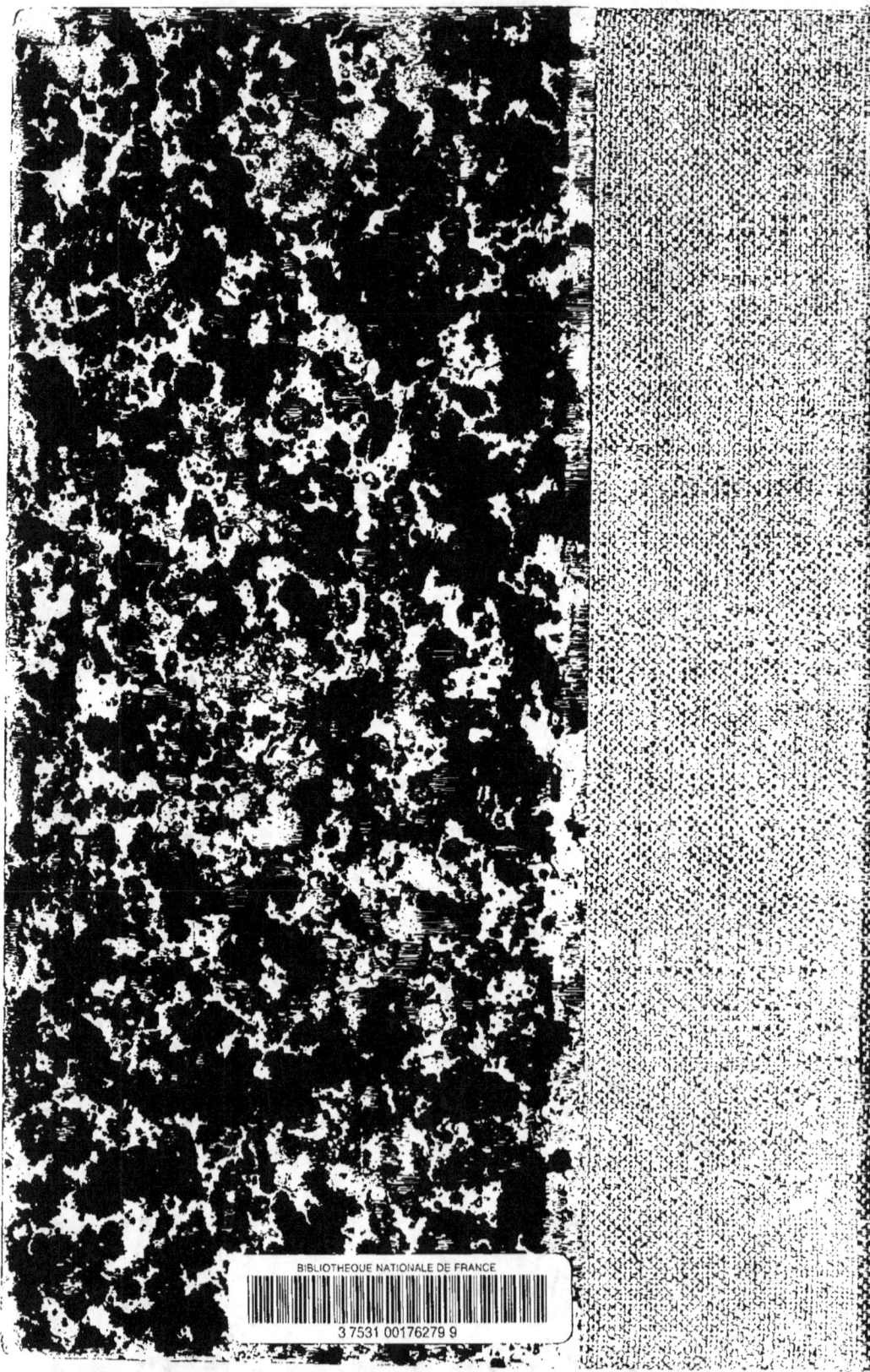

www.ingramcontent.com/pod-product-compliance
Lightning Source LLC
Chambersburg PA
CBHW070618230426
43670CB00010B/1565